HIMMEL UND ERDE
Rezepte der traditionellen Küche Deutschlands

HIMMEL UND ERDE

Rezepte der traditionellen Küche Deutschlands

Herausgegeben von
Susanne Bunzel

Mit Illustrationen von Lucia Obi

edition spangenberg bei
Droemer Knaur

Dieses Buch wurde auf chlor- und säurefreiem Papier gedruckt.

Copyright © der deutschen Ausgabe Droemersche Verlagsanstalt
Th. Knaur Nachf., München 1997
Das Werk einschließlich aller seiner Teile ist urheberrechtlich geschützt.
Jede Verwertung außerhalb der engen Grenzen des Urheberrechtsgesetzes
ist ohne Zustimmung des Verlages unzulässig und strafbar. Das gilt
insbesondere für Vervielfältigungen, Übersetzungen, Mikroverfilmungen
und die Einspeicherung in elektronischen Systemen.
Satz: Ventura Publisher im Verlag
Umschlaggestaltung: Agentur ZERO, München
Umschlagillustration: Lucia Obi
Druck und Bindung: Franz Spiegel Buch GmbH, Ulm
Printed in Germany
ISBN 3-426-26955-4

5 4 3 2 1

Inhalt

Suppen und Eintöpfe

Fleischgerichte

Wild, Geflügel, Innereien

Fisch und Meeresfrüchte

Gemüsegerichte und Mehlspeisen

Kleine Gerichte und Brotzeiten

Teigwaren und Klöße

Beilagen und Saucen

Beilagen

Süßes

Getränke

Vorwort

Von frischer Krabbensuppe im Norden zu knusprigem Schweins-
braten im Süden, vom zarten Mairübengemüse im Westen zur
luftigen Eierschecke im Osten reicht die Palette der kulinarischen
Spezialitäten Deutschlands. Eine einheitliche deutsche Küche im
strengen Sinne oder ein bestimmtes Nationalgericht gibt es nicht,
auch wenn einzelne Elemente wie die ungeheure Vielfalt an
Brotsorten oder Wurstwaren das Besondere an der deutschen
Küche ausmachen.
Mehrere Faktoren haben die Entwicklung eines vielgestaltigen
Speisezettels beeinflußt: Da sind zum einen die natürlichen Gegebenheiten wie Landschaft und Klima. Aufgrund der schlechten
Transportmöglichkeiten blieb die Auswahl der Lebensmittel
meist auf das zeitliche und örtliche Angebot beschränkt. Durch
die kurzen Wege war die Ware allerdings auch entsprechend
frisch und wurde nur zur passenden Jahreszeit konsumiert. Man
mußte erfinderisch mit den Zutaten umgehen, die die unmittel-
bare Umgebung bot. Während man in den waldreichen Regionen
Nordhessens beispielsweise von einem Stück Speck und Kartoffeln satt werden mußte, weil in dem rauhen Klima einfach nichts
anderes gedieh, konnte man sich in klimatisch begünstigten
Gegenden am Rhein an Obst, Gemüse und Wein erfreuen. Auf
den Almen wurde mit Rahm gekocht, weil der in der Milch- und
Käsewirtschaft ohnehin abfiel, in den fruchtbaren Ackerbauge-
bieten wurde mit Weizenmehl gebacken, weil es in unmittelbarer
Nachbarschaft gemahlen wurde. In den großen Hafen- und Han-
delsstädten gestaltete sich der Speisezettel reichhaltiger als auf
dem Land. Nürnberg lag am Endpunkt der venezianischen Han-
delsstraße, auf der Spezereien und andere begehrte Güter aus
dem Orient in die Stadt gelangten. Hamburg und Lübeck kamen
in den Genuß der Kolonialwaren aus Übersee. Während sich auf
dem Land die Ernährungsweise von einem Bauernhof zum nächsten kaum unterschied, suchte man sich in der Stadt gegenüber
seinen Zeitgenossen abzusetzen. Die Tafel der reichen Kaufleute

war feiner und edler gedeckt als die der einfachen Handwerker und Tagelöhner, die nicht zuletzt wegen der körperlich schweren Arbeit nahrhafte Speisen benötigten, die nicht viel kosten durften: Brot, Milch und Eier, der typische Buchweizenpfannkuchen, im Winter Kohl und Rüben und im Sommer frisches Obst und vielleicht ein paar Holunderküchlein, wenn vor dem Haus ein Strauch blühte, bestritten das Standardrepertoire. Fleisch kam nur selten und dann auch nur an hohen Festtagen auf den Tisch und wurde so lange wie möglich gestreckt – es wurde gesotten, damit noch eine Suppe abfiel, oder es gab am nächsten Tag aus den Bratenresten noch eine Füllung für Kohlrouladen. Wegen der schlechten Lagermöglichkeiten war der Fleischgenuß ohnehin hauptsächlich auf die Wintermonate beschränkt, in denen geschlachtet wurde. Unmittelbar beim Schlachten wurden die rasch verderblichen Teile verarbeitet: Dann gab es Schnuten und Puten oder Metzelsuppe, die in einer Kanne an Verwandte und Bekannte im Dorf ausgetragen wurde. Das Schweineschmalz nutzte man, solange es frisch war, zum Ausbacken von süßem Gebäck wie Hobelspäne, Muzen oder Schneebälle. Schinken und Speck wurden geräuchert und hielten sich im Idealfall bis in den nächsten Sommer hinein. Daß trotz Armut und extremer Abhängigkeit von den landschaftlichen Gegebenheiten eine sättigende und ausgewogene Küche entstehen konnte, ist der Erfindungsgabe und dem Können derer zu verdanken, die tagtäglich am Herd standen. Sie verstanden es, der Jahreszeit gemäß die richtigen Zutaten auszuwählen, kannten ihre geschmacklichen Eigenheiten, die sie durch entsprechende Zusammenstellungen zu ergänzen und zu steigern wußten. Voll entfalten konnten sie dann ihre Kochkunst bei großen Kirchenfesten und Familienfeiern. Kindstaufen und Hochzeiten, Ostern, Kirchweih und Weihnachten waren willkommene Gelegenheiten, die ansonsten von der Not verordnete Sparsamkeit einmal hintanzustellen und nach Herzenslust zu tafeln. Da labte man sich an gefüllten Gänsen und drallen Knödeln, an Schüsseln voller Schmalzgebackenem und an Krügen voller Wein.

Nicht auf Feste angewiesen waren dagegen Geistlichkeit und Adel. Ihre Tafel war stets reich gedeckt, ihre Eßkultur daher völlig anderer Prägung. Die vielen Klöster waren gemäß der Regel des

16

heiligen Benedikt selbstgenügsam, also nicht auf Handel und Warenaustausch angewiesen, und sorgten durch die klostereigene Landwirtschaft mit Obst- und Kräutergärten, Fischteichen und Äckern für ihre Ernährung. Dem Adel dagegen diente das Essen – wie auch die Kleidung – dazu, sich vom gemeinen Volk abzuheben. Die »Herrenspeise« galt als Standesmerkmal und wurde entsprechend gepflegt. Dabei legte man auf edle Zutaten wie Wild (das aufgrund des Jagdrechts ohnehin dem Adel vorbehalten war) und beeindruckende Mengen Wert: Wurden bei der Landshuter Fürstenhochzeit 1475 beispielsweise noch zweiunddreißig verschiedene Essen (darunter Krebse, Hühner, Pasteten, Forellen) serviert, so mußten ab dem 16. Jahrhundert bereits zehnmal so viele aufgefahren werden! Da sich derartige Orgien entsprechend lange hinzogen, wollte auch für die Unterhaltung der Gäste gesorgt sein. Dazu bot man sogenannte Schauessen oder Schaugerichte, bei denen dann beispielsweise ein lebendiges Hündchen aus der Pastete sprang, kunstvolle Gebilde aus Marzipan oder Zucker aufgefahren wurden oder ein herausgeputzter Pfau auf der Tafel umherstolzierte, so daß die Tischgesellschaft aus dem Staunen nicht mehr herauskam – im wahrsten Sinne des Wortes ein »Augenschmaus«, denn essen konnte man diese Darbietungen natürlich nicht.

Kriege und Fremdherrschaft trugen ihrerseits zur Gestaltung des Speisezettels bei. Neue Eßgewohnheiten sind auf diese Weise zu einem so festen Bestandteil der landestypischen Küche geworden, daß man sie heute nicht mehr als fremd empfindet. Das gilt für das norddeutsch-dänische Prinzip des »broken söt«, bei dem salzige Speisen durch süße Beigaben aufgelockert werden, ebenso wie für die schwäbischen Kratzete, die mit dem österreichischen Kaiserschmarrn eng verwandt sind. Der Rübenzucker wurde schließlich erfunden, weil infolge der napoleonischen Kontinentalsperre kein Rohrzucker aus Übersee nach Deutschland gelangte. So war es auch die preußische Soldatenküche des späten 19. Jahrhunderts, die die deutsche Küche, wie wir sie heute kennen, wohl am nachhaltigsten prägte: Sättigend mußte sie sein, Tafel- und Gaumenfreunden hatten zurückzutreten hinter Zweckmäßigkeit und Nahrhaftigkeit. Die zwar einfachen, aber doch sorgfältig und individuell zubereiteten Mahlzeiten des Bauernstandes gerieten ins Hintertreffen gegenüber Erbsensuppe aus der Feldküche und Eintopf aus der Gulaschkanone. Nicht zuletzt deshalb haftet der deutschen Küche das Image des Schwerverträglichen, des Plumpen und Groben an. Doch wer einmal ein Reh aus dem Schwarzwald mit seinem unverwechselbaren Kräuteraroma, wer einmal frisch gefangene Krabben oder einen frisch gebackenen Zwetschgenkuchen genossen hat, weiß, daß Bodenständigkeit und geschmackliche Finesse einander nicht ausschließen. Grundvoraussetzung dafür sind allerdings absolut frische und hochwertige Rohstoffe, die aus der Region kommen und der Jahreszeit entsprechen. Nur wenn die Äpfel im bäuerlichen Obstgarten ausreifen dürfen, erhalten sie jenes fruchtige Aroma, das das einfachste Apfelmus zum Hochgenuß macht. Matjes schmecken nur im Mai vollendet zart, und ein würziger Lebkuchen kann nur in der Weihnachtszeit den Duft nach wohliger Gemütlichkeit entfalten, den wir seit unserer Kindheit damit verbinden.

Das vorliegende Buch will zeigen, daß die deutsche Küche durch ihre Vielfalt zu überzeugen versteht. Unsere Auswahl stellt einen kulinarischen Streifzug durch alle Regionen Deutschlands dar, will aber keinen Anspruch auf Vollständigkeit erheben, denn gerade bei besonders alteingesessenen Gerichten kennt praktisch jedes Dorf oder gar jede Familie eine eigene Variante. Wir haben uns bemüht, typische Zubereitungsarten aus typischen Zutaten aufzuzeigen, sind uns aber durchaus bewußt, daß wir dabei nicht allen Vorstellungen gerecht werden können. Doch genau davon geht die Faszination der Regionalküche aus: Sie ist eine lebendige Küche, die allen Moden trotzt und tagtäglich mit viel Liebe und ganz individuell aufs neue zubereitet wird. All jenen, die sich an diesen unverfälschten Genüssen erfreuen, ist dieses Buch gewidmet.

Suppen
und Eintöpfe

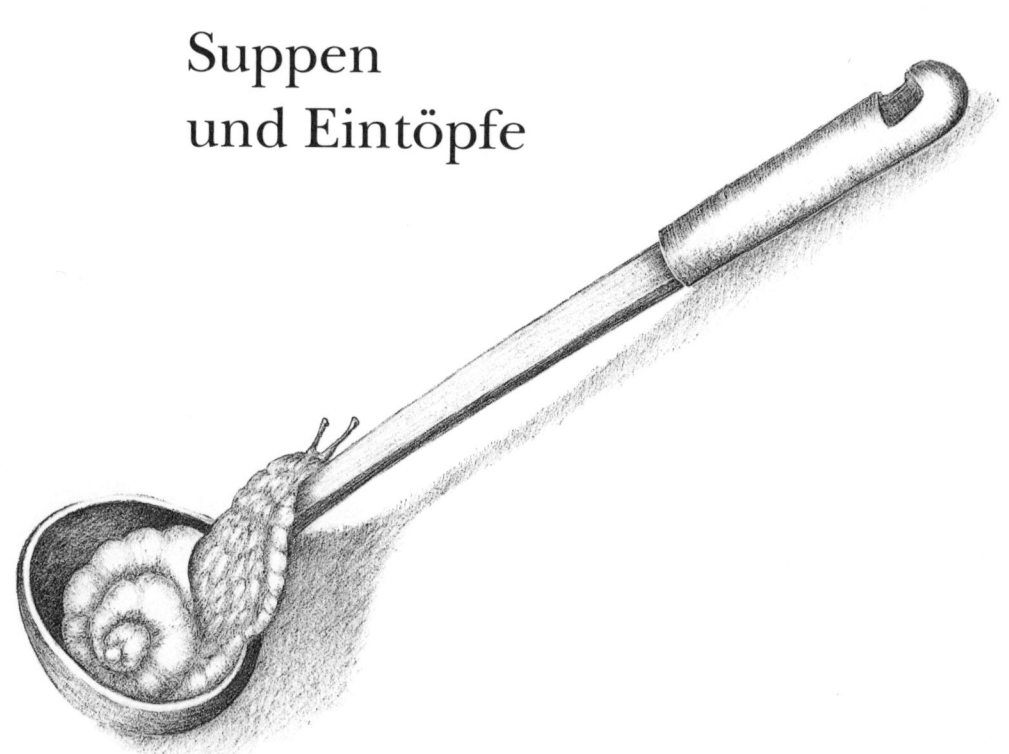

Allgäuer Käsesuppe

Milch und Käse besitzen heute für die Allgäuer Landwirtschaft eine zentrale Bedeutung, und man kann sich kaum vorstellen, daß es einmal anders gewesen sein soll. Doch wo heute Kühe weiden, blühte früher der Flachs für die Leinenindustrie und tauchte das Land in zartes Blau. Ende des 18. Jahrhunderts drangen jedoch Baumwollstoffe aus England auf den heimischen Markt. Sie waren maschinell gewebt und daher billiger als das Allgäuer Leinen. Der Flachsabsatz ging zurück, und die Allgäuer Bauern mußten sich nach einem anderen Erwerbszweig umsehen. Man ließ sich von den Nachbarn in der Schweiz beraten und stellte auf Milchwirtschaft um. 1824 wurde der erste Allgäuer Emmentaler hergestellt. Was einst eine Notlösung war, ist inzwischen zu einem bedeutenden Wirtschaftsfaktor geworden: Heute liefert das Allgäu rund ein Viertel der gesamten deutschen Käseproduktion.

Zutaten für 4 Personen:
2 Zwiebeln, 35 g Butter, 1 Eßlöffel Mehl, 100 ml Weißwein, 1/2 l Fleischbrühe, 200 ml Sahne, 250 g Allgäuer Emmentaler, 1 Eigelb, Salz, Pfeffer aus der Mühle, Muskat
Außerdem: Croûtons und fein geschnittener Schnittlauch zum Garnieren
Zubereitungszeit: 45 Minuten

Zwiebeln schälen und fein hacken. Die Butter in einem Suppentopf zerlassen und die Zwiebelstückchen darin andünsten. Mit Mehl bestäuben und kurz anschwitzen, aber nicht bräunen. Mit Weißwein ablöschen, kräftig umrühren und mit Fleischbrühe und Sahne auffüllen. Langsam zum Kochen bringen. In der Zwischenzeit den Käse reiben und in kleinen Portionen unter die Suppe rühren, bis er sich aufgelöst und mit den restlichen Zutaten verbunden hat. Die Suppe vom Herd ziehen und mit dem verquirlten Eigelb legieren.

Die Suppe mit wenig Salz (der Käse ist bereits recht salzig!),
Pfeffer aus der Mühle und frisch geriebenem Muskat abschmecken.
Mit den Croûtons und den Schnittlauchröllchen bestreuen und
servieren.

Altmärkische Hochzeitssuppe

Große Familienfeiern wie Hochzeiten oder Kindstaufen waren
die wenigen Gelegenheiten, bei denen auch die Tafel der einfachen Bauern reich gedeckt wurde und aufwendige Zutaten wie
Fleisch und feines Gemüse auf den Tisch kamen. Die Hochzeits-
suppe, die es in ähnlicher Form in fast allen Landesteilen gibt,
zeichnet sich denn auch durch eine Vielzahl an verschiedenen
Einlagen wie Klößchen, Gemüse und Nudeln aus, die dem jung-
vermählten Paar Glück, Wohlstand und Kindersegen bescheren
sollen.

Zutaten für 4 Personen:
Hühnerbrühe: 1 Hähnchen, Wasser, 1 Bund Suppengrün, 1 Teelöffel
schwarze Pfefferkörner, Salz
Einlagen:
500 g frischer Spargel, Salz, 100 g Sternchennudeln
Eierstich: 4 Eier, 125 ml Milch, 1 Prise Salz, 1 Prise Muskat, etwas Butter
für die Form
Fleischklößchen: 250 g Schweinehack, 1 Ei, Semmelbrösel zum Binden,
Salz, Pfeffer
Außerdem: fein gehackte Petersilie zum Garnieren
Zubereitungszeit: 2 Stunden

Das Hähnchen unter fließendem Wasser sorgfältig waschen und anschließend mit Küchenkrepp trockentupfen. Vierteln und in einen Suppentopf legen. Gut mit Wasser bedecken, das Suppengrün hinzugeben, die Pfefferkörner einstreuen. Zum Kochen bringen, dann die Wärmezufuhr reduzieren und nur noch leise simmern, bis die Hähnchenteile gar sind (rund 45 Minuten). Erst zum Schluß salzen. Die Hähnchenteile herausheben und für ein anderes Gericht verwenden. Die Brühe durch ein Sieb gießen und wenn nötig entfetten.

Den Spargel schälen und in mundgerechte Stückchen schneiden. In sprudelndem Salzwasser bißfest garen, aus dem Sud heben und beiseite stellen. Spargelsud gesondert verwenden (siehe z.B. Spargelcremesuppe auf Seite 57).

Die Sternchennudeln in Salzwasser bißfest kochen, abgießen und beiseite stellen.

Für den Eierstich die vier Eier mit Milch, Salz und Muskat verquirlen. Eine feuerfeste Form ausfetten und die Eimasse hineinfüllen. Ins kochende Wasserbad stellen und die Eimasse stocken lassen (ca. 15 Minuten). Den fest gewordenen Eierstich erkalten lassen, aus der Form stürzen und in feine Würfel schneiden.

Nun aus dem Schweinehack die Fleischklößchen formen. Dazu das Fleisch mit Ei und Semmelbröseln binden und mit Salz und frisch gemahlenem Pfeffer würzen. Mit den Händen etwa kirschgroße Klößchen formen.

Die Hühnerbrühe erhitzen. Die vorgeformten Fleischklößchen hineingeben und rund 15 Minuten gar ziehen lassen. Spargelstücke, Sternchennudeln und Eierstich in die Suppe geben und kurz heiß werden lassen. Die Suppe in eine Terrine füllen oder auf Suppenteller verteilen. Mit der gehackten Petersilie bestreuen und servieren.

Bäckeoffe

Der elsässische Einfluß auf die badische Küche läßt sich kaum leugnen. So wurde auch dieser würzige Eintopf aus der französischen Nachbarregion importiert, bot er doch die Möglichkeit, nach dem Brotbacken die Restwärme des Ofens zu nutzen (was denn auch den Namen der Spezialität erklärt); außerdem konnte man praktisch alle die Zutaten verwenden, die gerade zur Hand waren, denn ein allgemeingültiges oder festgeschriebenes Rezept gibt es nicht.
Wir schlagen Ihnen hier eine Standardversion vor, die Sie nach Ihren Vorlieben – und Vorräten – abwandeln können.

Zutaten für 4–6 Personen:
Für die Marinade: 1 Gemüsezwiebel, 2 Knoblauchzehen, 1 Lorbeerblatt,
1/2 Teelöffel schwarze Pfefferkörner, 1 Flasche kräftig-trockener Weißwein
Für den Eintopf: 500 g Hammel- oder Lammfleisch, 500 g Schweinefleisch,
1 kleine Sellerieknolle, 2 Gemüsezwiebeln, 1 Stange Lauch, 2 Mohrrüben,
1 kg Kartoffeln, Salz, Pfeffer
Zubereitungszeit: 40 Minuten
Einwirkzeit der Marinade: mehrere Stunden, über Nacht
Garzeit: 3 Stunden

Für die Marinade die Gemüsezwiebel in Ringe, den Knoblauch blättrig schneiden. Den Boden einer Deckelterrine damit auslegen, dann die Gewürze hinzufügen.
Das Fleisch säubern, mit einem scharfen Messer Sehnenreste und Fett abtrennen. Grob würfeln und in die Terrine setzen. Mit Wein übergießen, bis alles gut bedeckt ist, und die Terrine sorgfältig verschließen. Über Nacht an einem kühlen Ort ziehen lassen.
Die Sellerieknolle schälen und in grobe Stifte schneiden. Die

24

Gemüsezwiebeln pellen und grob zerkleinern, den Lauch sorgfältig waschen und in feine Ringe schneiden. Mohrrüben schälen und in Scheiben schneiden. Die Kartoffeln schälen und grob würfeln.

Backrohr auf 180 °C vorheizen.

Das Fleisch aus der Marinade heben, abtropfen lassen und mit dem vorbereiteten Gemüse vermengen. Mit Salz und Pfeffer würzen. In einen ofenfesten Bräter füllen, die Marinade mit den Gewürzen darübergießen. Nun den Topf gut verschließen, unter Umständen zusätzlich mit Alufolie abdichten, damit die feinen Aromen nicht entweichen können.

Den Topf ins heiße Backrohr schieben und drei Stunden langsam garen.

Badische Schneckensuppe

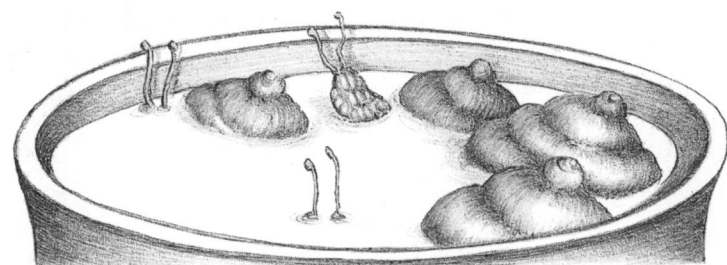

Weinbergschnecken kommen heute meist von Zuchtfarmen und werden küchenfertig als Dosenware oder tiefgefroren angeboten. Wir empfehlen in diesem Fall ausnahmsweise auch einmal die Verwendung von Fertigware, denn die Vorbereitung frischer Weinbergschnecken gestaltet sich äußerst zeitraubend und aufwendig: Die Schnecken müssen zunächst zwei Wochen lang fasten, damit sie entschlacken können. Dann werden sie gewässert, in kochendes Wasser getaucht, aus dem Häuschen gezogen und nach dem Putzen mehrere Stunden gekocht.

Zutaten für 4–6 Personen:
2 Dutzend Weinbergschnecken aus der Dose (mit dem Saft), 50 g Butter,
2 Schalotten, 1 Knoblauchzehe, 150 g Mirepoix (s.u.), 1 Eßlöffel Mehl,

3/4 l Fleisch- oder Gemüsebrühe, Salz, Pfeffer, 1 Lorbeerblatt, 100 g Crème
fraîche, 100 g süße Sahne, 1/8 l trockener Weißwein
1 Eßlöffel gemischte Kräuter, fein gehackt (z. B. Petersilie, Schnittlauch,
Kerbel)
Außerdem: fein gehackter Schnittlauch zum Garnieren
Zubereitungszeit: 45 Minuten

Weinbergschnecken in ein Sieb schütten und abtropfen lassen, die Flüssigkeit auffangen. Die Schnecken fein hacken und beiseite stellen.

Die Butter in einem Suppentopf zerlassen, Schalotten und Knoblauch pellen, fein hacken und darin anglasen. Dann das vorbereitete Mirepoix dazugeben und mitdünsten. Die Schnecken hinzufügen, mit Mehl überstäuben und kurz durchschwitzen lassen. Mit der Fleischbrühe und dem Schneckensud aufgießen. Salzen, pfeffern, das Lorbeerblatt hinzufügen. Bei milder Hitze 15 Minuten durchköcheln. Crème fraîche und Sahne unterrühren und weitere fünf Minuten leise köcheln lassen. Abschließend mit Weißwein und gegebenenfalls noch etwas Salz abschmecken.

Die gehackten Kräuter unterrühren.

Die Suppe auf vorgewärmte Suppenschalen verteilen und mit Schnittlauchröllchen garnieren.

Weißbrot dazu reichen.

Mirepoix folgendermaßen vorbereiten: 1 Karotte, 1 Stück Knollensellerie, 1 Selleriestengel, 1 Stück Lauch putzen, fein hacken und vermischen.

Betenbartsch

Zutaten für 4–6 Personen:
750 g Suppenfleisch, 1 Suppenknochen, 1 Bund Suppengrün, 1 Zwiebel,
1 Lorbeerblatt, 1 Teelöffel schwarze Pfefferkörner, Salz, 750 g rote Bete,
1 Eßlöffel Essig, Pfeffer aus der Mühle, 1/2 Teelöffel getrockneter Majoran,
1 Eßlöffel Speisestärke, 200 g Crème fraîche, 6 Salzkartoffeln
Zubereitungszeit: 2 1/2 Stunden

Das Suppenfleisch und den Knochen waschen und in einen
Suppentopf legen. Suppengrün, Zwiebel, Lorbeerblatt und Pfefferkörner hinzufügen. Mit Wasser bedecken und zum Kochen
bringen. Dann die Wärmezufuhr reduzieren und nur noch sanft
wallen lassen, bis das Suppenfleisch gar ist. Abschließend salzen.
In der Zwischenzeit die roten Beten garen. Die Beten zunächst
vorsichtig unter fließendem Wasser waschen. Darauf achten, daß
die Schale nicht verletzt wird, sonst »bluten« die Rüben aus und
verlieren ihre kräftige Farbe. Die roten Beten entweder in Wasser
etwa eine Stunde weich kochen oder in Alufolie packen und im
200 °C heißen Backrohr eine Stunde lang garen.
Die weichgegarten roten Beten etwas abkühlen lassen und schälen. In grobe Würfel schneiden und anschließend in der Küchenmaschine pürieren. Das Püree mit Essig verrühren, damit die
kräftige Farbe erhalten bleibt.
Das gekochte Suppenfleisch und Knochen aus der Brühe heben
und abkühlen lassen. Die Fleischbrühe durch ein Sieb gießen. Das
Betenpüree mit der Fleischbrühe zur gewünschten Konsistenz
verflüssigen. Mit Salz, frisch gemahlenem Pfeffer und Majoran
würzen. Den Betenbartsch nun mit der Speisestärke binden, die
Hälfte der Crème fraîche unterrühren und noch einmal kurz
durchkochen. Das Suppenfleisch klein würfeln, unter das Gemüse heben und heiß werden lassen.
Mit Salzkartoffeln und einem Klecks Crème fraîche servieren.

Birnen, Bohnen, Speck

Die lange – und oft erbittert bekämpfte – Herrschaft Dänemarks über Teile von Schleswig-Holstein hat auch in der Küche der Region ihre Spuren hinterlassen: Die dänischen Rezepturen für »broken söt« hat man schätzen gelernt. Nach diesem Prinzip wird kräftige und herzhafte Kost durch süße Beigaben »gebrochen« und aufgelockert. Der Eintopf aus Birnen, Bohnen und Speck ist wohl das bekannteste Beispiel für diese Küchentradition. Im Spätsommer, wenn es frische Bohnen gibt und die Kochbirnen reif sind, ist diese fruchtig-deftige Spezialität ein besonderer Genuß.

Zutaten für 4–6 Personen:
500 g durchwachsener Speck oder Schweinebacke, 750 g grüne Bohnen,
750 g Kartoffeln, 1 Bund Bohnenkraut, etwas Salz, Pfeffer aus der Mühle,
4–6 Kochbirnen, 1 Bund Petersilie
Zubereitungszeit: 90 Minuten

Den Speck oder die Schweinebacke kalt mit einem halben Liter Wasser aufsetzen und 45 Minuten bei leiser Hitze vorkochen.
In der Zwischenzeit die Bohnen putzen, in der Mitte brechen und in den Topf geben. Die Kartoffeln schälen, in Scheiben schneiden und ebenfalls dazugeben. Bohnenkraut hinzufügen, zurückhaltend salzen und pfeffern und zehn Minuten durchköcheln.
Die Birnen waschen und mit einem spitzen Messer den Blütenansatz herausschneiden. Die ungeschälten Birnen auf das Gemüse legen und 20 Minuten mitgaren. Die Petersilie waschen, Blättchen von den Stengeln zupfen und fein hacken.

Den Speck oder die Schweinebacke herausnehmen und in Scheiben schneiden. Die Birnen herausheben und beiseite stellen. Das Gemüse mit reichlich gehackter Petersilie abschmecken.

Nun das Gemüse auf Teller verteilen, das in Scheiben geschnittene Fleisch daneben anrichten und die Kochbirnen in die Mitte setzen.

Heiß auftragen.

Birnensuppe mit Klößen

Zutaten für 4 Personen:
500 g Birnen, 3 gekochte Kartoffeln, 250 g Mehl, 1 Ei, 125 ml Milch, 1–2 Eßlöffel Zucker, Salz, 2 Eßlöffel Butter
Zubereitungszeit: 45 Minuten

Die Birnen schälen, Stiel, Blütenansatz und Kerngehäuse entfernen. In Stücke schneiden und in 1 Liter kochendem Wasser garen, aber nicht zu weich kochen. Die Birnen sollten noch etwas Biß haben.

In der Zwischenzeit den Teig für die Mehlklöße vorbereiten: Dazu die Kartoffeln schälen, waschen und reiben. Kräftig auswringen und mit dem Mehl vermengen. Das Ei in der Milch verquirlen und unter die Kartoffelmasse rühren. Teig nun mit Zucker und einer Prise Salz abschmecken, abschließend mit der Butter geschmeidig rühren.

Mit zwei Teelöffeln kleine Klöße abstechen und in die kochende Birnenbrühe legen. An die Oberfläche steigen und fünf Minuten gar ziehen lassen.

Nach Geschmack süßen und warm servieren.

Aus der Not geboren und dabei verblüffend schmackhaft – die Spezialität diente der Verwertung von altbackenem Brot. »Altbacken« bedeutet übrigens nicht »alt«: Die im Brot enthaltene Stärke unterliegt im Laufe der Zeit einer ständigen Entquellung, wodurch das Brot »altbacken«, d. h. etwas muffig wird. Bei Weißbrot mit hohem Stärkegehalt erfolgt die Entquellung in stärkerem Maße als bei Brot aus Sauerteig, der diesen Vorgang verzögert.

Zutaten für 4 Personen:
4 kleine Zwiebeln, 2 Eßlöffel Butter, 4 Scheiben Hausbrot, 1 l Fleischbrühe
Außerdem: Schnittlauchröllchen zum Garnieren
Zubereitungszeit: 20 Minuten

Die Zwiebeln schälen und in feine Ringe hobeln. Die Hälfte der Butter in einer Pfanne erhitzen, die Zwiebelringe darin weich dünsten, aber nicht bräunen. Aus der Pfanne heben und beiseite stellen.
Die Brotscheiben in feine Würfel schneiden und in der restlichen Butter kroß braten.
In der Zwischenzeit die Fleischbrühe erhitzen.
Die Zwiebeln in vorgewärmte Suppenteller schichten, die gebratenen Brotwürfel darüber verteilen und mit heißer Brühe übergießen. Mit Schnittlauch bestreuen und sofort servieren, weil die Brotwürfel sonst aufquellen und lasch werden.

Von Mitte August bis Mitte Dezember ist Hochsaison für die Krabbenflotten, die in Büsum, Tönning und anderen Küstenorten beheimatet sind. Vorzüglich schmecken die Krabben, wenn sie fangfrisch vom Kutter gekauft und an Ort und Stelle »gepult« und verspeist werden – in den meerfernen Gegenden wird man mit Krabbensuppe Vorlieb nehmen müssen.

Zutaten für 4 Personen:
2 Eßlöffel Butter, 1 Zwiebel, 1 Knoblauchzehe, 1 kleine Mohrrübe, 3/4 l
Fischbrühe, 500 g geschälte Nordseekrabben, 100 ml Weißwein, 100 ml
Sahne, Salz, Pfeffer
Außerdem: gehackte Petersilie zum Garnieren
Zubereitungszeit: 30 Minuten

Die Butter in einem Suppentopf zerlassen. Zwiebel und Knoblauchzehe fein hacken und in der heißen Butter andünsten. Die Mohrrübe ebenfalls fein hacken und mitdünsten. Mit Fischbrühe auffüllen und zum Kochen bringen. Die geschälten Krabben hineingeben und garen (etwa fünf Minuten). Mit Weißwein und Sahne verfeinern, danach mit Salz und frisch gemahlenem Pfeffer abschmecken.
Mit der gehackten Petersilie bestreuen und servieren.

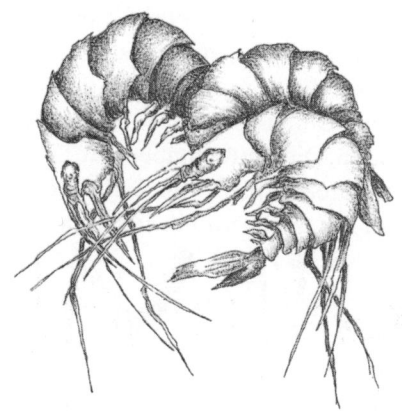

Dithmarscher Wurzeleintopf

Zutaten für 6 Personen:
Für den Eintopf: 600 g Kasseler Bauch, 1 Gewürzsäckchen mit Lorbeer-
blatt, Senfkörnern, Pfefferkörnern und 1 Gewürznelke, 1 Zwiebel, 3 Lauch-
stangen, 3 große Kartoffeln, 3 kleine Steckrüben, 3 Mohrrüben, Salz,
Pfeffer aus der Mühle
Für den Kloß: 3 vorgekochte Kartoffeln, 250 ml Milch, 1 Prise Salz, 3 Eier
Außerdem: 100 g Speck, 2 Zwiebeln
Zubereitungszeit: 90 Minuten

Das Fleisch in einen Topf setzen und mit Wasser bedecken. Das
Gewürzsäckchen und die gepellte Zwiebel hineinlegen und alles
zum Kochen bringen. Dann bei mittlerer Hitze garen.
In der Zwischenzeit das restliche Gemüse vorbereiten: Lauchstangen halbieren, gründlich ausspülen und in Ringe schneiden. Die
Kartoffeln schälen und würfeln. Die Steckrüben und die Mohr-
rüben waschen, putzen und in gleichmäßige Stifte schneiden.
Das Gewürzsäckchen aus dem Sud fischen, das vorbereitete Ge-
müse hineingeben und sanft gar köcheln lassen. Zum Schluß mit
Salz und frisch gemahlenem Pfeffer abschmecken.
Inzwischen für den Kloß die vorgekochten Kartoffeln reiben und
mit Milch, Salz und Eiern zu einem gleichmäßigen Teig verarbei-
ten. Einen großen Kloß daraus formen und in den Eintopf setzen.
Rund dreißig Minuten mitgaren.
Den Speck würfeln und in einem Pfännchen knusprig braten. Die
Zwiebeln fein hacken und im ausgelassenen Speck bräunen.
Das Fleischstück aus dem Eintopf heben, in Scheiben schneiden
und warm stellen. Den Kloß aus dem Eintopf heben und in
Scheiben schneiden. Die Kloßscheiben auf Tellern anrichten, die
Fleischscheiben daneben plazieren und eine Portion Wurzelge-
müse dazugeben. Mit Speck und Zwiebeln anrichten.

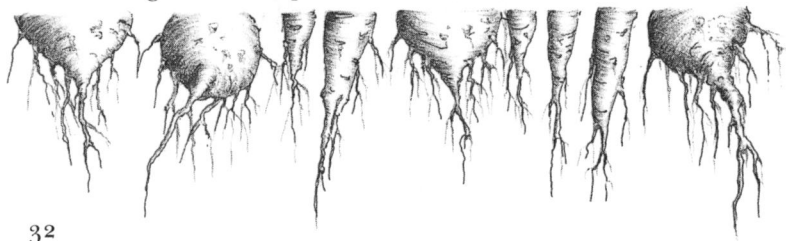

Erbsensuppe

Feldküchen und Gulaschkanonen assoziiert man in der Regel mit einer klassischen Erbsensuppe, die herzhaft schmeckt und aus gelben Trockenerbsen bereitet wird. In der Tat ließ Friedrich der Große, der ein ausgesprochener Fan des deftigen Gerichts gewesen sein soll, die Erbsensuppe als Grundstock für die Verpflegung seiner Soldaten einführen. Ende des 19. Jahrhunderts wurde dann die sogenannte Erbswurst erfunden: in Wurstform gepreßtes Erbsmehl, das in Wasser aufgekocht schnell eine sättigende Suppe »für die Soldaten im Felde« ergab – der Erfinder hatte sein Patent mit dieser Begründung an das preußische Kriegsministerium verkauft.

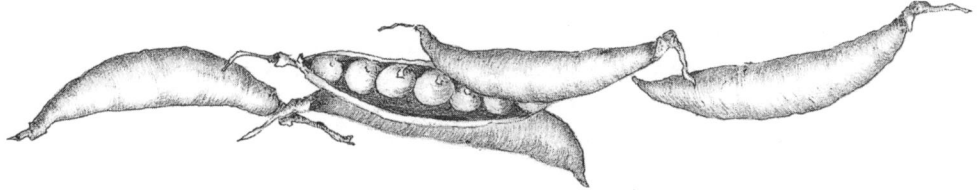

Im Frühjahr, wenn es frische Erbsen gibt, sollte man jedoch einmal die getrockneten Hülsenfrüchte vergessen und die Suppe mit frischem Gemüse zubereiten. Aufwendiger in der Zubereitung als die »Erbswurst«, belohnt sie jedoch mit einem ungleich zarten und aparten Geschmack.

Zutaten für 4 Personen:
1500 g frische Erbsen in der Schote, 1 Mohrrübe, 1 Zwiebel, Salz, 2 Eßlöffel Butter, 2 Schalotten, 50 ml Sahne, Pfeffer aus der Mühle, Muskat
Zubereitungszeit: 90 Minuten

Die Erbsen schälen und beiseite stellen. Die leeren Schoten gründlich waschen und grob zerhacken. Die Mohrrübe putzen und zerkleinern, die Zwiebel häuten und halbieren.
Schoten, Karottenstückchen und Zwiebel in einen Topf geben und mit 1 1/2 Liter Wasser aufgießen. Erhitzen und das Gemüse

bei mittlerer Hitze rund 45 Minuten auskochen. Salzen. Brühe durch ein Sieb gießen und das ausgekochte Gemüse wegwerfen. In einem Suppentopf nun die Butter erhitzen. Die Schalotten fein hacken und fünf Minuten andünsten. Die geschälten Erbsen hinzufügen und in der heißen Butter schwenken. Mit dem Gemüsesud auffüllen und kochen, bis die Erbsen weich, aber noch leuchtend grün sind. In der Küchenmaschine oder mit dem Pürierstab pürieren. Mit einem Schuß Sahne verfeinern und mit Salz, Pfeffer und einer Prise frisch geriebenem Muskat abschmecken.

Flädlesuppe

Zutaten für 4 Personen:
100 g Mehl, 2 Eier, 125 ml Milch, 1 Prise Salz, Fett (vorzugsweise Butterschmalz) zum Backen, 1 l Fleischbrühe
Außerdem: Schnittlauch zum Garnieren
Zubereitungszeit: 30 Minuten

Aus Mehl, Eiern, Milch und Salz einen glatten und relativ flüssigen Backteig herstellen. Das Fett in einer Pfanne erhitzen und soviel Teig hineingießen, bis der Pfannenboden dünn bedeckt ist. Den Teig fest werden lassen und auf beiden Seiten goldgelb backen. Auf einen Teller legen und abkühlen lassen. Nach und nach die Pfannkuchen backen, bis der Teig aufgebraucht ist.
Die Fleischbrühe erhitzen.
In der Zwischenzeit die Pfannkuchen eng aufrollen und in feine Streifen schneiden. Diese Flädle auf Suppenteller verteilen. Mit der heißen Fleischbrühe auffüllen, mit feinen Schnittlauchröllchen bestreuen und servieren.

Zutaten:

1–1 1/2 kg Suppenfleisch (Zwerchrippe, Rinderbrust), 500 g Suppen-
knochen, 2 Mohrrüben, 1 Zwiebel, 1 Stück Knollensellerie, 1 Stück Lauch,
1 Teelöffel schwarze Pfefferkörner, etwas Liebstöckel und Petersilie, Salz
Zubereitungszeit: 3 Stunden

Das Suppenfleisch und die Knochen waschen. Die Mohrrüben
putzen, die Zwiebel häuten und halbieren, den Sellerie schälen,
den Lauch waschen. Fleisch, Knochen und das vorbereitete Gemüse zusammen mit Pfefferkörnern, Liebstöckel und Petersilie
in einen Topf geben und großzügig mit Wasser bedecken. Zum
Kochen bringen, dann die Hitzezufuhr reduzieren und die Brühe
rund drei Stunden leise wallen lassen. Immer wieder abschäumen. Erst zum Schluß salzen.
Die Fleischstücke und Knochen herausheben und abkühlen lassen. Fleisch von den Knochen lösen und zusammen mit dem
weichgekochten Fleisch für ein anderes Rezept verwenden.
Die Brühe durch ein feines Sieb gießen und entfetten. Dazu über
Nacht in den Kühlschrank stellen und am nächsten Tag das
erstarrte Fett abheben.

Die so vorbereitete Brühe nach Rezept verwenden oder portionieren und einfrieren.

Frau Holle, der Holden und Gütigen, die nicht nur für das märchenhafte Schneegestöber zuständig ist, sondern auch als himmlische Gnadenspenderin gilt, ist der Holunderbusch zugeeignet. In der Tat gilt der Holunder als »Herrgottsapotheke«, sind seine Früchte (die schwarz glänzenden Holunder- oder Fliederbeeren) doch besonders vitaminreich und können zu Saft oder Kompott oder – wie hier – zu einer köstlichen Suppe verarbeitet werden. Auch die Blüten schmecken hervorragend – siehe dazu das Rezept für Holunderküchlein auf Seite 302.

Zutaten für 4 Personen:
4 große Dolden Holunderbeeren, 1 Zimtstange, 2 Eßlöffel Zucker, 1 Schuß Wein, 1 Apfel, Speisestärke
Zubereitungszeit: 60 Minuten

Die Holunderbeeren waschen und von den Stielen streifen. In Wasser auskochen und durch ein Sieb streichen. Den so gewonnenen Saft mit der Zimtstange und dem Zucker aufkochen. Mit etwas Wein verfeinern.
Den Apfel schälen, entkernen und in kleine Stückchen schneiden. Apfelstückchen in den Saft geben und ziehen lassen. Abschließend den Saft mit etwas Speisestärke andicken.
Heiß mit Grießklößchen (Rezept auf Seite 231) servieren.

Gaisburger Marsch

Soldaten einer Stuttgarter Kaserne haben dem Gaisburger Marsch zu seinem Namen verholfen. Die Offiziersanwärter durften im Gegensatz zu ihren »gemeinen« Kameraden außerhalb der Kaserne essen, und so marschierten sie regelmäßig zum Wirtshaus »Bäckerschmiede« in das Städtchen Gaisburg (heute ein Stadtteil von Stuttgart), wo sie mit dem deftigen Eintopf verköstigt wurden.

Zutaten für 4 Personen:
600 g Suppenfleisch, Suppenknochen, 2 Mohrrüben, 1 Stange Lauch,
1 Stück Sellerie, 2 Zwiebeln, 1 Teelöffel Pfefferkörner, Salz, Pfeffer aus der
Mühle, Muskat, 500 g Kartoffeln, 1 kleines Bund Petersilie, 1 Eßlöffel
Butter, Spätzle (Mengen vom Rezept auf Seite 249 halbieren)
Außerdem: Schnittlauch zum Garnieren
Zubereitungszeit: 3 Stunden

Suppenfleisch und Suppenknochen sorgfältig waschen. In einem großen Topf zwei Liter Wasser zum Kochen bringen und das Fleisch hineinlegen. Mohrrüben, Lauch, Sellerie und eine Zwiebel putzen und mit den Pfefferkörnern ebenfalls in den Topf geben. Bei milder Hitze leise wallen lassen, bis das Suppenfleisch gar ist. Nach Bedarf die Brühe immer wieder abschäumen.
Das Fleisch herausnehmen und abkühlen lassen. Die Brühe durch ein feines Sieb gießen, das ausgekochte Gemüse wegwerfen. Die Brühe wieder in den Topf zurückgießen und mit Salz, Pfeffer und frisch geriebenem Muskat abschmecken. Die Kartof-

37

feln schälen und in grobe Würfel schneiden. In die heiße Brühe geben und weich kochen.

Das abgekühlte Fleisch würfeln, die Petersilie fein hacken. Die zweite Zwiebel in Ringe hobeln und in der Butter bräunen.

Die Spätzle nach dem Rezept auf Seite 249 zubereiten und abgießen.

Fleisch und Spätzle zu den Kartoffeln in die Brühe geben, alles gut durchmischen, nochmals abschmecken und mit den gebräunten Zwiebelringen belegen.

Vor dem Servieren mit frisch geschnittenem Schnittlauch garnieren.

Grünkohleintopf

Im Niedersächsischen heißt der Grünkohl »Oldenburger Palme«, in Bremen (wegen der früher verwendeten Kohlsorte allerdings »Braunkohl« genannt) gehört er zur traditionellen Schaffermahlzeit, und auch in Schleswig-Holstein ist er wichtiger Bestandteil der winterlichen Küche. Traditionsgemäß beginnt die Grünkohlsaison nach dem ersten Frost: Zum einen sind dann die im Kohl enthaltenen Bitterstoffe in Zucker umgewandelt, zum anderen schmeckt das schwere Essen auch erst so richtig, wenn es draußen kalt und ungemütlich wird. Den entsprechenden Grünkohl-Appetit holt man sich zusammen mit Freunden auf ausgedehnten Wanderungen durch die winterliche Landschaft, die mit einem Grünkohlessen in einem Restaurant beschlossen werden. Und wer dabei am meisten Kohl vertilgen kann, bekommt einen begehrten Orden verliehen.

Zutaten für 4–6 Personen:
500 g durchwachsener Speck, 2 kg Grünkohl (bereits von den Rispen gestreift), Salz, 500 g Zwiebeln, 3 Eßlöffel Schweineschmalz, Pfeffer, Zucker, 200 g Hafergrütze, 1 kg Kasseler, 4 Kochwürste, 5 Pinkelwürste
Zubereitungszeit: 3 Stunden

Den Speck mit Wasser aufsetzen und ungefähr 45 Minuten kochen. Die Kohlblätter sorgfältig waschen und portionsweise in sprudelndem Salzwasser blanchieren.

Die Zwiebeln schälen und fein hacken. In einem großen Topf das Schweineschmalz erhitzen und die Zwiebeln darin anglasen. Mit einem halben Liter Kochsud (vom Bauchspeck) aufgießen, die blanchierten Kohlblätter hinzufügen und herzhaft mit Salz, Pfeffer und Zucker abschmecken. Im geschlossenen Topf eine Stunde sanft garen.

Nun die Hafergrütze unterrühren, Speck, Kasseler und Kochwürste hineinlegen und bei milder Hitze 45 Minuten weitergaren. Eine Pinkelwurst aufschlitzen und unter den Eintopf rühren. Die übrigen Pinkelwürste zehn Minuten mitgaren.

Das Fleisch und die Würste herausnehmen. Die Grünkohlmasse auf eine vorgewärmte Platte häufen. Das Fleisch in Scheiben schneiden und zusammen mit den Würsten auf dem Kohlgemüse anrichten.

Mit Salz- oder Bratkartoffeln und Senf servieren.

Gurkensuppe

Zutaten für 4 Personen:
2 Salatgurken, 2 Eßlöffel Butter, 1 l vorgewärmte Fleischbrühe, Salz,
Pfeffer, 1 Sträußchen Dill, 100 g Crème fraîche
Zubereitungszeit: 30 Minuten

Die Gurken schälen und der Länge nach halbieren. Mit einem Löffel die Kerne ausschaben, dann in knapp fingerdicke Scheiben schneiden.
Die Butter in einem Topf zerlassen und die Gurkenscheiben darin andünsten. Mit der Fleischbrühe aufgießen und fünf Minuten kochen. Mit Salz und Pfeffer aus der Mühle abschmecken. Die groben Dillstengel entfernen, die Dillblättchen in die Suppe rühren.
Auf Teller verteilen. Einen Klecks Crème fraîche obenaufsetzen und servieren.

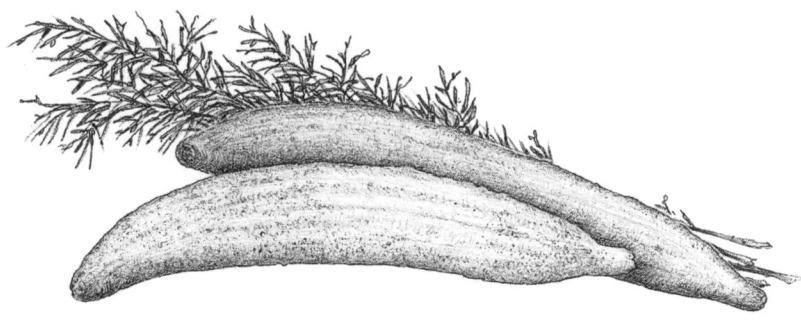

Hamburger Aalsuppe

Nicht dem Aal, sondern der bunten Vielfalt ihrer Bestandteile verdankt die Hamburger Aalsuppe ihren Namen, der sich aus »aal« in der Bedeutung von »alles, Allerlei« entwickelt hat. Der Aal soll erst später, gewissermaßen als Zugeständnis an die Volksetymologie, hinzugekommen sein.

Zutaten für 4 Personen:
1 Bund Suppengrün, 200 g geräucherter Schinkenspeck oder geräucherte Rippchen, 1 1/2 l Wasser oder Brühe, 300 g gemischtes Dörrobst (Backpflaumen, Aprikosen, Äpfel), 500 g frische Erbsen in der Schote (ergibt 150–200 g geschälte Erbsen), 150 g Sellerie, 150 g Mohrrüben, 1 Lauchstengel, einige Spritzer Essig, 1 Prise Zucker, 1 Bund frische Kräuter (nach Belieben aus Petersilie, Majoran, Kerbel, Estragon, Dill usw.), 500 g frischer, küchenfertiger Aal, 100 ml trockener Weißwein
Zubereitungszeit: 90 Minuten

Suppengrün und Räucherfleisch in Wasser oder Brühe legen, heiß werden und ungefähr 45 Minuten bei leiser Hitze köcheln lassen. In der Zwischenzeit das Dörrobst einweichen und die frischen Erbsen schälen, Sellerie und Mohrrüben putzen und klein würfeln, den Lauch gründlich waschen und in feine Ringe schneiden. Obst und Gemüse nach den 45 Minuten in den Sud geben und 20 Minuten mitkochen. Das weichgekochte Fleisch aus der Brühe heben, wenn nötig vom Knochen lösen und in mundgerechte Stückchen schneiden, dann wieder in die Suppe zurückgeben. Mit Essig und Zucker süß-sauer abschmecken. Die Kräuter fein hacken und einstreuen. Suppe vom Herd nehmen.
Aal unter fließendem Wasser waschen, mit Küchenkrepp trockentupfen und in etwa vier Zentimeter breite Stücke schneiden. Weißwein und 100 ml Wasser in eine Kasserolle gießen und die

Aalstückchen bei sanfter Hitze darin pochieren. Nach zehn Minuten den Fisch aus dem Sud heben und etwas abkühlen lassen. Sobald Sie ihn anfassen können, die Haut abziehen und die Gräten entfernen, dann die gesäuberten Fischstückchen in die Suppe setzen und den Weinsud hinzugießen.
Die Suppe einmal kurz aufkochen lassen und mit Schwemmklößchen (Rezept Seite 247) servieren.

Kartoffelsuppe

Friedrich der Große hat mit einer Anzahl von Erlässen dafür gesorgt, daß Kartoffeln in seinem Reich auch noch im letzten Hinterhofgärtchen angebaut wurden. Er trug damit viel zur Linderung von Hungersnöten bei und prägte nachhaltig den deutschen Speisezettel. Schier unendlich ist die Anzahl an Rezepten für Kartoffelgerichte und die verschiedenen Zubereitungsmöglichkeiten von Kartoffelsuppe, die je nach Region deftig mit Räucherfleisch oder zart mit frischer Sahne zubereitet wird. Wir zeigen Ihnen hier stellvertretend zwei Versionen. Sehen Sie sich auch die »Saure Grumbeerbrieh« auf Seite 56 an.

Kartoffelsuppe Pfälzer Art

Zutaten für 4–6 Personen:
750 g Kartoffeln, 2 Mohrrüben, 1/2 Sellerieknolle, 1 Petersilienwurzel, 1 Zwiebel, 1 kleiner Wirsingkohl (ca. 500 g), 1 Stange Lauch, 2 Liter Fleisch- oder Gemüsebrühe, 1 Eßlöffel Butter, 1 Eßlöffel Mehl, 100 g Räucherfleisch
Außerdem: Hausbrot
Zubereitungszeit: 60 Minuten

Kartoffeln, Mohrrüben, Sellerie, Petersilienwurzel und Zwiebel schälen bzw. putzen und grob würfeln. Den Wirsing von unschönen Blättern befreien, vierteln und den Strunk entfernen. Kohlviertel in Streifen schneiden, den Lauch sorgfältig waschen und in Ringe schneiden. Das vorbereitete Gemüse mit der Brühe aufsetzen und weich garen (ca. 30 Minuten).

In der Zwischenzeit aus Butter und Mehl eine helle Einbrenne bereiten und die Suppe dann damit binden. Das Rauchfleisch würfeln und in der Suppe heiß werden lassen.

Mit einer Scheibe Hausbrot servieren.

Kartoffelrahmsuppe

Zutaten für 4 Personen:
400 g mehlig kochende Kartoffeln, 3/4 l Gemüsebrühe, 150 g Butter,
125 ml Sahne, Pfeffer, Salz, Muskat
Zubereitungszeit: 45 Minuten

Kartoffeln schälen und würfeln. In die heiße Gemüsebrühe geben und weich kochen. Kartoffeln abgießen, die Brühe auffangen. Die abgegossenen Kartoffeln durch ein Kartoffeleisen drücken und in einen Topf füllen. Butter und Sahne in die heißen Kartoffeln rühren, dann wieder mit der Gemüsebrühe aufgießen. Mit Pfeffer aus der Mühle, Salz und frisch geriebenem Muskat abschmecken und servieren.

Kirschsuppe (Kaltschale)

Zutaten für 4 Personen:
750 g frische Sauerkirschen, Zucker, 2 Gewürznelken, 1 Schuß Kirschgeist,
Speisestärke
Zubereitungszeit: 60 Minuten
Ruhezeit für die Kirschen: mehrere Stunden

Die frischen Kirschen entsteinen, in eine Schüssel füllen und mit
Zucker bestreuen. Abdecken und mehrere Stunden oder über
Nacht Saft ziehen lassen.
Kirschen mit dem Saft und etwas Wasser aufkochen. Mit den
Gewürznelken und dem Kirschgeist aromatisieren. 1–2 Teelöffel
Speisestärke mit derselben Wassermenge glattrühren. Die Suppe
damit zur gewünschten Konsistenz eindicken und servieren.

Köstlich schmecken dazu süße Grießklößchen (Rezept auf Seite
231).

Kräutlsuppe

Im zeitigen Frühjahr, wenn es die ersten frischen Kräuter gibt, ist
diese Suppe eine Köstlichkeit. Gerade in früheren Zeiten, als man
sich wegen fehlender Kühl- und Lagertechnik den ganzen Winter
über mit Kohl oder Wurzelgemüse bescheiden mußte, sehnte
man sich nach dem ersten frischen Frühjahrsgrün, das nicht
zuletzt deshalb eine wichtige Rolle in der vorösterlichen Fasten-
küche spielt. In München wird die Kräutl- oder Kerbelsuppe
traditionsgemäß am Gründonnerstag gegessen – obwohl das
»Grün« von »Greinen«, also »Weinen, Trauern« kommt und
nichts mit der grünen Farbe zu tun hat. Da der Gründonnerstag
im katholischen Kalender als Fastentag gilt, bereitet man die
Suppe dann nicht mit Fleisch-, sondern mit Gemüsebrühe zu.

Zutaten für 4 Personen:
1 l Fleisch- oder Gemüsebrühe, 2 Bund Kerbel, 1 Bund Sauerampfer oder
Brunnenkresse, 1 Bund Petersilie, 2 Schalotten, 2 Eßlöffel Butter, 1 Tee-
löffel Mehl, 2–3 Eigelbe oder 50 ml Sahne zum Verfeinern, Salz, Pfeffer
aus der Mühle, Muskat, 4 Scheiben Weißbrot
Zubereitungszeit: 30 Minuten

Die Brühe erhitzen.
Die sorgfältig verlesenen und gewaschenen Kräuter mit dem
Wiegemesser fein hacken. Die Schalotten abziehen und fein
hacken. Die Butter in einem Suppentopf zerlassen und die Schalotten darin andünsten. Die feingewiegten Kräuter hinzugeben
und kurz darin schwenken. Mit dem Mehl überstäuben, dann mit
der heißen Brühe aufgießen und kurz aufkochen lassen.
Die Suppe nach Geschmack mit den Eiern (sie darf dann nicht
mehr kochen!) oder mit der Sahne verfeinern. Mit Salz, Pfeffer
und frisch geriebenem Muskat abschmecken.
Suppenteller mit den Weißbrotscheiben auslegen. Die Suppe
hineingießen und auftragen.

Viel Seemannsgarn ist um die Entstehung des Labskaus schon gesponnen worden. So heißt es beispielsweise, daß der Koch auf einem Schiff, auf dem die Vorräte zur Neige gegangen waren, in seiner Verzweiflung alles, was an Eßbarem noch vorhanden war, in einen Topf geworfen haben soll. Die Hausfrauen haben die Rezeptur dankbar aufgegriffen, denn damit ließen sich wunderbare Resteessen fabrizieren. Je nachdem, wie edel diese Reste ausfallen, unterscheidet man Labskaus für den Kapitänstisch und die einfachere Version für die Mannschaft. Hier die Edel-Variante:

Zutaten für 4 Personen:
750 g gepökelte Rinderbrust (einige Tage vorher beim Metzger bestellen), 2 Zwiebeln, 1 Teelöffel Pfefferkörner, 2 Pimentkörner, 1 Lorbeerblatt, 750 g Kartoffeln, 2 vorgekochte rote Beten (oder 1 Glas eingelegte rote Beten), 5 Matjesfilets, 5 Gewürzgurken, nach Bedarf etwas Essig, 4 Eier, Butter zum Braten
Zubereitungszeit: 2 1/2 Stunden

Die gepökelte Rinderbrust mit Wasser aufsetzen und weichkochen. Nach 45 Minuten eine Zwiebel und die Gewürze hinzufügen.
Nun auch die Kartoffeln in der Schale kochen, pellen und durch ein Kartoffeleisen drücken. Das Fleisch aus dem Sud heben und etwas abkühlen lassen. Rote Beten schälen und in Scheiben

46

schneiden bzw. aus dem Glas nehmen und abtropfen lassen. Das Fleisch mit der zweiten Zwiebel, der Hälfte der roten Beten, einem Matjesfilet und einer Gewürzgurke durch den Fleischwolf drehen.

Das Mus in einen Topf geben und mit etwas Fleischbrühe auf die gewünschte Konsistenz verdünnen. Nach Wunsch mit etwas Essig noch säuerlich abschmecken. Heiß werden lassen.

In einer Pfanne die Butter erhitzen und vier Spiegeleier darin braten.

Labskaus auf Teller verteilen, die Spiegeleier obenauf setzen. Auf Beilagentellern je eine fächrig aufgeschnittene Gewürzgurke, ein paar Scheiben rote Bete und ein Matjesfilet hübsch anrichten.

Linseneintopf Thüringische Art

Zutaten für 4 Personen:
250 g Linsen, 2 mittlere Kartoffeln, 1 kleine Lauchstange, 1 kleine Mohrrübe, 1 Stück Sellerie, 1 Lorbeerblatt, 1/2 l Brühe, 100 g Räucherspeck, 1 Zwiebel, 1 Eßlöffel Mehl, 2 Eßlöffel Essig, 250 g Thüringer Rotwurst (Blutwurst), Salz, Pfeffer
Zubereitungszeit: 90 Minuten

Die Linsen in eine Schüssel füllen, mit Wasser übergießen und über Nacht einweichen lassen.

Kartoffeln schälen und würfeln. Lauch, Mohrrübe und Sellerie putzen. Die Linsen abgießen und in einen Topf geben. Gemüse und Lorbeerblatt hinzufügen. Mit Brühe aufgießen und alles langsam kochen, bis die Linsen die Flüssigkeit aufgesogen haben und weich geworden sind. Das Lorbeerblatt herausfischen und wegwerfen.

Den Rauchspeck würfeln und in einer Pfanne ausbraten. Die Zwiebel schälen und würfeln und im ausgelassenen Speck goldgelb braten. Die Zwiebelstückchen zu den Linsen geben. Mit dem verbliebenen Fett und dem Mehl eine dunkle Einbrenne bereiten, mit Essig ablöschen, kurz aufkochen lassen und unter die Linsen rühren.

Die Thüringer Rotwurst in Scheiben schneiden, häuten und im fertigen Eintopf erwärmen. Dabei zerkocht die Blutwurst und verleiht dem Linsengericht eine einmalige Konsistenz und Würze. Nach Bedarf noch mit Salz und Pfeffer abschmecken und servieren.

Dieses Grundrezept läßt sich vielfach abwandeln. Statt der Thüringer Rotwurst können Sie auch Frankfurter oder Wiener Würstchen in die Linsen geben. Wer statt Eintopf eine flüssigere Suppe bevorzugt, gibt mehr Brühe hinzu.

Lumpen und Flöh'

Wie Lumpen sehen die in grobe Stücke gerissenen Weißkohlblätter aus, und die Kümmelkörner, die daran haften, erinnern wohl an Flöhe.

Zutaten für 4 Personen:
1 Weißkohlkopf, 1 Zwiebel, 5 Kartoffeln, 2 Mohrrüben, 2 Eßlöffel Butter, Kümmel, 1/4 l Fleischbrühe, Salz, Pfeffer, 500 g gesottenes Hammel- oder Schweinefleisch
Zubereitungszeit: 60 Minuten

Den Kohl entblättern, den Strunk und die Blattrippen ausschneiden. Die vorbereiteten Kohlblätter waschen und in mundgerechte Stücke reißen.
Die Zwiebel fein hacken, vier Kartoffeln schälen und grob würfeln. Die Mohrrüben putzen und in Scheiben schneiden. Die Butter in einem Schmortopf erhitzen und die Zwiebel darin andünsten. Kohlblätter, Kartoffelwürfel und Mohrrüben

nacheinander hinzufügen und in der heißen Butter schwenken. Mit Kümmel bestreuen, dann mit der Fleischbrühe ablöschen. Mit Salz und frisch gemahlenem Pfeffer abschmecken und bei schwacher Hitze gar köcheln lassen.

Die fünfte Kartoffel reiben und unter den Eintopf rühren, damit er schön sämig wird. Das Fleisch in mundgerechte Würfel schneiden und im Gemüse heiß werden lassen.

Dampfend heiß auftragen.

Milzschnittensuppe

Innereien findet man – mit Ausnahme Süddeutschlands – nur relativ selten auf dem deutschen Speisezettel. Heute sieht man darin meist nur Hundefutter. Das war jedoch keinesfalls immer so. Von den Schlachttieren wurde praktisch alles verwertet, Innereien galten keineswegs als billige Kost, sondern wurden auch vom Adel geschätzt. Marx Rumpolt, dessen »New Kochbuch« von 1581 Furore gemacht hat, schildert denn beispielsweise auch die Zubereitung einer »Ochsenlunge für den Erzherzog von Österreich«.

Zutaten für 4 Personen:
1 Kalbsmilz, küchenfertig vorbereitet, 2 Eier, Salz, Pfeffer, 1/2 Teelöffel getrockneter Majoran, die abgeriebene Schale einer Zitrone, 4 Weißbrotscheiben, 2 Eßlöffel Butter, 1 l Fleischbrühe
Zubereitungszeit: 45 Minuten

Die ausgeschabte Milz grob würfeln und in der Küchenmaschine pürieren. Die Eier trennen; Eigelb unter die Milz rühren. Die Masse mit Salz, frisch gemahlenem Pfeffer, Majoran und der abgeriebenen Zitronenschale würzen. Eiweiß zu Schnee schlagen und unter die Milzmasse ziehen. Die Milzcreme auf die Weißbrotscheiben streichen und jeweils zwei Scheiben mit der bestrichenen Seite nach innen zusammenklappen. In mundgerechte Rauten schneiden.

Die Butter in einer Pfanne erhitzen und die Milzschnitten darin auf beiden Seiten goldbraun und kroß braten. Inzwischen die Fleischbrühe erhitzen.

Die Schnitten aus der Pfanne heben, das überschüssige Fett abtropfen lassen und in Suppenteller setzen. Mit der heißen Suppe übergießen und sofort servieren, damit die Milzschnitten nicht durchweichen.

Pichelsteiner

Seit Jahren streiten sich die bayerischen Gemeinden Regen und Grattersdorf um die Urheberschaft des berühmten Eintopfgerichts, das sogar Reichskanzler Bismarck zu seinen Fans zählen durfte. Die Grattersdorfer behaupten, ihr Eintopf sei von einer Gastwirtin aus dem Dorf für eine Feier auf dem nahegelegenen Büchelstein zubereitet und in einem großen Kessel auf den Berg geschafft worden. Aus »Büchelstein« sei dann mit der Zeit »Pichelsteiner« geworden.

Die Regener halten dagegen, der Eintopf gehe auf die Erfindungsgabe einer Bäuerin aus ihrer Ortschaft zurück. Sie habe, als marodierende Truppen auf ihren Hof drangen und nach Verköstigung verlangten, in ihrer Not einfach alles, was sie in ihrer Speisekammer fand, in einen großen Kessel über dem Herd, in den »Pichel«, geworfen und daraus den ersten »Pichelsteiner« gekocht.

Für den beliebten Eintopf wurde denn auch um die Jahrhundertwende ein spezieller Pichelsteiner-Kochtopf entwickelt. Der Topf ist flach, hat einen gut verschließbaren, flachen Deckel und zwei Henkel. Da der Eintopf traditionsgemäß nicht umgerührt werden durfte, wurde statt dessen der Topf gewendet und umgekehrt auf den Herd gestellt.

Zutaten für 4 Personen:
Je 200 g Schweine-, Rind- und Hammel- oder Lammfleisch, 3 Zwiebeln, 3 Kartoffeln, 1 Stück Sellerie, 2 Mohrrüben, 1 Lauchstange, 2 Eßlöffel Schweineschmalz, 8 Scheiben Rindermark, Salz, Pfeffer aus der Mühle, 1/2 l Fleischbrühe
Außerdem: gehackte Petersilie zum Garnieren
Zubereitungszeit: 90 Minuten

Die Fleischsorten mit einem scharfen Messer putzen, von Haut- und Sehnenresten befreien, dann wie für ein Gulasch grob würfeln. Zwiebeln, Kartoffeln und Sellerie schälen und würfeln. Die Mohrrüben putzen und in Scheiben schneiden, den Lauch sorgfältig waschen und den weißen Teil in Ringe schneiden.
Das Schweineschmalz in einer Pfanne erhitzen und das Fleisch von allen Seiten kräftig bräunen. Die Zwiebelwürfel hinzugeben und mitdünsten. Die Markscheiben ebenfalls anbraten.
Backrohr auf 200 °C vorheizen.
Angebratene Fleisch- und Zwiebelwürfel mit dem restlichen Gemüse vermengen. Eine Lage davon in einen ofenfesten Bräter schichten. Vier Markscheiben daraufsetzen. Salzen und pfeffern. Eine zweite Lage Fleisch und Gemüse einfüllen, die restlichen Markscheiben darauflegen, salzen und pfeffern. Die verbliebene Fleisch-Gemüse-Mischung darüber verteilen und mit der Fleischbrühe aufgießen. Bräter in den Ofen schieben und eine Stunde schmoren lassen.
Pichelsteiner aus dem Rohr nehmen und nochmals mit Salz und frisch gemahlenem Pfeffer abschmecken.
Mit Petersilie bestreuen und servieren.

Pluckte Finken

In Bremen und Hamburg war früher jedem Wochentag ein bestimmtes Gericht zugeordnet. Der Samstag war den Hülsenfrüchten vorbehalten. Die »bunten Finken« – wie man den Eintopf auch nennt – findet man heute allerdings nur noch selten.

Zutaten für 4 Personen:
250 g weiße Bohnenkerne, 2 Eßlöffel Butter, 4 Zwiebeln, 400 g durchwachsener Speck oder gepökeltes Schweinefleisch, 400 g Mohrrüben, 400 g Kartoffeln, 400 g Kochäpfel, 2–3 Eßlöffel Apfelessig, Salz, Pfeffer aus der Mühle
Zubereitungszeit: 90 Minuten

Die Bohnen sorgfältig verlesen und über Nacht in Wasser einweichen.
Die Butter in einem Schmortopf erhitzen. Die Zwiebeln schälen, grob hacken und in der heißen Butter andünsten. Den Speck oder das Pökelfleisch dazugeben und kräftig anbraten.
Die Bohnen abgießen und in den Topf schütten. Mit Wasser aufgießen und zwei Finger breit bedecken. Zum Kochen bringen und 30–40 Minuten vorkochen.
In der Zwischenzeit die Mohrrüben putzen und in Scheiben schneiden, die Kartoffeln schälen und grob würfeln. Die Äpfel schälen, entkernen und ebenfalls grob würfeln. Das Fleisch aus dem Topf nehmen. Die Mohrrüben zu den Bohnen geben. Nach ungefähr 15 Minuten Kartoffeln und Äpfel hinzufügen und alles zusammen weich garen (15–20 Minuten).
Unterdessen das Fleisch etwas abkühlen lassen und in mundgerechte Stücke schneiden. Zum Schluß wieder in den Topf geben und mit Apfelessig, Salz und frisch gemahlenem Pfeffer abschmecken.

Rübenmus

Zutaten für 4 Personen:
500 g Kartoffeln, 500 g Mohrrüben, 1 mittelgroße Steckrübe (von etwa
750–1000 g), 4 Schalotten, 4 Eßlöffel Butter, 1 Kochwurst, 250 g
Schweinebacke, 250 g Kasseler, Milch, Salz, Pfeffer, Senf
Zubereitungszeit: 90 Minuten

Kartoffeln schälen und grob würfeln, Mohrrüben putzen und in dicke Scheiben schneiden. Die Steckrübe waschen, putzen und mundgerecht stifteln. Die Schalotten fein hacken. Zwei Eßlöffel Butter in einem großen Topf zerlassen, die Schalotten darin andünsten. Das vorbereitete Gemüse hinzufügen und mitdünsten. Mit Wasser auffüllen, die Kochwurst, die Schweinebacke und das Kasseler hineinlegen und alles weich kochen. Das Fleisch herausnehmen und warm stellen. Das Gemüse abgießen und mit dem Kartoffelstampfer zermusen. Mit Milch und der restlichen Butter auf die gewünschte Konsistenz verdünnen. Mit Salz und Pfeffer abschmecken. Rübenmus auf einer Servierplatte anrichten, Wurst und Fleisch obenauf legen und mit Senf servieren.

Rumfordsuppe

Benjamin Thompson Graf von Rumford, Tausendsassa in Diensten des bayerischen Kurfürsten Karl Theodor, verdanken Bayern und die Welt neben der Entwicklung eines rauchfreien Kamins die Erfindung der Zentralheizung, die Durchführung von Heeres- und Erziehungsreformen, den Bau von Militärlazaretten, den organisierten Kartoffelanbau, Arbeitsbeschaffungsmaßnahmen und Suppenküchen für die Armen und schließlich das wohl berühmteste Eintopfgericht der Welt: die Rumfordsuppe.

Es war für den engagierten Rumford zunächst jedoch gar nicht so einfach, seine nahrhafte Suppe als Armenspeise durchzusetzen – sie enthält nämlich Kartoffeln. Er schreibt dazu in seinen »Kleinen Schriften« von 1797: »Dieses höchst schätzbare Gewächs ist nur erst sehr spät in Bayern bekannt geworden; und der Widerwille des Publikums und vorzüglich der Armen war … so groß, daß wir uns … gezwungen sahen, sie … heimlich einzuführen. … Sie mußten durch gänzliches Zerkochen und Zerstörung ihrer Gestalt und Textur so unkenntlich gemacht werden, daß man sie nicht entdecken konnte. Allein die Armen fanden bald, daß ihre Suppe an innerer Güte gewonnen habe … Und jetzt sind sie alle so große Liebhaber der Kartoffeln, daß sie sich schwerlich ohne dieselben befriedigen lassen würden.« Als Anfang des 19. Jahrhunderts die Rumfordsuppe in München als »offizielle Armenspeise« eingeführt wurde, lobte sie der damalige Polizeichef: »deren Einfachheit, Güte und Gesundheit [wird] den Nahmen ihres Erfinders der Nachwelt aufbewahren.«

Zutaten für 4–6 Personen:
Für die Fleischbrühe: 600 g Suppenfleisch und mehrere Suppenknochen,
1 Stück Sellerieknolle, 2 Mohrrüben, 2 Lauchstangen, 1 Zwiebel, 500 g
Kartoffeln
Für die Einlage: 125 g gelbe Trockenerbsen, 125 g Perlgraupen, Salz,
Pfeffer aus der Mühle, Essig
Außerdem: gehackte Petersilie, 6 Scheiben Roggenbrot
Zubereitungszeit: 2 Stunden

Die Erbsen über Nacht in einem Dreiviertelliter Wasser einweichen.

Suppenfleisch und Knochen sorgfältig abspülen, mit zwei Litern Wasser aufsetzen und zum Kochen bringen. Eine halbe Stunde leise wallen lassen. Dabei regelmäßig abschäumen.

In der Zwischenzeit das Suppengemüse vorbereiten: Sellerie schälen und würfeln, Mohrrüben schälen und in dicke Scheiben schneiden, den Lauch gut waschen und in grobe Ringe schneiden, die Zwiebel abziehen und halbieren. Die Kartoffeln schälen und fein würfeln. Suppengemüse, Kartoffeln und die Erbsen mit ihrem Einweichwasser in die Fleischbrühe geben und 30 Minuten mitkochen.

Fleisch und Knochen aus der Brühe heben. Knochen auslösen und wegwerfen, das Fleisch beiseite stellen und abkühlen lassen. Die Brühe durch ein Sieb gießen, das Suppengemüse auffangen. Die Brühe wieder in einen großen Topf gießen. Die Graupen gut waschen und 40 Minuten in der Brühe garen. Inzwischen das aufgefangene Gemüse pürieren.

Das Suppenfleisch würfeln und wieder in die Brühe legen. Das Gemüsepüree in die Suppe rühren. Wieder heiß werden lassen und kurz durchkochen, dabei gelegentlich umrühren.

Mit Salz, frisch gemahlenem Pfeffer würzen und mit etwas Essig leicht säuerlich abschmecken.

Auf Suppenteller verteilen, mit gehackter Petersilie garnieren und mit einer Scheibe Roggenbrot servieren.

Sauerkrautsuppe

Zutaten für 4–6 Personen:
500 g Sauerkraut, 4 mittelgroße Kartoffeln, 3 Eßlöffel Butter, 1 Prise getrockneter Majoran, 2–3 zerstoßene Wacholderbeeren, 1–1 1/2 l Fleischbrühe, Salz, Pfeffer aus der Mühle
Außerdem nach Wunsch: 2–3 Mettenden
Zubereitungszeit: 45 Minuten

Das Sauerkraut grob hacken. Die Kartoffeln schälen und in der Küchenmaschine oder auf einer Reibe grob raffeln und abtropfen lassen. Die Butter in einem großen Topf erhitzen. Sauerkraut und Kartoffeln rund fünf Minuten darin andünsten. Majoran und Wacholderbeeren hinzufügen. Mit gut gewürzter Fleischbrühe auffüllen und 20 Minuten durchkochen. Gelegentlich umrühren. Mit Salz und frisch gemahlenem Pfeffer abschmecken. Nach Wunsch noch kleingeschnittene Mettenden in die Suppe geben und heiß werden lassen. Sofort servieren.

Saure Grumbeerbrieh

»Grumbeere« oder Grundbirnen heißen die Kartoffeln in der Pfalz. In den kargen und vom milden Rheinklima weniger begünstigten Regionen der Pfalz wurden Kartoffeln meist als Zukost angebaut, um den ärgsten Hungersnöten zu begegnen. In der Tat besserte sich erst dann die Lage der Pfälzer Bauern. Für dieses Rezept werden die Kartoffeln zu einer schmackhaften Suppe verarbeitet:

Zutaten für 4 Personen:
800 g Kartoffeln, 1 Stange Lauch, 1 Stück Sellerie, 2 Gewürznelken, 1 Zwiebel, 1 Lorbeerblatt, 1 Schweinefüßchen (vom Metzger zersägen lassen), einige Spritzer Essig, Salz, Pfeffer aus der Mühle
Außerdem: Leber- und Blutwurst
Zubereitungszeit: 60 Minuten

Die Kartoffeln schälen, Suppengemüse putzen. Die Gewürznelken in die geschälte Zwiebel drücken, die Zwiebel einritzen und das Lorbeerblatt hineinstecken. Kartoffeln und das vorbereitete Gemüse zusammen mit dem Schweinefüßchen in einen Topf geben, mit Wasser bedecken und weich kochen. Das Schweinefüßchen herausnehmen, die Suppe durch ein Sieb gießen. Das aufgefangene Gemüse pürieren und wieder in die Suppe rühren, die schön glatt und sämig aussehen muß. Mit Essig säuerlich abschmecken, salzen und pfeffern. Auf Suppenteller verteilen. Die Leber- und Blutwurst in Scheiben schneiden, in die Suppe geben und servieren.

Spargelcremesuppe

Zutaten für 4 Personen:
500 g weißer Spargel, 3 Eßlöffel Butter, 1 Eßlöffel Mehl, Salz, 1/8 l Sahne, Pfeffer aus der Mühle, Muskat, 2 Eigelbe, Zitronensaft
Zubereitungszeit: 60 Minuten

Spargel großzügig schälen. Die Spargelschalen unter fließendem Wasser waschen und in gut einem Liter Salzwasser auskochen. Nach 15–20 Minuten abgießen, den Sud auffangen.
Dann die Spargelstangen in dem Sud bißfest kochen. Herausheben, abtropfen und etwas abkühlen lassen. Die Spitzen abtrennen und für die Suppe beiseite legen. Die übrigen Stangen grob zerkleinern und wieder in den Sud legen und pürieren.
Aus Butter und Mehl eine goldgelbe Einbrenne bereiten. Mit dem Spargelsud ablöschen und 10 Minuten durchkochen. Drei Eßlöffel Sahne abmessen und in ein Schälchen geben. Die restliche Sahne in einen Topf füllen und auf ein Drittel reduzieren. Mit Salz, Pfeffer und frisch geriebenem Muskat abschmecken. Mit dem Spargelpüree verrühren.
Die Eigelbe mit dem Zitronensaft und den drei Eßlöffeln Sahne verquirlen und die Suppe damit legieren. Die Spargelspitzen in die Suppe geben. Heiß werden lassen (nicht kochen, damit das Eigelb nicht gerinnt) und auf Suppenteller verteilen.

Im waldreichen Vogtland gedeihen viele »Schwamme«, wie die Pilze hier heißen. Mit Kartoffelwürfeln (»Spalken«) kombiniert, ergeben sie einen ebenso delikaten wie raffinierten Eintopf. Damit das feine Pilzaroma schön zum Tragen kommt, sollten Sie auch wirklich nur die edlen – und leider sehr teuren – Waldpilze verwenden.

Zutaten für 4 Personen:
1 kg gemischte Waldpilze (je nach Saison Pfifferlinge, Steinpilze, Maronenpilze, Rothäubchen usw.), 2 Schalotten, 2 Eßlöffel Butter, 1 Teelöffel Mehl, 1/2 l Fleisch- oder Gemüsebrühe, 1 Lauchstange, 1 Mohrrübe, 1 Stück Sellerie, 1 Lorbeerblatt, 500 g Kartoffeln, Salz, Pfeffer, Zucker, Essig, 1 kleines Bund Petersilie
Zubereitungszeit: 75 Minuten

Die Pilze abreiben, mit einem Küchenmesser die unschönen Stellen entfernen, dann die Pilze klein schneiden, kleine Pilze ganz lassen. Die Schalotten fein hacken. Die Butter in einem Schmortopf erhitzen. Die Schalotten darin anglasen, dann die vorbereiteten Pilze hinzufügen und mitdünsten. Mit Mehl bestäuben und unter kräftigem Rühren die Brühe aufgießen. Lauch putzen und in Ringe schneiden, die Mohrrübe putzen und in Scheiben schneiden, den Sellerie schälen und würfeln. Das vorbereitete Gemüse mit dem Lorbeerblatt in die heiße Brühe geben. Die Kartoffeln schälen und in die mundgerechten Spalken schneiden. Ebenfalls in den Topf geben und alles zusammen weich kochen. Abschließend mit Salz, Pfeffer, Zucker und Essig süß-sauer abschmecken.
Die Petersilie fein hacken und den Eintopf damit bestreuen.

Weimarer Zwiebelsuppe

Jedes Jahr Anfang Oktober steht Weimar ganz im Zeichen des berühmten Zwiebelmarkts. Zu kunstvollen Zöpfen gebunden, zu Pyramiden aufgeschichtet oder mit Strohblumen geschmückt werden die Zwiebeln an den bunten Marktständen zum Verkauf angeboten. Die dekorativen Zöpfe gehen auf den Einfallsreichtum einer Thüringer Bäuerin zurück und haben viel zum Erfolg des Marktes beigetragen: Die Zwiebeln sehen hübscher aus, lassen sich trocken aufhängen und, über die Schulter gehängt, auch leichter transportieren. Sogar Goethe soll ein ausgesprochener Liebhaber der dekorativen Zöpfe gewesen sein und seinen Arbeitstisch damit geschmückt haben.

Zutaten für 4 Personen:
6 Zwiebeln, 3 Eßlöffel Butter, 1 Apfel, 1 l vorgewärmte Fleisch- oder
Gemüsebrühe, Essig, Zucker, Salz, Pfeffer
Außerdem: 1 Thüringer Rotwurst, Mehl zum Bestäuben, Fett zum Braten
Zubereitungszeit: 60 Minuten

Die Zwiebeln häuten und in feine Ringe hobeln. Die Butter in einem Topf zerlassen und die Zwiebelringe darin weich dünsten, aber nicht bräunen. Den Apfel schälen, entkernen und in Stückchen schneiden. Zu den Zwiebeln geben und kurz mitdünsten. Mit der Brühe aufgießen und kurz durchkochen lassen. Mit Essig und Zucker süß-sauer abschmecken, salzen und pfeffern.
Die Wurst in Scheiben schneiden, leicht mit Mehl bestäuben und in etwas Fett knusprig braten.
Die Suppe auf Teller verteilen und die Wurstscheiben obenaufsetzen. Sofort servieren.

Weinsuppe

Weinsuppe läßt sich als köstliche Vorspeise, aber auch süß als verführerisches Dessert zubereiten. Hier zeigen wir Ihnen beide Varianten.

Zutaten für 4 Personen:
3/4 l trockener Weißwein, 1/4 l Sahne, 3 Eigelbe, 1 Eßlöffel Speisestärke
Außerdem: Weißbrotcroûtons
Zubereitungszeit: 20 Minuten

Den Weißwein in einem Edelstahltopf erhitzen. Mit dem Schnee-besen die Sahne und die Eigelbe unterrühren. Die Speisestärke mit etwas Wasser glattrühren und damit die Weinsuppe binden. Nicht aufkochen lassen, damit das Eigelb nicht gerinnt.
Auf Suppenteller verteilen, mit Croûtons bestreuen und zu Tisch bringen.

Weinsuppe süß

Zutaten für 4 Personen:
3/4 l Weißwein, 50 g Zucker, 1 Eßlöffel Zitronensaft, 1 Zimtstange, 1 Eßlöffel Speisestärke, 2 Eigelbe, 1/8 l Sahne
Zubereitungszeit: 20 Minuten

Den Weißwein zusammen mit Zucker, Zitronensaft und Zimtstan-ge aufkochen. Die Zimtstange herausfischen und wegwerfen. Die Stärke mit kaltem Wasser glattrühren und die Suppe damit bin-den. Vom Herd nehmen. Eigelbe und Sahne verquirlen und die Suppe damit verfeinern.

Das Blindhuhn ist ein Klassiker der Westfälischen Küche, hat mit Hühnern allerdings nichts zu tun, eher schon mit »Hühnerfutter«, wenn man das Rezept aus Hülsenfrüchten und Gemüse genauer betrachtet. Je nach Region ändert sich die Zusammensetzung der Zutaten ein wenig; hier eine klassische Standardversion:

Zutaten für 4–6 Personen:
200 g weiße Bohnenkerne, 1 kleines Bund Bohnenkraut, 250 g durchwachsener Räucherspeck, 250 g grüne Bohnen, 250 g Mohrrüben, 500 g Kartoffeln, 2 Zwiebeln, 500 g säuerliche Kochäpfel, 250 g Kochbirnen, Salz, Pfeffer aus der Mühle
Zubereitungszeit: 2 Stunden

Die Bohnen über Nacht in Wasser einweichen.
Bohnen in einen Topf geben und zwei Finger breit mit Wasser bedecken. Zum Kochen bringen und mit dem Bohnenkraut gewürzt rund 30 Minuten vorgaren. Nun den Speck dazugeben und 20 Minuten mitkochen.
In der Zwischenzeit das Gemüse und Obst vorbereiten: grüne Bohnen und Mohrrüben putzen und klein schneiden. Kartoffeln schälen und würfeln, die Zwiebeln in Ringe hobeln, Äpfel und Birnen schälen, vierteln und entkernen.
Speck herausnehmen und abkühlen lassen. Obst und Gemüse in den Topf geben und mit den Bohnen etwa 15 Minuten weich kochen. Unterdessen den Speck in mundgerechte Stücke schneiden. Zum Schluß wieder in den Topf geben und heiß werden lassen. Mit Salz und Pfeffer aus der Mühle abschmecken und servieren.
Als Beilage paßt Schwarz- oder Vollkornbrot.

Fleischgerichte

Bamberger Zwiebeltreter

Die Ebene unterhalb von Bamberg ist seit alters her ein Zwiebel-
anbaugebiet. Früher, als die Zwiebelernte noch nicht mit Maschi-
nen erledigt werden konnte, mußten die Bauern vor der Ernte
das Zwiebelkraut mit schierer Muskelkraft umtreten, womit sie
sich den Spitznamen »Zwiebeltreter« einhandelten. Ihnen ist
diese Spezialität gewidmet.

Zutaten für 4 Personen:
8 Gemüsezwiebeln, 1–1 1/2 l Fleischbrühe
Für die Füllung: 250 g Bratwurstmasse oder Hackfleisch, 1/2 eingeweich-
tes Brötchen, 1 Ei, 1–2 Eßlöffel fein gehackte Petersilie, 1/2 Teelöffel
getrockneter Majoran, Salz, Pfeffer aus der Mühle
Für die Sauce: 125 ml dunkles Bier (vorzugsweise Bamberger Rauchbier),
1 Eßlöffel Butter
Zubereitungszeit: 2 Stunden

Die Zwiebeln pellen und in der Fleischbrühe bei sanfter Hitze
5–10 Minuten vorkochen. Die Zwiebeln sollten weich sein, dürfen
aber nicht auseinanderfallen. Aus der Brühe heben und etwas
abkühlen lassen. Von jeder Zwiebel einen knapp zwei Zentimeter
dicken Deckel abschneiden. Wenn nötig, den Boden begradigen,
damit die Zwiebel aufrecht in der Auflaufform stehen kann. Mit
einem scharfen Messer und einem Teelöffel die Zwiebeln bis auf
die beiden äußersten Schichten aushöhlen. Das ausgeschabte
Zwiebelfleisch fein hacken und beiseite stellen. Die ausgehöhlten
Zwiebeln kopfüber auf ein Gitter setzen und abtropfen lassen.
Backrohr auf 200 °C vorheizen.

In der Zwischenzeit die Füllung zubereiten: Bratwurstmasse oder Hackfleisch mit dem eingeweichten Brötchen und dem Ei zu einem Teig verarbeiten. Mit den Kräutern und Gewürzen abschmecken.

Die Zwiebeln mit dem Fleischteig füllen und den Deckel wieder aufsetzen. Gefüllte Zwiebeln in eine feuerfeste Auflaufform setzen; darauf achten, daß sie sich nicht berühren. Einen Viertelliter Fleischbrühe angießen und im vorgeheizten Backrohr eine knappe Stunde garen.

Zwiebeln auf eine vorgewärmte Platte setzen, mit Alufolie abdecken und warm halten. Den Bratensaft in einen Topf gießen, das Bier hinzugießen und fünf Minuten bei starker Hitze auf die Hälfte einkochen. Mit Butter verfeinern, abschmecken und über die Zwiebeln gießen.

Mit Kartoffelbrei, Sauerkraut oder einer Scheibe Roggenbrot servieren.

Blaue Zipfel in Essigsud

Nicht nur gebraten schmecken die berühmten Nürnberger Bratwürstchen wunderbar und herzhaft. In Essigsud eingelegt, bekommen sie ein pikant säuerliches Aroma und die leicht bläuliche Färbung, die dem Gericht zu seinem Namen verholfen hat.

Zutaten für 4 Personen:
Salz, 4 Zwiebeln, 1/4 l guter Weißweinessig, 1 Teelöffel Zucker, 2 Lorbeerblätter, 1 Nelke, 1 Teelöffel Pfefferkörner, 1 Gewürznelke, 2 Dutzend Nürnberger Bratwürstchen
Zubereitungszeit: 45 Minuten

Zwei Liter Wasser in einem Topf zum Kochen bringen und salzen. Die Zwiebeln pellen und in feine Ringe hobeln. Zwiebelringe, Essig und sämtliche Gewürze zusammen im Salzwasser 20 Minuten durchkochen. Die Wärmezufuhr reduzieren und die Würste in den Essigsud legen. Ungefähr 15 Minuten ziehen lassen. Die Würste sind gar, wenn sie sich fest anfühlen.

66

Würste mit etwas Sud und Zwiebelringen servieren.
Dazu passen herzhaftes Bauernbrot und ein herber Weißwein.

Wenn Sie keine original Nürnberger Bratwürste mit dem typischen Majoranaroma bekommen können, sollten Sie darauf achten, daß die Würste herzhaft und gut gewürzt sind – sonst schmecken sie in dieser Zubereitung sehr schnell fade.

Böfflamott

Daß sich hinter dieser Bezeichnung die Verballhornung des französischen »bœuf à la mode« verbirgt, läßt sich unschwer erraten. Man nimmt an, daß diese pikante Variante des klassischen Sauerbratens während der napoleonischen Zeit nach Bayern gelangte.

Zutaten für 4 Personen:
1 kg Rinderbraten (aus der Schale)
Für die Marinade: 4 Schalotten, 2 Mohrrüben, 1 Stück Sellerie, 1 Lauchstengel, 2 Lorbeerblätter, 2 Gewürznelken, jeweils 1 Teelöffel Wacholderbeeren und Pfefferkörner, 1/2 l kräftiger Rotwein, Salz, Pfeffer aus der Mühle, 2 Eßlöffel Butter, 1 Eßlöffel Mehl
Zubereitungszeit: 3 Stunden
Einwirkzeit der Marinade: 1–2 Tage

Das Rindfleisch von Sehnenresten befreien, abspülen und trockentupfen. In eine große Schüssel oder Terrine setzen. Das Gemüse putzen. Schalotten hacken, Mohrrüben in Scheiben, Sellerie in Stifte, Lauch in Ringe schneiden. Das zurechtgeschnittene Gemüse und die Gewürze über das Fleisch geben, dann mit Rotwein übergießen. Schüssel gut abdecken und ein bis zwei Tage im Kühlschrank ziehen lassen.
Fleisch aus der Marinade heben, gut abtropfen lassen und mit Küchenkrepp trockenreiben. Salzen und pfeffern. Marinade durch ein Sieb gießen, Gemüse und Gewürze abtropfen lassen. Backofen auf 220 °C vorheizen.
Die Butter in einem ofenfesten Bräter erhitzen, das Fleisch hin-

einsetzen und von allen Seiten kräftig anbraten. Gemüse und Gewürze hinzugeben und mitdünsten. Braten mit Mehl überstäuben und mit einem Schuß Marinade ablöschen. Flüssigkeit einkochen lassen. Nach und nach die restliche Marinade hinzugießen und heiß werden lassen.

Den Bräter nun in den vorgeheizten Herd schieben. Den Fond kurz aufkochen lassen, dann die Brattemperatur auf 180 °C reduzieren. Das Fleisch zwei bis zweieinhalb Stunden garen und in regelmäßigen Abständen mit Fond beschöpfen.

Fleisch aus dem Bräter nehmen, in Alufolie wickeln und warm stellen. Den Fond durch ein Sieb passieren und in einem Topf langsam zum Kochen bringen. Sauce nach Wunsch mit Saucenbinder etwas eindicken. Mit Salz und Pfeffer abschmecken.

Das Bratenstück in Scheiben schneiden und auf einer Platte anrichten. Mit Sauce überziehen und servieren.

Als Beilagen passen z.B. Semmelknödel oder Spätzle und Rotkraut (Rezepte auf Seite 248, 249 und 275).

Bouletten

Das Wort Bouletten leitet sich aus dem Französischen ab und bedeutet soviel wie »kleine Kugel«. Nur die Fleischmischung stammt von den Hugenotten, die im 17. Jahrhundert aus Frankreich flüchteten und sich unter anderem in Berlin niederließen. Um 1700 machten sie 30 Prozent der Bevölkerung Berlins aus. Ansonsten hat die Berliner Spezialität weniger mit französischer Kochkunst als mit der großen Kneipentradition der Stadt zu tun. Auf den Tresen der ungezählten Lokale der Stadt standen und stehen oft heute noch die sogenannten »Hungertürme«: hohe Glasbehälter, die mit den typischen Kleinigkeiten gefüllt sind, die man in einer Kneipe zum Bier ißt. Herzhafte Bouletten; köstliche Soleier; Rollmöpse; Brötchen, die man in Berlin Schrippen nennt; Hackepeter usw. (siehe dazu auch die Rezepte auf den Seiten 165 und 207).

Zutaten für 4 Personen:
1 Zwiebel, Fett zum Braten (vorzugsweise Butterschmalz), 250 g mageres
Rinderhack, 250 g Schweinemett, 1 in Wasser eingeweichtes Brötchen,
1 Teelöffel Senf, 1 Ei, Salz, Pfeffer aus der Mühle, nach Belieben 1 Eß-
löffel Petersilie
Zubereitungszeit: 45 Minuten

Die Zwiebel fein hacken und in etwas Fett glasig dünsten. Das
Fleisch in eine Schüssel geben, die angeglaste Zwiebel darüber-
streuen. Das Brötchen ausdrücken und über das Fleisch krümeln.
Senf, Ei und Gewürze hinzufügen. Alle Zutaten zu einer
gleichmäßigen Masse verarbeiten.
Mit den Händen aus dem Fleischteig Kugeln formen, leicht
flachdrücken und in heißem Fett kroß braten (pro Seite 6–7
Minuten).

Warm mit Bratkartoffeln oder kalt mit Senf servieren.

Ein absoluter Klassiker der bodenständigen Berliner Küche, dabei aus erfinderischer Not geboren: Das gepökelte Dickbein ist gewissermaßen die Antwort der Berliner auf eine der zahlreichen kulinarischen Verordnungen Friedrichs des Großen. Der Preußenkönig hatte nicht nur den Verzehr von Kartoffeln vorgeschrieben, sondern regelte auch den Salzverbrauch seiner Untertanen. Er hatte ein Salzmonopol geschaffen, und damit dieses Monopol auch genügend Steuern einbrachte, erlegte er jedem Haushalt einen nicht gerade geringen Mindestverbrauch auf. Um das teure Salz sinnvoll zu nutzen, verlegte man sich also auf das Konservieren: Eisbein, saure Gurken, Sauerkohl haben hier ihren Ursprung.

Aus den Knochen des Dickbeins schnitt man früher schlittschuhartige Kufen, weil Eisen für solche Zwecke einfach zu teuer war. Vermutlich hat das Eisbein seinen Namen von dieser Sitte geerbt.

Zutaten für 4 Personen:
1 kg mild gepökeltes Schweinedickbein, 1 Zwiebel, 1 Lorbeerblatt, 1 Teelöffel Pfefferkörner
Für das Erbspüree: 250 g gelbe Trockenerbsen, Salz, Pfeffer
Für das Sauerkraut: Rezept auf Seite 279, 1 Kartoffel
Zubereitungszeit: 3 Stunden
Einweichzeit der Erbsen: 12 Stunden

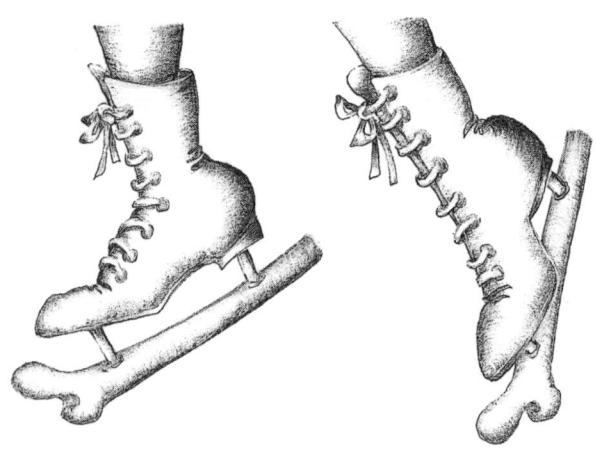

Die Erbsen am Vortag in einer Schüssel Wasser einweichen.

Das Dickbein mit kaltem Wasser und der Zwiebel aufsetzen, aufkochen lassen und abschäumen. Dann die übrigen Gewürze hinzufügen und bei leiser Hitze zweieinhalb Stunden garen.

Die Erbsen abgießen und mit frischem Wasser und etwas Eisbeinsud aufsetzen. Sanft sprudelnd weich kochen. (Je nach Alter der Erbsen kann die Garzeit zwischen einer und zwei Stunden betragen.)

Inzwischen das Sauerkraut nach dem Rezept auf Seite 277 vorbereiten. Vor dem Anrichten die rohe Kartoffel in das Kraut reiben und kurz durchkochen.

Die gegarten Erbsen pürieren und mit Salz und Pfeffer abschmecken.

Kraut und Erbspüree auf einer Platte anrichten, das Eisbein obenauf setzen und servieren.

Himmel und Erde

Für den eigenwilligen Namen des Gerichts aus schmelzend zartem Püree und deftigen Würsten gibt es die verschiedensten Erklärungen. Mal heißt es, das Gericht sei eine traditionelle Mahlzeit der Erntehelfer gewesen, die bei ihrer Arbeit auf den Feldern den hellen Himmel über sich und die dunkle Erde vor ihren Augen hatten. Das helle Püree versinnbildlicht die weißen Wolken am Himmel, während die dunklen Würste die Erde darstellen. Dann heißt es wieder, das Gericht habe seinen Namen von den Zutaten, die einerseits in den Himmel wachsen, andererseits unter der Erde gedeihen ...

Zutaten für 4–6 Personen:
1 kg Kartoffeln, Salz, 1 kg Äpfel (bevorzugt säuerlich), 2–3 Eßlöffel Butter, 1/4–1/2 l heiße Milch, Pfeffer aus der Mühle, 50 g Speckwürfel, pro Person 1 Blutwurst und 1 Leberwurst
Zubereitungszeit: 60 Minuten

Kartoffeln schälen, waschen und Salzkartoffeln kochen.
Unterdessen die Äpfel schälen, entkernen und in kleine Stücke schneiden. Mit etwas Wasser aufsetzen und weich kochen, bis sie insgesamt eine musige Konsistenz aufweisen, aber noch einige ganze Apfelstückchen übrigbleiben.
Die Kartoffeln abgießen, mit Butter und Milch verfeinern und zu einem groben Brei zerstampfen. Die weichgekochten Äpfel hinzufügen und gut durchmischen. Mit etwas Salz und Pfeffer aus der Mühle abschmecken und warm stellen.
Die Speckwürfel in einer Pfanne ausbraten, herausheben und beiseite stellen. Die Würste kurz im verbliebenen Fett anbraten.
Den Kartoffel-Apfel-Brei auf einer Platte anrichten und mit Speckwürfeln bestreuen. Die Würste dazulegen und servieren.

Holsteiner Rippe mit Backobstfüllung

Zutaten für 4 Personen:
1 kg dicke Rippe (beim Metzger bestellen), Salz, Pfeffer aus der Mühle,
200 g Backpflaumen ohne Stein, 200 g getrocknete Aprikosen, 100 g
Rosinen, 4 Kochäpfel, 1 eingeweichtes Brötchen, 1 Kelle Rinderbrühe,
Weinessig, 1–2 Eßlöffel Honig
Zubereitungszeit: 2 Stunden

Vom Metzger eine große Tasche in das Fleischstück schneiden
lassen. Das Fleisch wenn nötig parieren und auswaschen. Mit
Küchenkrepp trockentupfen. Innen und außen mit Salz und
Pfeffer einreiben.
Backrohr auf 250 °C vorheizen.
Für die Füllung das Dörrobst in eine Schüssel geben. Die Äpfel
schälen, entkernen und klein schneiden. Unter das Dörrobst
heben. Das Brötchen ausdrücken, zerpflücken und unter das
Obst mengen. Das vorbereitete Obst in die Fleischtasche füllen.
Die Tasche zunähen. Das Fleisch in einen Bräter legen und in das
heiße Backrohr schieben. Nach 40 Minuten den Braten wenden
und weitere 40 Minuten garen. Zwischenzeitlich immer wieder
mit etwas Fleischbrühe begießen.
Bratenstück aus dem Bräter nehmen, mit Alufolie abdecken und
warm stellen.
Für die Sauce den Bratenfond mit etwas Fleischbrühe loskochen.
Mit ein paar Spritzern guten Weinessigs und Honig süß-sauer
abschmecken. Die Sauce durch ein Sieb passieren, nochmals mit
Salz und frisch gemahlenem Pfeffer abwürzen.
Das Fleisch vorsichtig tranchieren, damit die Füllung nicht her-
ausfällt. Fleischscheiben auf einer Platte anrichten, mit der Sauce
überziehen und servieren.

Als Beilagen passen Kartoffelklöße und Rotkohl.

Die feine Münchner Bürgerküche kennt viele Zubereitungen aus Kalbfleisch. Der Kritiker August Rollinger bezeichnete um die Jahrhundertwende die Passion der Münchner für ihr Kalbfleisch allerdings als eine von »Münchens Schattenseiten« und beklagt, daß die »Einseitigkeit der Münchener Kalbsküche nicht mehr übertroffen werden kann«! Anschaulich listet er die Münchner Kalbsspezialitäten, von denen Sie einige in diesem Buch wiederfinden (und die Ihnen hoffentlich mehr Spaß machen als Rollinger), der Reihe nach auf: »Voraus und jederzeit erscheinen die fünf unvermeidlichen Kalbsbraten, dann folgen die gebratenen, abgebräunten, gedünsteten und essigsaueren Kalbshaxen, die Kalbsköpfe en tortue, à la vinaigrette oder abgebräunt, Kalbshirn essigsauer oder in Tunke, Kalbszüngerl gedünstet und abgebräunt, Kalbsfüße gebacken oder in Tunke, Kalbs-Gulyas, sowie Kalbfleisch gesotten, gebacken, gedünstet, gewichst und geschliffen.« Rollinger argwöhnt, »ein Münchener Wirt [würde] Selbstmord begehen, wenn er einmal ... verhindert wäre, seinen Gästen Kälbernes vorzusetzen«. Doch mußte bei allem Unmut auch er zugeben: »In München gibt es das beste Fleisch, wie kaum anderwärts in der Welt und auch die vorzüglichen Gemüse ...«

Zutaten für 6 Personen:
1 1/2–2 kg Kalbsbrust ohne Knochen, Salz, Pfeffer aus der Mühle, 1 Karotte, 1 Stück Petersilienwurzel, 1 Zwiebel, 1 kleine Lauchstange, 2 Eßlöffel Butter, 1/2 l Fleischbrühe, Kalbsknochen für die Sauce
Für die Füllung: 250 g Weißbrot oder Brötchen, 1/4 l warme Milch, 2 Schalotten, 1 kleines Bund Petersilie, 1–2 Eßlöffel Butter, 2–3 Eier, Salz, Pfeffer aus der Mühle, frisch geriebenes Muskat
Zubereitungszeit: 2 1/2 Stunden

Vom Metzger quer zum Fleisch eine Tasche in die Kalbsbrust schneiden lassen. Die Kalbsbrust waschen, trockentupfen und innen und außen mit Salz und frisch gemahlenem Pfeffer einreiben.

Für die Füllung das Weißbrot zerpflücken, mit warmer Milch übergießen und einweichen. Schalotten pellen und fein hacken, Petersilie von den Stengeln zupfen und ebenfalls fein hacken. Butter in einem Pfännchen erhitzen, die feingehackten Schalotten darin andünsten. Die Petersilie dazugeben und ein paar Minuten mitschwenken. Vom Herd nehmen und abkühlen lassen. Die Eier aufschlagen und mit den Gewürzen verquirlen. Die vorbereiteten Zutaten in eine Schüssel geben und zu einer gleichmäßigen Masse vermengen. Füllmasse in die Kalbsbrust geben. Die Farce sollte noch etwas Spielraum haben, da sie beim Garen aufquillt. Dann die offene Seite der Kalbsbrust mit einer groben Nadel und Zwirn sorgfältig zunähen, damit die Füllung nicht austreten kann.

Nun das Gemüse vorbereiten: Karotte und Petersilienwurzel stifteln, Zwiebel fein hacken, Lauch in feine Ringe schneiden.

Bratröhre auf 200 °C vorheizen.

Die Butter in einem ofenfesten Bräter erhitzen. Die gefüllte Kalbsbrust hineinsetzen und bei kräftiger Hitze rundum anbraten. Mit der Fleischbrühe ablöschen, vom Herd ziehen. Bratenstück mit dem kleingeschnittenen Gemüse umlegen, die zerkleinerten Kalbsknochen hinzugeben und den Bräter in die heiße Bratröhre schieben. Regelmäßig mit dem Bratenfond beschöpfen und insgesamt etwa 90 Minuten garen.

Für die Sauce das Fleisch aus dem Bräter heben und warm stellen. Bratenfond durch ein Sieb in einen Topf gießen und kurz aufkochen. Nach Wunsch etwas binden und mit Salz und Pfeffer abschmecken.

Die Kalbsbrust in Scheiben schneiden, auf einer Platte anrichten und mit der Sauce überziehen.

Dazu passen Schupfnudeln, Spätzle oder Kartoffelknödel (Rezepte auf Seite 246, 249 und 227).

Zutaten für 4 Personen:
1 Kalbshaxe (von 1 1/2–2 kg), 1 Lorbeerblatt, 2 Zwiebeln, Salz, 1 Tee-
löffel Pfefferkörner, 2 Zwiebeln, 2 Karotten, 1 Stück Sellerie, 1 Stück
Lauch, 4 Eßlöffel Butter, 1 l Fleischbrühe, Pfeffer aus der Mühle
Zubereitungszeit: 3 Stunden

Die Kalbshaxe säubern, abspülen und abtrocknen. In einen Topf geben, mit Wasser bedecken und mit Lorbeer, Zwiebeln und etwas Salz und Pfeffer 45 Minuten vorkochen. Aus der Brühe heben und etwas abkühlen lassen. Dann die Schwarte mit einem spitzen Messer rautenförmig einschneiden.

Ofen auf 180 °C vorheizen. Das Gemüse putzen und klein schneiden. Die Butter in einem Pfännchen zerlassen. Die Haxe nun in einen Bräter legen, mit dem zerkleinerten Gemüse umlegen und mit der heißen Butter übergießen. In das vorgeheizte Backrohr schieben und eineinhalb Stunden sanft schmoren. Dabei immer wieder mit Bratensaft oder Fleischbrühe begießen.

Das Kalbfleisch vom Knochen lösen, tranchieren und im abgeschalteten Rohr warm stellen.

Den Bratenfond durch ein Sieb passieren, in einen Topf gießen und auf die gewünschte Konsistenz einkochen lassen. Mit Salz und frisch gemahlenem Pfeffer abschmecken.

Kalbfleisch auf einer Platte anrichten und mit Sauce übergießen.

Mit Semmelknödeln (Rezept auf Seite 248) als Beilage servieren.

Kalbsvögelchen mit Bratwurstfüllung

Die winzigen Ausmaße müssen den schwäbischen Kalbsrouladen zu ihrem bildhaften Namen verholfen haben. Setzt man sie dann noch in einen Kranz aus Spätzle, sehen sie wirklich aus wie kleine Vögelchen im Nest!

Zutaten für 4 Personen:
4 dünne Scheiben Kalbfleisch aus der Keule, Salz, Pfeffer aus der Mühle, Mehl zum Wenden, 2 Eßlöffel Butter, 100 ml Weißwein, 1 Kelle Kalbfleischbrühe oder Kalbsfond aus dem Glas, 50 g Sahne
Für die Füllung: 250 g Kalbsbratwürste, 1 Zwiebel, 1 kleines Bund Petersilie, 1 eingeweichtes Brötchen, 100 g durchwachsener Speck, Salz, Pfeffer aus der Mühle, Muskat, 1 Ei, 1–2 Eßlöffel Sahne
Zubereitungszeit: 2 Stunden

Zunächst die Füllung vorbereiten: Dafür das Brät der Kalbsbratwürste in eine Schüssel geben. Die Zwiebel grob hacken. Mit der Hälfte der Petersilie (die andere Hälfte zum Garnieren beiseite stellen) und dem eingeweichten und gut ausgedrückten Brötchen sowie dem grob gewürfelten Speck in der Küchenmaschine pürieren. Mit dem Wurstbrät vermengen und mit Salz, frisch gemahlenem Pfeffer und etwas Muskat abschmecken. Ei und Sahne untermischen und zu einer geschmeidigen Paste rühren. Die Rouladenscheiben ausbreiten und wenn nötig sanft flach-

klopfen. Die Füllmasse auf das Fleisch streichen. Die Scheiben zusammenrollen und mit Zahnstochern feststecken. Die Röllchen außen leicht salzen und pfeffern und in Mehl wenden. Überschüssiges Mehl abklopfen.

Bratrohr auf 180 °C vorheizen.

Die Butter in einem Bräter erhitzen. Die Kalbsvögelchen hineinsetzen und auf dem Herd bei kräftiger Hitze rundherum bräunen. Mit Weißwein ablöschen; die Flüssigkeit einkochen lassen. Brühe bzw. Kalbsfond hinzugießen. Bräter in den Ofen schieben und die Kalbsvögelchen 90 Minuten garen.

Fleisch aus dem Bräter heben und warm stellen. Die Sauce in einen Topf gießen und auf die gewünschte Konsistenz einkochen. Mit einem Schuß Sahne verfeinern. Kalbsvögelchen anrichten, mit Sauce umkränzen und mit der restlichen, feingehackten Petersilie garnieren.

Als Beilagen empfehlen sich Spätzle (Rezept auf Seite 249) oder Kartoffelpüree.

Kasseler Rippenspeer

»Kasseler« hat in diesem Fall nichts mit der hessischen Stadt Kassel zu tun. Vielmehr kreierte ein Berliner Fleischermeister names Cassel vor rund hundert Jahren die Fleischspezialität, indem er einen Schweinerücken pökelte und anschließend räucherte.

Der Kasseler Rippenspeer wurde ursprünglich im ganzen am Spieß oder Speer gebraten, heute macht man die einzelnen Schweinerippen meist in der Pfanne oder im Rohr.

Zutaten für 4 Personen:
1 Eßlöffel Butter, 4 Kasseler Rippchen
Zubereitungszeit: 20 Minuten

Butter in einer Pfanne zerlassen. Die Kasseler Rippchen hineinlegen und auf beiden Seiten braten, bis sie leicht gebräunt sind. Aus der Pfanne heben, überschüssiges Fett auf Küchenkrepp abtropfen lassen und mit den Beilagen (s.u.) anrichten.

Als Beilagen eignen sich – ganz klassisch – Sauerkraut und Erbspüree (Rezepte auf den Seiten 277 und 70) oder Rotkohl (Rezept auf Seite 275).

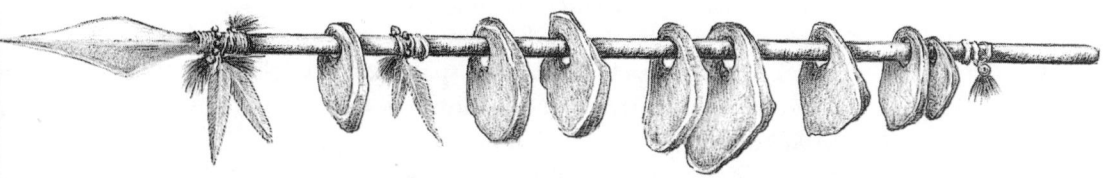

Kohlrouladen in Sahnesauce

Für die einfache Bevölkerung war Fleisch lange Zeit so teuer, daß es, wenn überhaupt, nur sonntags als Braten auf den Tisch kam. Bratenreste wurden anderntags weiterverarbeitet. Die Kohlrouladen boten da eine willkommene Gelegenheit, das wertvolle Fleisch zu »strecken« und ein köstliches Gericht daraus zu zaubern.

Zutaten für 4–6 Personen:
1 Kopf Weißkohl, Salz, 2 Eßlöffel Butter, 1/2 l Fleisch- oder Gemüsebrühe, Sahne oder Crème fraîche zum Verfeinern
Für die Füllung: 250 g Hackfleisch oder Bratenreste, 1 eingeweichtes Brötchen, 1 Ei, 1 Teelöffel getrockneter Thymian, Salz, Pfeffer aus der Mühle
Zubereitungszeit: 2 Stunden

Den Weißkohlkopf vorbereiten: Unschöne Blätter ablösen und den Strunk kegelförmig herausschneiden. Wasser in einem großen Topf, der den ganzen Kohlkopf fassen kann, zum Kochen bringen. Salzen. Den Kohlkopf ins sprudelnde Salzwasser tauchen und so lange blanchieren, bis sich die Blätter leicht lösen lassen, aber noch knackig sind.
Kohlkopf herausheben, kurz unter kaltem Wasser abschrecken und die äußeren Blätter ablösen. Sechs schöne große Blätter heraussuchen, die dicken Blattrippen haustrennen oder flachdrücken, damit sich die Blätter später gut aufrollen lassen. Die vorbereiteten Kohlblätter auf einem feuchten Küchentuch ausbreiten.
Für die Füllung die kleinen Innenblätter gut abtropfen lassen und fein hacken. Mit dem Hackfleisch oder den feingehackten Bratenresten vermischen. Das Brötchen ausdrücken und über die Fleischmasse krümeln. Mit dem Ei binden, mit Thymian, Salz und frisch gemahlenem Pfeffer würzen.
Die Füllmasse auf die ausgebreiteten Kohlblätter setzen. Blätter seitlich einschlagen, zu Rouladen aufrollen und mit Zwirn umwickeln, damit sie sich beim Braten nicht auflösen können.

Die Butter in einer weiten Pfanne erhitzen. Die Kohlrouladen kräftig anbraten. Nach und nach die Brühe angießen und damit den Bratensatz loskochen. Kohlrouladen zudecken und bei mittlerer Hitze gar schmoren (gut 60 Minuten). Kohlrouladen herausheben und warm stellen. Die Sauce mit süßer Sahne oder Crème fraîche verfeinern. Kohlrouladen damit überziehen und servieren.

Als Beilage eignen sich Salzkartoffeln.

Königsberger Klopse

Nicht nur in Königsberg, sondern auch in Berlin, wo sie heute einen festen Bestandteil des Speisezettels bilden, erfreuen sich die Königsberger Klopse größter Popularität. Wie Hugenotten und Schlesier hatten auch die Einwanderer aus Ostpreußen ihre kulinarischen Gepflogenheiten in die Stadt gebracht und bereicherten die ursprünglich eher karge und eintönige Küche um ihre Spezialitäten.

Zutaten für 4 Personen:
2 Zwiebeln, 3 Eßlöffel Butter, 250 g Tatar vom Rind, 250 g Hackfleisch
(vom Schwein oder Kalb), 1 eingeweichtes Brötchen, 1 Ei, Salz, Pfeffer aus
der Mühle, 1 l Fleischbrühe, 2 Lorbeerblätter, 1 Eßlöffel Mehl, 1–2 Eßlöffel
Kapern, Saft von 1 Zitrone, 100 g Crème fraîche, 2 Eigelbe
Zubereitungszeit: 60 Minuten

Für die Klopsmasse eine Zwiebel fein hacken und in einem Eßlöffel heißer Butter andünsten. Das Fleisch in eine Schüssel geben, das Brötchen gut ausdrücken, zerkrümeln und mit dem Fleisch zu einer geschmeidigen Masse vermengen. Das Ei einarbeiten. Salzen und pfeffern. Mit den Händen aus dieser Fleischmasse Klopse formen.
Die Fleischbrühe mit den Lorbeerblättern würzen und zum Kochen bringen. Die Klopse hineingleiten lassen, Wärmezufuhr reduzieren und 10–15 Minuten in der leise siedenden Brühe gar

ziehen lassen. Klopse mit einer Schaumkelle herausheben und in einer Terrine warm halten.

Die restliche Butter in einem Schmortopf erhitzen, mit dem Mehl eine helle Mehlschwitze bereiten, die mit 1/2 Liter Brühe aufgefüllt wird. Etwa 10 Minuten durchköcheln lassen, damit der Mehlgeschmack verschwindet. Mit Kapern und Zitronensaft fein säuerlich abschmecken. Zum Schluß die Crème fraîche und die Eigelbe unterziehen. Salzen und pfeffern. Klopse in die Sauce setzen und rund 5 Minuten durchziehen lassen. Wieder in die Terrine füllen und auftragen.

Als Beilage empfehlen sich Salzkartoffeln.

Lübecker Schwalbennester

Zutaten für 4 Personen:
4 Kalbsschnitzel (dünn geschnitten), je 4 dünne Scheiben milder Speck und zart geräucherter roher Schinken, 4 hartgekochte Eier, Salz, Pfeffer aus der Mühle, Mehl zum Wenden, 2 Eßlöffel Butter, 1/4 l Fleischbrühe, 50 g Sahne
Zubereitungszeit: 60 Minuten

Die Kalbsschnitzel ausbreiten und sanft flachklopfen. Mit den Speck- und Schinkenscheiben belegen. Eier pellen und auf die

82

vorbereiteten Schnitzel setzen. Fleisch aufrollen und mit Zwirn zusammenbinden, damit sie sich beim Garen nicht öffnen.

Fleischrollen salzen und pfeffern und in Mehl wenden. Überschüssiges Mehl abklopfen.

Butter in einem Schmortopf erhitzen. Die Fleischrollen hineinsetzen und rundherum kräftig anbraten. Mit der Brühe ablöschen. Zudecken und bei sanfter Hitze gar schmoren. Dabei ab und zu wenden.

Rouladen aus der Sauce heben und warm stellen. Die Sauce abschmecken und mit einem Schuß Sahne verfeinern. Die Fleischröllchen quer halbieren, so daß der Eidotter zum Vorschein kommt. Auf einer vorgewärmten Platte anrichten, mit Sauce umkränzen und servieren.

Als Beilage paßt beispielsweise Kartoffelpüree.

Mecklenburger Schwärtelbraten

Wegen seiner süß-sauren Füllung aus Schweinemett, Äpfeln und Dörrobst wird der Schwärtelbraten auch »falscher Gänsebraten« genannt. Doch hier kommt es auch auf die knusprige Schwarte an.

Zutaten für 4–6 Personen:
1 1/2 kg Schweinefleisch mit Schwarte (Keule oder Rippenstück), Salz, Pfeffer aus der Mühle, 2 Eßlöffel Butter oder Fett zum Braten, 1/4 l Fleischbrühe, Saucenbinder oder Speisestärke
Für die Füllung: 100 g Backpflaumen ohne Stein, 100 g gedörrte Aprikosen, 3 säuerliche Äpfel, 1–2 Eier, 250 g Schweinemett, 3–4 Eßlöffel Semmelbrösel, Salz, Pfeffer
Zubereitungszeit: 2 1/2 Stunden

Vom Metzger eine Tasche in das Fleisch schneiden und die Schwarte rautenförmig einritzen lassen. Den Schwartenbraten waschen, trockentupfen und innen und außen mit Salz und frisch gemahlenem Pfeffer einreiben.

Für die Füllung Backpflaumen und Aprikosen in eine Schüssel geben. Die Äpfel schälen, entkernen und in kleine Stücke schneiden. Unter das Dörrobst mischen. Eier hineinschlagen, das Schweinemett untermengen. Die Farce mit den Semmelbröseln binden. Salzen und pfeffern.

Die Füllmasse in die Schweinebrust geben, aber noch etwas Spielraum lassen, da die Farce beim Garen aufquillt. Die Tasche mit einer groben Nadel und Zwirn zunähen, damit die Füllung beim Braten nicht austreten kann.

Bratrohr auf 200 °C vorheizen.

Das Bratfett in einem ofenfesten Bräter erhitzen. Das Bratenstück hineinsetzen und kräftig bräunen. Mit der Brühe ablöschen und mit der Schwarte nach oben im heißen Bratrohr knapp zwei Stunden garen. Von Zeit zu Zeit den Bratenfond abschöpfen und über das Fleisch gießen. Die letzten 30 Minuten die Brattemperatur auf 250 °C erhöhen, damit die Schwarte schön knusprig wird.

Den Braten herausheben und warm stellen. Den Bratenfond mit Wasser oder Brühe loskochen und auf die gewünschte Konsistenz reduzieren. Mit Saucenbinder oder etwas in Wasser aufgelöster Speisestärke binden. Den Zwirn aus dem Fleisch ziehen. Braten vorsichtig in Scheiben schneiden und auf einer vorgewärmten Servierplatte anrichten. Sauce getrennt dazu reichen.

Rotkohl und Kartoffeln als Beilagen servieren.

Ochsenschwanzragout mit Liebstöckel

Zutaten für 4 Personen:
2 Karotten, 1 Stange Lauch, 1 Gemüsezwiebel, 1 Knoblauchzehe, 2 kg
Ochsenschwanz, Salz, Pfeffer aus der Mühle, 1 Teelöffel getrockneter
Thymian, 2 Eßlöffel Öl, 1 Teelöffel Tomatenmark, 50 g Mehl, 200 ml
Rotwein, ca. 1/2 l Wasser oder Brühe, 1 Büschel Liebstöckel (»Maggi-
kraut«), 1 Lorbeerblatt, 1 kleines Bund Petersilienstengel (Blättchen an-
derweitig verwenden), nach Belieben etwas Speisestärke zum Binden
Zubereitungszeit: 2 Stunden

Karotten, Lauch, Zwiebel und Knoblauch putzen und klein
schneiden. Den Ochsenschwanz in grobe Stücke zerteilen, mit
Salz, frisch gemahlenem Pfeffer und Thymian einreiben. Das Öl
in einem ofenfesten Schmortopf erhitzen, die Fleischstücke rundum kräftig anbraten.
Das kleingeschnittene Gemüse hinzufügen und mitdünsten, aber
nicht schwarz werden lassen. Das Tomatenmark einrühren und
kurz mitrösten. Das Ganze mit Mehl überstäuben und mit Rotwein ablöschen. Mit Wasser oder Brühe aufgießen, bis das Fleisch
bedeckt ist. Liebstöckelblätter von den Stengeln zupfen und
beiseite stellen. Die Liebstöckelstengel und restliche Gewürze
hinzugeben. Topf zudecken.
Im vorgeheizten Ofen bei 180 °C garen, bis sich das Fleisch gut
vom Knochen lösen läßt. Die Ochsenschwanzstücke aus dem
Bräter heben und auf einem Blech etwas abkühlen lassen, bis Sie
das Fleisch gut vom Knochen lösen können.
In der Zwischenzeit den Bratenfond und das Gemüse im Mixer
pürieren und durch ein Sieb streichen. Die Sauce zur gewünschten Konsistenz einkochen oder abbinden. Abschließend abschmecken. Vor dem Servieren die Fleischstücke in der Sauce
erwärmen und die Liebstöckelblätter hineinstreuen. Auf einer
Platte anrichten und servieren.

Als Beilagen empfehlen sich ein Kartoffel-Knoblauch-Püree (mit
500 g Kartoffeln und 100 g Knoblauch) und beispielsweise glasier-
te Möhren.

Pfälzer Saumagen

Einen Pfälzer Saumagen selbst herzustellen und zu füllen erfordert etwas Mühe und Erfahrung – und wenn man Kanzler Kohl Glauben schenkt, dann lohnt sich dieser Aufwand. In gutsortierten Metzgereien kann man die Spezialität allerdings auch fertig kaufen und braucht sie dann nur noch in der Pfanne zu braten.

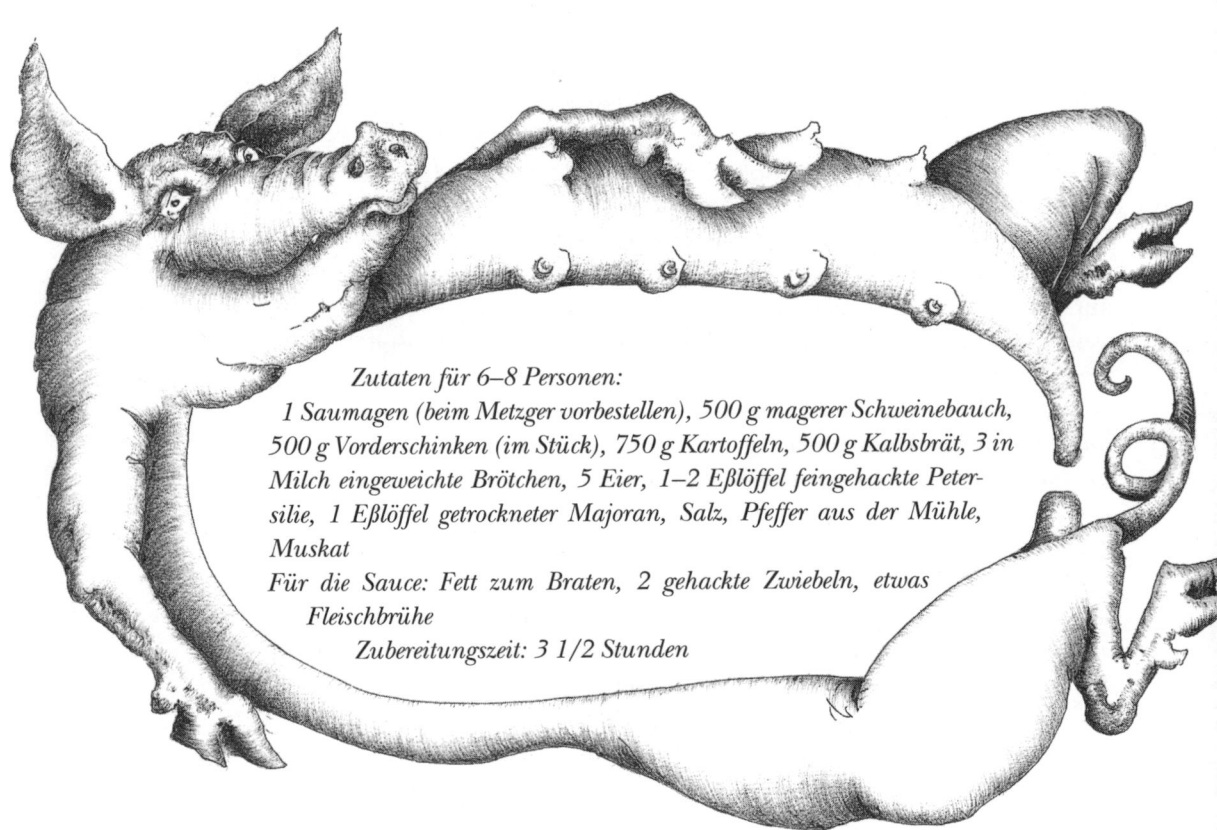

Zutaten für 6–8 Personen:
1 Saumagen (beim Metzger vorbestellen), 500 g magerer Schweinebauch, 500 g Vorderschinken (im Stück), 750 g Kartoffeln, 500 g Kalbsbrät, 3 in Milch eingeweichte Brötchen, 5 Eier, 1–2 Eßlöffel feingehackte Petersilie, 1 Eßlöffel getrockneter Majoran, Salz, Pfeffer aus der Mühle, Muskat
Für die Sauce: Fett zum Braten, 2 gehackte Zwiebeln, etwas Fleischbrühe
Zubereitungszeit: 3 1/2 Stunden

Den Saumagen gut wässern und ausspülen.

Fleisch und Schinken in kleine Würfel schneiden, Kartoffeln schälen und ebenfalls fein würfeln. In eine Schüssel geben. Kalbsbrät, die gut ausgedrückten und zerpflückten Brötchen, Eier, Petersilie und Majoran hinzufügen. Aus sämtlichen Zutaten einen gleichmäßigen Teig herstellen. Mit Salz, Pfeffer und frisch geriebenem Muskat kräftig würzen.

Saumagen von innen nach außen stülpen, abspülen und sorgfältig trockentupfen. Die Füllmasse hineingeben. Nicht zu prall füllen, damit der Saumagen nicht platzt – die Masse geht beim Garen noch auf. Die Öffnungen mit Küchenfaden und grober Nadel zunähen.

Wasser in einem großen Topf zum Kochen bringen und den Saumagen hineinlegen. Wärmezufuhr reduzieren und den Saumagen im leise siedenden Wasser zweieinhalb bis drei Stunden garen.

Den gegarten Saumagen mit Fett und den gehackten Zwiebeln anbraten. Mit Brühe ablöschen und kurz durchköcheln lassen. Zum Schluß mit Salz und frisch gemahlenem Pfeffer abschmecken. Saumagen herausheben, in dicke Scheiben schneiden und heiß mit Sauerkraut servieren.

Reste erkalten lassen, in Scheiben schneiden und am nächsten Tag in der Pfanne braten.

Pfefferpotthast

Die Dortmunder Spezialität aus gesottenem Fleisch (»hast«) besitzt eine lange Tradition, geht doch die erste urkundliche Erwähnung bereits auf das Jahr 1378 zurück. Im Mittelalter handelte es sich allerdings weniger um ein Ragout aus hochwertigem Fleisch, sondern um einen schmackhaften Eintopf (»pott«), in dem man die weniger edlen Fleischteile vom Schwein wie zum Beispiel Füßchen, Schnauze und Ohren unterbringen konnte.

Zutaten für 4 Personen:
1 kg Rind- oder Schweinefleisch zum Schmoren, 5 Zwiebeln, 40 g Schweineschmalz, 1 l Fleischbrühe, 2 Gewürznelken, 1 Teelöffel Pfefferkörner, 1 Teelöffel Salz, 1 Lorbeerblatt, die Schale und der Saft einer unbehandelten Zitrone, 2–3 Scheiben Zwieback (ersatzweise Semmelbrösel)
Zubereitungszeit: 2 Stunden

Das Fleisch wie für ein Gulasch in grobe Würfel zerteilen. Zwiebeln schälen und in feine Ringe hobeln. Das Schmalz in einem schweren Schmortopf erhitzen und die Zwiebelringe darin andünsten. Fleischwürfel hinzufügen und leicht anrösten. Mit der Brühe auffüllen, Gewürze und Zitronenschale hineingeben und heiß werden lassen. Zudecken und bei sanfter Hitze ungefähr eineinhalb Stunden garen.
Den Zwieback reiben und die Sauce mit den Krümeln andicken. Gut durchrühren und einmal aufkochen lassen, dann mit dem Zitronensaft leicht säuerlich abschmecken.
Traditionell reicht man rote Beten und Salzkartoffeln dazu.

Ein ganz echter Rheinischer Sauerbraten wird aus Pferdefleisch zubereitet. Obwohl heute – nicht zuletzt wegen des Rinderwahns – Pferdefleisch wieder im Kommen ist, nimmt man für den Sauerbraten in der Regel Rindfleisch.

Zutaten für 4 Personen:
1–1 1/2 kg Rindfleisch (z. B. Schulter oder Schwanzstück), Salz, Pfeffer aus der Mühle, Fett zum Anbraten
Für die Marinade: 1 Karotte, 2 Zwiebeln, 1 Lauchstange, 1 Stück Sellerie, 4 Gewürznelken, 1 Teelöffel Wacholderbeeren, 1 Teelöffel zerstoßene Pfefferkörner, 1/2 Teelöffel Senfkörner, 1 Lorbeerblatt, jeweils 1/2 l Weinessig und Rotwein
Für die Sauce: 1–2 Sauerbraten-Printen, 1 Eßlöffel Apfelkraut, 100 g Rosinen, 50 g Korinthen
Zubereitungszeit: 2 1/2 Stunden
Einwirkzeit der Marinade: 3–5 Tage

Für die Marinade das Gemüse putzen und in kleine Stücke schneiden. Das Fleischstück in eine Schale aus Glas oder Porzellan legen (keine Metallschüssel verwenden, da die Säure der Marinade das Metall angreifen kann), mit dem zurechtgeschnittenen Gemüse und den Gewürzen bestreuen. Essig und Rotwein hinzugießen. Abdecken und drei bis fünf Tage im Kühlschrank ziehen lassen. Bratenstück gelegentlich wenden.
Das Fleisch aus der Marinade heben und abtropfen lassen. Die Marinade durch ein Sieb gießen, Gemüse abtropfen lassen. Bratenstück mit Küchenkrepp trockentupfen und mit Salz und frisch gemahlenem Pfeffer einreiben. Das Fett in einem Schmortopf erhitzen und das Fleischstück rundum kräftig anbraten. Mit einem Schuß Marinade ablöschen. Das aufgefangene Gemüse in den Schmortopf geben und ein paar Minuten mitrösten. Mit der restlichen Marinade auffüllen, abdecken und bei mittlerer Hitze schmoren, bis das Fleisch schön mürbe ist (ca. 90 Minuten). Bratenstück aus dem Topf heben und warm stellen. Die Sauce durch ein Sieb streichen. Mit den Printen binden und mit Apfel-

kraut verfeinern. Rosinen und Korinthen hinzufügen. Kurz durchkochen lassen und vom Herd nehmen.
Den Sauerbraten in Scheiben schneiden und auf einer vorgewärmten Platte anrichten. Mit Sauce übergießen und servieren.

Dazu gehört obligatorisch Apfelmus. Reibekuchen (Rezept auf Seite 190) oder Kartoffelklöße werden auch oft als Beilagen gereicht.

Saarländischer Schwenkbraten

Der Schwenkbraten ist ein ideales Sommergericht. Die Spezialität aus dem Saarland und den angrenzenden Gebieten wird auf einem sogenannten Schwenkgrill gegart, bei dem die Grillroste mit Ketten an einem Gestell über dem Feuer aufgehängt sind. Dadurch liegt das Fleisch nicht direkt über der Holzkohlenglut, sondern wird auf dem beweglichen Rost ständig über dem Feuer geschwenkt, wodurch es besonders gleichmäßig von allen Seiten durchbrät und nicht so leicht verkohlt.

Zutaten für 4 Personen:
1 kg Schweinefleisch zum Grillen (z. B. Nackenkoteletts, Filetkoteletts),
Salz, Pfeffer aus der Mühle
Für die Beize: 2 Zwiebeln, 2 Knoblauchzehen, 2 Lorbeerblätter, 1 Teelöffel
getrockneter Thymian, Pflanzenöl
Zubereitungszeit: 45 Minuten
Einwirkzeit der Beize: 24 Stunden

Das Schweinefleisch darf ruhig etwas durchwachsen sein oder einen Fettrand haben, damit es beim Grillen nicht austrocknet. Die Fleischstücke auf beiden Seiten mit Salz und frisch gemahlenem Pfeffer einreiben. Ggf. den Fettrand der Koteletts in regelmäßigen Abständen einritzen, damit sich die Fleischstücke beim Garen nicht aufbiegen.
Für die Beize die Zwiebeln schälen, in feine Ringe hobeln und in eine Schale legen. Die Knoblauchzehen fein hacken und darüber-

streuen. Die Lorbeerblätter hineinkrümeln, Thymian hinzufügen und alles gründlich durchmischen.

Das vorbereitete Fleisch hineinsetzen und gleichmäßig mit der Beize bedecken. Mit Öl auffüllen. Abdecken und 24 Stunden im Kühlschrank durchziehen lassen.

Auf dem Grill eine Holzkohlenglut bereiten. Währenddessen das Fleisch aus der Marinade heben und auf Zimmertemperatur erwärmen lassen. Denn wenn das Fleisch zu kalt ist, kühlt der Rost um die entscheidenden Grade ab, die Fleischporen verschließen sich nicht sofort, und das Fleisch wird zäh. Sobald die Holzkohlen von einem weißen Aschenfilm überzogen sind, den Rost aufhängen und heiß werden lassen. Die Fleischstücke darauflegen und ständig über der heißen Holzkohlenglut schwenken. Die Garzeit beträgt pro Seite 12–15 Minuten.

Als Beilagen passen Kartoffelsalat oder ein bunter Sommersalat.

Schinkenbraten in Wacholderrahm

Schon die Römer schätzten den westfälischen Schinken, der besonders zart und saftig in der Konsistenz und mild und nussig im Geschmack ausfällt. Damit der Schinken die richtige Qualität aufwies, durfte ein Bauer früher nur so viele Schweine wie Eichen besitzen. Die Schweine ernährten sich von den Eicheln, wodurch ihr Fleisch den wunderbaren und typischen Geschmack erhielt. Ein festes Ritual waren dabei die Schweinerennen im Eichenwald. Die Tiere wurden drei Tage auf Entzug gesetzt und dann im Eichenwald losgelassen – kein Wunder, daß die hungrigen Tiere wie besessen davonstoben …

Zutaten für 8 Personen:
2 1/2 kg mild geräucherter Schinken, 1/4 l Weinessig, 1 Teelöffel Wacholderbeeren, 2 Gewürznelken, 1 Teelöffel Pfefferkörner, 1 Kräutersäckchen mit 2 Lorbeerblättern, 2 getrockneten Thymian- und 1 Rosmarinzweiglein, die Schale einer unbehandelten Zitrone
Für den Wacholderrahm: 1 Zwiebel, 2–3 Eßlöffel Butter, 1 Teelöffel Wacholderbeeren, 40 g Mehl, 200 g Sahne, Salz, Pfeffer aus der Mühle
Zubereitungszeit: 3 Stunden

Die Schinkenschwarte mit einem spitzen Messer rautenförmig einritzen.
In einem großen Topf drei Liter Wasser, Essig und Gewürze aufkochen lassen. Den Schinken hineinlegen und zweieinhalb Stunden leise wallen lassen (nicht sprudelnd kochen, der Schin-

ken wird sonst zäh). Den Schinken herausheben und warm stellen.

Für den Wacholderrahm die Zwiebel sehr fein hacken und in der Butter andünsten. Die Wacholderbeeren mit einer Gabel zerdrücken und kurz mitrösten. Mit Mehl überstäuben, gut verrühren und mit einer Kelle Schinkensud ablöschen. Kurz durchkochen lassen, dann die Sauce durch ein Sieb passieren. Mit der Sahne verfeinern, etwas reduzieren und mit Salz und frisch gemahlenem Pfeffer abschmecken.

Den Schinken in Scheiben schneiden und auf einer Platte anrichten. Mit Wacholderrahm überziehen und servieren.

Als Beilage paßt Kartoffelpüree.

Kenner schwören, daß spätestens beim dritten Happen jedem einleuchtet, warum dieser süß-saure Schmorbraten mit dem Himmel über Schlesien gleichgesetzt wird. Das Gericht kennt eine sehr lange Tradition und erfreut sich nach wie vor ungebrochener Beliebtheit.

Zutaten für 4–6 Personen:
500 g Backobst (getrocknete Äpfel, Dörrpflaumen, Rosinen und Feigen), 1 Eßlöffel getrocknete Hagebutten, 750 g geräuchertes Schweinefleisch (z. B. Kasseler), 1 Zwiebel, 1 Teelöffel Pfefferkörner, 1 Lorbeerblatt, etwas Speisestärke, Zucker
Zubereitungszeit: 75 Minuten

Das Backobst und die Hagebutten in eine Schüssel geben, mit Wasser bedecken und über Nacht einweichen lassen.
Das Fleisch mit etwas Wasser, der Zwiebel und den Gewürzen in einen Topf geben und 30–40 Minuten garen.
Dann das Backobst mit dem Einweichwasser hinzufügen und mitschmoren, damit das süßliche Aroma der Früchte sich mit dem rauchigen Fleischgeschmack verbindet.
Das Fleisch herausheben und warm stellen. Die Sauce mit Speisestärke, die zuvor in etwas Wasser angerührt wurde, andicken und mit einer Prise Zucker abschmecken.

Das Backobst auf eine Platte häufen und das Fleisch obenauf setzen. Mit Semmel- oder Hefeklößen (Rezepte auf Seite 248 und 235) servieren.

94

Schweinelendchen in Rieslingsauce

Zutaten für 4 Personen:
2 Schweinelenden à 500 g, Salz, Pfeffer aus der Mühle, 4 Schalotten, 2–3 Eßlöffel Butter, Fleischbrühe, 1/4 l trockener Rheinriesling, 1 Becher Crème fraîche
Zubereitungszeit: 45 Minuten

Die Schweinelendchen rundum mit Salz und frisch gemahlenem Pfeffer einreiben. Die Schalotten pellen und fein hacken. Die Butter in einem Bräter erhitzen. Die Fleischstücke hineinsetzen und von allen Seiten insgesamt gut fünf Minuten anbraten. Wenn Sie keinen ausreichend großen Bräter besitzen, der die ganzen Lenden faßt, können Sie die Fleischstücke auch halbieren. Die Schalotten hinzufügen und ein paar Minuten mitdünsten. Das Fleisch mit Brühe ablöschen und im vorgeheizten Rohr bei 200 °C eine halbe Stunde braten. Das Fleisch ist dann in der Mitte noch zartrosa. Wenn Sie lieber durchgegartes Fleisch essen, die Lenden entsprechend länger braten.
Die Fleischstücke herausnehmen, in Alufolie wickeln und ruhen lassen. Den Bratfond mit Riesling loskochen. Mit einem Schneebesen die Crème fraîche unterziehen und die Sauce geschmacklich abrunden.
Die Schweinelenden portionieren und mit der Sauce servieren.

Diese Steaks sind herrlich einfach in der Zubereitung und schmecken besonders lecker, wenn sie frisch vom Gartengrill kommen.

Zutaten für 4 Personen:
4 Nackensteaks vom Schwein, Pflanzenöl zum Bepinseln, Salz, Pfeffer aus der Mühle, Senf, 2 Zwiebeln, 1 Teelöffel getrockneter Majoran, herbes Pils für die Beize und zum Grillen
Zubereitungszeit: 30 Minuten
Einwirkzeit der Beize: 24 Stunden

Die Nackensteaks leicht mit Öl bepinseln, salzen und pfeffern. Mit Senf bestreichen. Zwiebeln schälen und in feine Ringe schneiden. Die Fleischstücke in eine Schale schichten, Zwiebelringe und Majoran darüberstreuen. Abdecken, in den Kühlschrank stellen und einen halben Tag ziehen lassen. Mit Bier aufgießen und nochmals zwölf Stunden kalt stellen.
Fleisch aus der Beize heben und auf Zimmertemperatur erwärmen. Inzwischen eine Holzkohlenglut vorbereiten. Wenn die Kohlen von einer weißen Aschenschicht überzogen sind, den Rost aufsetzen und heiß werden lassen. Die Steaks auf den Rost legen und auf beiden Seiten durchbraten (gut 10 Minuten pro Seite). Dabei immer wieder mit ein paar Spritzern Bier ablöschen.
Zu Brot oder Kartoffelsalat (Rezept auf Seite 263) servieren.

Schweinsbraten

Für einen typisch bayerischen Schweinsbraten gibt es so viele Zubereitungsarten wie Familien – jede schwört auf ihr ganz besonderes Rezept, mal hat der Braten eine knusprige Schwarte, mal eine schöne Kümmelkruste. Jedenfalls sollte es ein mindestens eineinhalb Kilo großes Stück sein. Was übrig bleibt, schmeckt am nächsten Tag kalt aufgeschnitten.

Zutaten für 4–6 Personen:
1 schönes Bratenstück von 1 1/2 kg, 2 Knoblauchzehen, Salz, Pfeffer aus der Mühle, Kümmel, 1 l Hühnerbrühe, 2 Zwiebeln, Saucenbinder
Zubereitungszeit: 3–3 1/2 Stunden

Bratröhre auf 150 °C vorheizen. Das Fleisch waschen und trockentupfen und wenn nötig, von Haut und Sehnenresten befreien. Die Knoblauchzehen pellen und in kleine Stifte schneiden. Knoblauchstifte in den Fleischtaschen verstecken. Dann das Bratenstück mit Salz, frisch gemahlenem Pfeffer und Kümmel einreiben. Ungefähr einen Zentimeter hoch Wasser oder Brühe in einen Bräter gießen. Die Zwiebeln in grobe Stücke teilen und in den Bräter streuen. Das vorbereitete Fleischstück hineinsetzen, in den Ofen schieben und rund drei Stunden braten. Während des Bratens das Fleisch mehrmals wenden und mit der vorgewärmten Brühe begießen. Am Ende der Bratzeit mit etwas Salzwasser einpinseln und wenige Minuten bei großer Hitze brutzeln lassen, damit sich eine knusprige Kruste bilden kann. Bratenstück aus dem Rohr nehmen, in Alufolie wickeln und einige Minuten ruhen lassen. Unterdessen das Fett aus dem Fond abschöpfen, den Rest in einen Topf gießen, nach Bedarf mit etwas Wasser auffüllen. Mit Saucenbinder eindicken. Kurz aufkochen lassen und mit Salz und Pfeffer abschmecken.
Die Sauce getrennt zu den Bratenscheiben reichen.

Als Beilagen passen Semmel- oder Kartoffelknödel und Krautsalat (Rezepte auf den Seiten 248 und 256).

Schweinshaxe vom Rohr

Was früher neben Metzelsuppen, Kesselfleisch und frischen Würsten im Rahmen eines Schlachtfestes serviert wurde, ist heute zur eigenständigen Köstlichkeit geworden. Innen zart und außen knusprig muß so eine Schweinshaxe sein.

Zutaten für 4 Personen:
4 kleinere Schweinshaxen, Salz, Pfeffer aus der Mühle, etwas Kümmel, 1 Stück Sellerie, 2 Mohrrüben, 2 Zwiebeln, 1 Stange Lauch, 3 Eßlöffel Butter, 1 l Fleischbrühe, 1/2 l Bier
Zubereitungszeit: 2 1/2 Stunden

Die Schwarte der Schweinshaxen mit einem scharfen Messer rautenförmig einritzen. Danach die Haxen mit Salz, frisch gemahlenem Pfeffer und etwas Kümmel einreiben.
Das Gemüse putzen. Sellerie und Mohrrüben in Stifte schneiden, Zwiebeln hobeln und den Lauch in feine Ringe schneiden.
Backrohr auf 250 °C vorheizen.
Zwei Eßlöffel Butter in einem Bräter zerlassen. Die vorbereiteten Schweinshaxen darin bräunen. Mit Fleischbrühe ablöschen und soviel nachgießen, bis die Brühe zwei bis drei Zentimeter hoch steht.
Die Haxe ins vorgeheizte Rohr schieben und eine knappe halbe Stunde garen. Danach die Temperatur auf 200 °C reduzieren und rund zwei Stunden weiterschmoren. Damit die Haxen nicht austrocknen, immer wieder etwas Fleischbrühe und anschließend Bier darübergießen. Da das Schweinefleisch leicht süßlich schmeckt, paßt ein dunkles, malziges Bier am besten. Ein herbes Pilsener macht die Sauce zu bitter.
Die Haxen aus dem Bräter nehmen und warm stellen. Die Sauce durch ein Sieb streichen, in einen Topf füllen und aufkochen. Zur gewünschten Konsistenz einkochen lassen und mit der restlichen Butter verfeinern.
Haxen auf Tellern anrichten und mit Kartoffelklößen und der Sauce servieren.

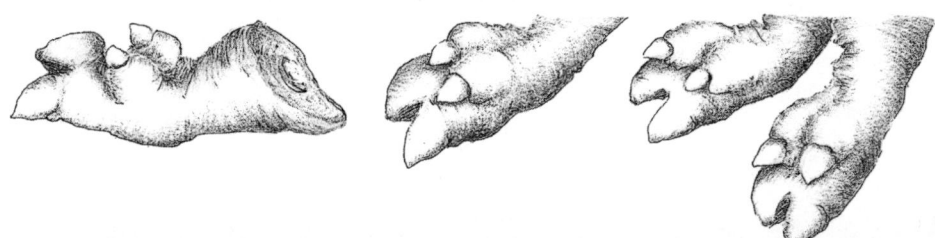

Das hessische Weckewerk hat seinen Ursprung in den früher üblichen Hausschlachtungen. Nach der harten Arbeit labten sich alle an dem herzhaften Gericht aus Fleisch und eingeweichten Brötchen (»Wecken«).

Zutaten für 4–6 Personen:
350 g Schweinefleisch, 350 g Schwarten, 1 Lorbeerblatt, Salz, 1 Teelöffel Pfefferkörner, 3 kleine Zwiebeln, 4–5 Brötchen, nach Wunsch 1–2 Eßlöffel feingehackte Petersilie, je 1 Teelöffel getrockneter Majoran und Thymian, etwas Kümmel, Salz, Pfeffer aus der Mühle
Zubereitungszeit: 2 1/2 Stunden

Das Schweinefleisch und die Schwarten mit Wasser bedecken und mit Lorbeer, Salz und Pfefferkörnern aufkochen. Abschäumen und nun bei sanfter Hitze knapp zwei Stunden wallen lassen.
Inzwischen die Brötchen mit etwas Fleischbrühe übergießen und einweichen.
Fleisch und Schwarten aus der Brühe heben und etwas abkühlen lassen. Grob würfeln, Zwiebeln pellen und grob zerkleinern. Mit den ausgedrückten und zerpflückten Brötchen in die Küchenmaschine geben und grob pürieren. Die Masse nach Geschmack mit den restlichen Gewürzen abschmecken. In einen Topf füllen und unter ständigem Rühren einmal aufkochen lassen.
Das Weckewerk entweder warm zu Pellkartoffeln reichen oder in eine Kastenform füllen und erkalten lassen. Dann stürzen, in Scheiben schneiden und in der Pfanne braten.

Zutaten für 4 Personen:
500 g Schweinehack, 500 g Rinderhack, 1 eingeweichtes Brötchen, 1 Ei,
1 geriebene Zwiebel, Salz, Pfeffer aus der Mühle, Muskat, 2 Teelöffel Senf,
1 Teelöffel frische Thymianblättchen, 1 Eßlöffel gehackte Petersilie, 1 Tee-
löffel Edelsüßpaprika, 2 Eßlöffel Butter, 1/2 l heiße Fleischbrühe,
125 g Sahne
Zubereitungszeit: 75 Minuten

Beide Sorten Hackfleisch mit dem Brötchen vermengen. Das Ei
trennen, Eiweiß zu Schnee schlagen. Geriebene Zwiebel, Eigelb
und Eischnee unter die Fleischmasse mengen. Mit den Gewürzen
und Kräutern herzhaft abschmecken.
Den Fleischteig auf einem befeuchteten Brett zu einem länglichen Braten formen.
Die Butter in einem Bräter erhitzen. Den Fleischwecken hineinlegen und rundum bräunen. Mit der heißen Brühe aufgießen und
45 Minuten garen. Braten herausheben und warm stellen. Die
Sauce mit der Sahne verfeinern und mit Salz und frisch gemahlenem Pfeffer abschmecken. Den Wiegebraten in Scheiben schneiden, auf einer Platte anrichten und mit der Sauce überziehen.

Wild, Geflügel, Innereien

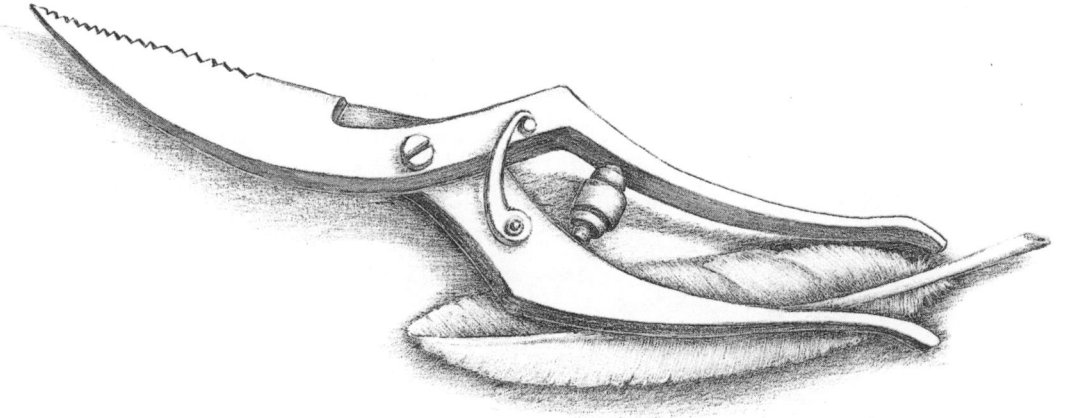

Briesröschen

Kalbsbries ist die Thymusdrüse des Kalbes und regelt das Wachstum des jungen Tieres. Sie bildet sich zurück, sobald das Kalb ausgewachsen ist.

Für Kalbsbries gibt es unzählige Zubereitungsarten. Der zarte und delikate Geschmack jedoch kommt besonders gut zur Geltung, wenn man das Bries in kleine Röschen zerteilt und einfach in Butter brät. Mit einem frischen Blattsalat ergibt das eine köstliche Vorspeise.

Zutaten für 4 Personen:
500 g Kalbsbries, 2–3 Eßlöffel Butter, Salz, Pfeffer
Zubereitungszeit: 60 Minuten

Kalbsbries etwa zwei Stunden wässern, dann sorgfältig abspülen und in mundgerechte »Röschen« zerteilen. Dabei mit einem spitzen Messer die feinen Häutchen abziehen und Adern entfernen.

Die Butter in einer Pfanne erhitzen und die Briesröschen bei nicht zu starker Hitze rundum goldbraun braten. Mit Salz und frisch gemahlenem Pfeffer würzen. Briesröschen aus der Pfanne heben, das überschüssige Fett auf Küchenkrepp abtropfen lassen und anrichten.

Dazu passen Blattsalate und frisches Weißbrot.

Dippehas

In der Pfalz und im Saarland wird Hasenbraten im sogenannten »Dippe« zubereitet. Dieser Schmortopf wird mit Teig hermetisch versiegelt, damit das köstliche Aroma des Bratens nicht verlorengeht. Um so betörender und konzentrierter steigen die Bratendüfte dann in die Nase, wenn der Dippe bei Tisch vorsichtig aufgeklopft wird.

Zutaten für 4–6 Personen:
1 Hase, küchenfertig vorbereitet und etwa 1 1/2 kg schwer (oder 1 1/2 kg Hasenkeulen und Rücken), 200 g frischer Schweinebauch, 200 g Speck, 3 Zwiebeln, 1 Lauchstange, 1 Mohrrübe, 1 Stück Sellerie, 1 Eßlöffel Schweineschmalz, 1 Eßlöffel Mehl, 1/4 l kräftiger Rotwein, 1/4 l Fleischbrühe, 2 Lorbeerblätter, 2 Gewürznelken, 1 Teelöffel Wacholderbeeren, 1 Prise getrockneter Majoran, Salz, Pfeffer aus der Mühle, 2 Eßlöffel Preisel- oder Johannisbeermarmelade, nach Wunsch Mehl und Wasser für den Topfdeckel
Zubereitungszeit: 3–4 Stunden

Den Hasen säubern und in kleinere Portionsstücke zerteilen. Schweinebauch und Speck würfeln. Das Gemüse putzen. Zwiebeln und Lauch in feine Ringe schneiden, Mohrrübe und Sellerie stifteln.
Ofen auf 180 °C vorheizen.
Das Schweineschmalz in einem ofenfesten Schmortopf erhitzen. Schweinebauch und Speck darin anbraten, dann das vorbereitete Gemüse hinzufügen und einige Minuten unter stetem Wenden rösten. Die Hasenteile hineinlegen und rundum bräunen. Mit Mehl überstäuben, Rotwein und Brühe angießen. Die Gewürze hinzufügen und die Marmelade einrühren, damit eine schön sämige Sauce entsteht.
Den Schmortopf fest verschließen. Deckel aufsetzen und abdichten.
Nach Wunsch aus Mehl und Wasser einen festen Teig rühren und die Fugen des Topfdeckels damit versiegeln. Ansonsten Alufolie verwenden.

Schmortopf in den vorgeheizten Ofen schieben und den Hasen langsam garen (etwa 3 Stunden).
Den versiegelten Topf bei Tisch öffnen.

Als Beilagen passen Kartoffelklöße und ein Pfälzer Kastaniengemüse (Rezepte auf den Seiten 227 und 265).

Entenbraten mit Obstfüllung

Durch die Kombination mit Obst erhält das Entenfleisch ein wunderbares Aroma und bleibt schön saftig. Hier wurde die Ente mit Äpfeln und Backobst gefüllt:

Zutaten für 4 Personen:
1 küchenfertige Ente (2 kg), Salz, Pfeffer aus der Mühle, 500 g Kochäpfel (z. B. Boskop), 1 Handvoll Backpflaumen ohne Stein, 2 Zwiebeln, 1/2 l Geflügelbrühe, Saucenbinder
Zubereitungszeit: 2 1/2 Stunden

Die Ente unter fließendem Wasser gründlich waschen, anschließend mit Küchenkrepp sorgfältig abtrocknen. Innen und außen kräftig mit Salz und frisch gemahlenem Pfeffer einreiben.
Bratrohr auf 200 °C vorheizen.
Die Äpfel schälen, entkernen und in grobe Stücke schneiden. In eine Schüssel geben und mit den Backpflaumen vermischen. Die

gewürzte Ente mit der Obstmischung füllen und mit Küchenfaden und einer groben Nadel zunähen. Ente in eine feuerfeste
Form legen. Die Zwiebeln schälen, grob hacken und in die Form
streuen. Die Geflügelbrühe hinzugießen.
Ente im vorgeheizten Ofen knapp 2 Stunden braten. Zwischen-
durch mit einer Gabel die Haut anstechen, damit das Fett ausbraten kann, und immer wieder mit dem Bratenfond beschöpfen.
Die Ente herausnehmen und tranchieren. Füllung in eine Schüssel geben. Ententeile und Füllung warm stellen, während die
Sauce zubereitet wird. Dazu den Bratenfond in einen Topf
gießen, das Fett abschöpfen. Nach Wunsch mit etwas Brühe
auffüllen, dann zur gewünschten Konsistenz einkochen und mit
Saucenbinder sämig rühren.
Entenportionen anrichten, Füllung und Sauce gesondert dazu
reichen.

Als Beilagen passen Rotkohl und Kartoffelklöße (Rezepte auf den
Seiten 275 und 227).

Fasan auf Champagnerkraut

Wilder Fasan ist in Deutschland selten geworden. Durch die
Flurbereinigung wurden Weinberge maschinengängig gemacht,
Ackerraine und Böschungen begradigt, alte Heckenzäune ver-
nichtet. Der Lebensraum der Fasane, ihre Brut- und Nistplätze
wurden »wegrationalisiert«, so daß das Geflügel in freier Wild-
bahn kaum mehr anzutreffen ist. Heute kommt es aus Zuchtbe-
trieben.

Zutaten für 4 Personen:
2 küchenfertige Fasane (einschließlich Innereien), Salz, Pfeffer aus der
Mühle, 150 g dünne Speckscheiben, 2 Zwiebeln, 1/4 l Brühe
Für die Füllung: die Innereien der beiden Fasane, 1 Eßlöffel gehackte
Petersilie, 2 Eier, 2 in Milch eingeweichte Brötchen, Salz, Pfeffer
Zubereitungszeit: 75 Minuten

Die Fasane gründlich auswaschen und mit Küchenkrepp sorgfältig trockentupfen. Innen und außen kräftig mit Salz und frisch gemahlenem Pfeffer einreiben.

Bratröhre auf 220 °C vorheizen.

Für die Füllung die Innereien der Fasane fein hacken. Mit Petersilie, Eiern und den ausgedrückten Brötchen vermengen und eine gleichmäßige Paste herstellen (geht am einfachsten in der Küchenmaschine). Mit Salz und Pfeffer abschmecken.

Die Fasane mit der Farce füllen. Mit den Speckscheiben umwickeln und mit Holzstäbchen verschließen. Fasane in einen Bräter setzen. Die Zwiebeln schälen, grob zerkleinern und ringsherum verteilen. Die Brühe angießen. Im vorgeheizten Ofen 30–40 Minuten braten; dabei regelmäßig beschöpfen, damit das empfindliche Brustfleisch nicht austrocknet.

Die gegarten Fasane aus dem Bräter heben und halbieren. Auf Tellern anrichten, mit etwas Bratenfond beträufeln und mit dem Champagnerkraut servieren.

Champagnerkraut:

500 g Weinsauerkraut zusammen mit 100 ml trockenem Weißwein und 150 ml Champagner, 1 Zwiebel, 1 Apfel und einigen Wacholderbeeren sanft durchkochen.

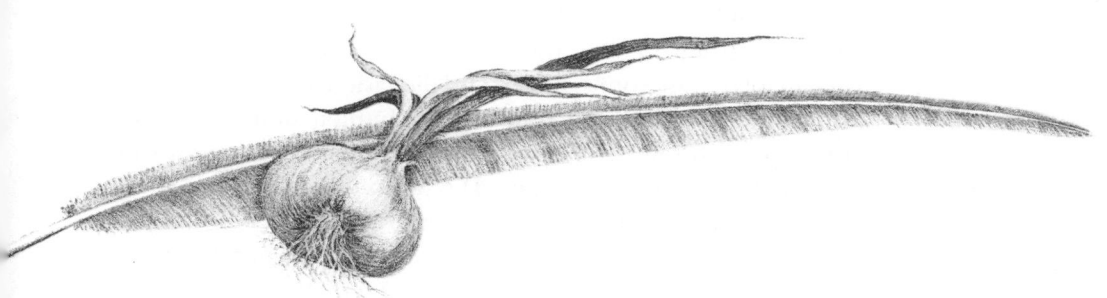

Meister Rumpolt, der im 16. Jahrhundert eines der maßgebenden deutschen Kochbücher verfaßte, betonte, daß man von Schlachttieren und erlegtem Wild so gut wie alles essen könne: »Du darfst nichts wegwerfen, kanst alles zu nutz machen.« In seinen Rezepten kommen sämtliche Innereien und Fleischteile von allen nur erdenklichen Tieren vor. Dabei ging er sogar so weit, daß er selbst die Zubereitung eines ungeborenen Hirschkalbs empfahl – dagegen machen sich die Kuttelflecke, die bei manchen Essern auch schon als extrem gelten, geradezu harmlos aus!
Nach diesem klassischen Rezept lassen sich Flecke (Kutteln, Kaldaunen), aber auch andere Innereien wie Herz oder feingeschnittene Lunge zubereiten.

Zutaten für 4 Personen:
800 g küchenfertige Kuttelflecke (also gereinigt und vorgekocht), 1 Zwiebel, 4 Eßlöffel Butter, 1–1 1/2 l Fleischbrühe, Salz, Pfeffer aus der Mühle, 1 Lorbeerblatt, die Schale einer unbehandelten Zitrone, 1 mittelgroße Kartoffel, 3 Eßlöffel Weinessig, Zucker, nach Wunsch 2 Eßlöffel Mehl
Zubereitungszeit: 1 Stunde

Die Kuttelflecke in Streifen oder mundgerechte Stücke schneiden. Die Zwiebel pellen und fein hacken. Die Hälfte der Butter in einem großen Topf erhitzen und die Zwiebel darin andünsten. Die Kutteln hinzufügen und einige Minuten unter ständigem Rühren mitrösten. Mit Fleischbrühe auffüllen, Gewürze hinzufügen und zum Kochen bringen. Die Kartoffel schälen und in der Brühe mitkochen, bis sie zerfällt und dadurch der Brühe eine schön sämige Konsistenz verleiht. Die Kutteln mit Essig und Zucker süß-sauer abschmecken.
Nach Wunsch aus der restlichen Butter, dem Mehl und einer Kelle Brühe eine helle Mehlschwitze bereiten und unter die Kuttelflecke rühren.
Heiß servieren.

Gänsebraten mit Kastanienfüllung

Ob als Kirchweihgans, Martinsgans, Weihnachtsgans – Gänsebraten hat als besonderes Festtagsessen eine lange Tradition.

Zur Entstehung der Martinsgans existiert eine hübsche Legende: Der heilige Martin sollte zum Bischof gewählt werden. Da er sein Leben aber lieber als büßender Einsiedler oder als Mönch zubringen wollte, versteckte er sich in einem Gänsestall, um sich der Wahl zu entziehen. Das aufgeregte Geschnatter der Gänse verriet allerdings den bescheidenen Mann, und Martin mußte das kirchliche Würdenamt annehmen. Es gibt allerdings auch eine wesentlich prosaischere Erklärung für den Braten: Martini (11. November) galt als offizieller Abschluß des Erntejahres und daher als Zinstermin, an dem die Bauern ihren Zehent an ihren Herrn abliefern mußten. Aufgrund der Jahreszeit bestand dieser nicht selten aus Gänsen, die man den Winter über nicht durchfüttern konnte, sondern im Spätherbst ohnehin schlachten mußte.

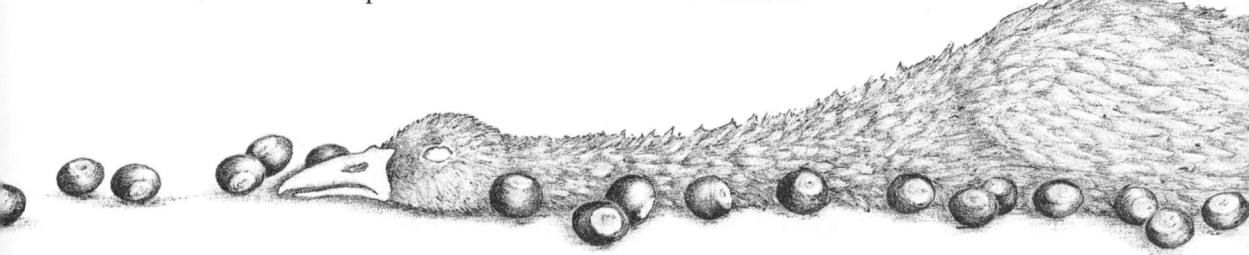

Zutaten für 4–6 Personen:
1 Gans (4–5 kg), Salz, Pfeffer aus der Mühle, 1/2 l Brühe, 2 Zwiebeln
Für die Füllung: 750 g Kastanien, 250 g altbackenes Weißbrot oder die entsprechende Menge Brötchen, etwas Milch, 50 g Butter, 2 Zwiebeln, die Innereien der Gans, frische Thymianzweige, 1 Bund Petersilie, Salz, Pfeffer aus der Mühle
Zubereitungszeit: 4 Stunden

Die Gans gründlich waschen und trockentupfen. Innen und außen kräftig mit Salz und frisch gemahlenem Pfeffer einreiben. Für die Füllung die Kastanien vorbereiten. Dazu den Backofen auf 250 °C vorheizen. Die Kastanien mit einem spitzen Messer kreuzweise einritzen und auf einem Backblech ausbreiten. 20 Minuten im heißen Rohr rösten, bis die Schale aufspringt.

In der Zwischenzeit das Brot mit Milch übergießen und einweichen lassen.

Die Kastanien aus dem Rohr holen, soweit abkühlen lassen, bis Sie sie anfassen können, und noch möglichst heiß aus der Schale pulen. Dabei auch die braune Innenhaut ablösen. Die gepellten Kastanien grob hacken.

Das Weißbrot gut ausdrücken, mit einer Gabel zerpflücken und zu den Kastanien geben. Die Butter in einem Pfännchen erhitzen. Die Zwiebel fein hacken und darin andünsten. Die Innereien der Gans fein hacken, in die Pfanne geben und einige Minuten mitrösten. Thymianblättchen von den Stengeln ribbeln und mit der gehackten Petersilie kurz in der Pfanne mitschwenken. Diese Mischung über die Kastanien geben. Die Zutaten für die Füllung gründlich vermengen und mit Salz und frisch gemahlenem Pfeffer abschmecken.

Bratrohr wieder auf 250 °C aufheizen.

Die Farce in die Gans füllen. Gans zunähen, Flügel und Beine zusammenbinden. Gans auf den Bratrost legen, in die Saftpfanne des Ofens einen halben Liter Wasser und einen halben Liter Brühe füllen. Beides in den heißen Ofen schieben. Temperatur auf 200 °C reduzieren, den Gänsebraten drei Stunden garen. Während des Bratens die Gans regelmäßig mit Bratenfond beschöpfen. Nach zwei Stunden die Zwiebeln pellen, vierteln und in der Saftpfanne mitschmoren.

Gans aus dem Ofen nehmen und warm stellen. Das ausgebratene Fett von der Saftpfanne abschöpfen und aufheben (schmeckt kalt als Brotaufstrich). Die Sauce in einen Topf gießen, mit Salz und Pfeffer abschmecken und nach Belieben etwas einkochen.

Die gebratene Gans tranchieren, die Füllung herausnehmen und zu Fleisch und Sauce servieren.

Als Beilagen passen Rotkohl und Kartoffelklöße oder ein Kastaniengemüse (Rezepte auf den Seiten 275, 227, 265).

Gänseleberpastete

Die Pastete erfordert etwas Aufwand, schmeckt aber unvergleichlich köstlich. Außerdem lassen sich auf diese Weise die Innereien und eventuelle Bratenreste von der Gans wunderbar verwerten.

Zutaten:
500 g Gänseleber und sonstige Innereien der Gans, 125 g Schweinefilet, 125 g Kalbsschnitzel, 2 Schalotten, 100 g Butter, 1 Teelöffel getrockneter Thymian, 1 Prise getrockneter Salbei, 1 Teelöffel Pfefferkörner, 2 Lorbeerblätter, 1 Büschel Liebstöckel, Salz, Pfeffer aus der Mühle, 2 Eßlöffel Madeira, 4 Eßlöffel Doppelrahm, Speck zum Auslegen einer Pastetenform
Zubereitungszeit: 2 Stunden
Kühlzeit: mehrere Stunden

Die Gänseleber und Innereien sowie das Fleisch (nach Belieben durch Bratenreste von der Gans ersetzen) grob würfeln. Die Schalotten fein hacken. Die Butter in einem Pfännchen erhitzen und die Schalotten darin weichdünsten, Thymian und Salbei hinzufügen und einige Minuten mitschwenken. Vom Herd ziehen und abkühlen lassen.
Pfefferkörner, Lorbeer und Liebstöckel in eineinhalb Liter Wasser aufkochen und zehn Minuten bei milder Hitze simmern. Gänseleber, Innereien und Fleisch hinzufügen und zehn Minuten weitersimmern.
Abgießen, dabei Innereien und Fleisch auffangen, die Gewürze wegwerfen.
Innereien und Fleisch sowie die gedünsteten Schalotten und Kräuter in die Küchenmaschine geben. Salzen, pfeffern und Madeira hinzugießen. Nun zu einer glatten Paste pürieren. Den Rahm unterrühren und mit der Küchenmaschine einarbeiten.
Eine Pastetenform mit Speckscheiben auslegen. Die Leberpaste hineinfüllen, abdecken und mehrere Stunden im Kühlschrank fest werden lassen.
30 Minuten vor dem Servieren auf Raumtemperatur erwärmen.

Hamburger Stubenküken

Die Vierlande, die durch Deiche geschützte Elbmarschniederung im Südosten Hamburgs, besitzen fruchtbare Böden. Hier wird Obst und Gemüse angebaut und Viehzucht betrieben. Aus dieser Region bezog die Hansestadt seit jeher ihr Obst und Geflügel. Im Winter jedoch konnte man das Geflügel draußen nicht herumlaufen lassen. Für die zarten Hähnchen war es einfach zu kalt. So zogen die Bauern ihr Federvieh kurzerhand in der Wohnstube unter der Ofenbank auf.

Zutaten für 4 Personen:
4 küchenfertige Stubenküken, Salz, Pfeffer aus der Mühle, 8 dünne Scheiben durchwachsener Speck, 1/4 l Geflügelbrühe oder Geflügelfond aus dem Glas, 50 g Sahne
Für die Füllung: 150 g Hühnerleber (oder die Innereien der Stubenküken), 100 g milder Speck, 150 g Champignons, 2 Schalotten, 2–3 Eßlöffel Butter, 1 Eßlöffel Mehl, 2 Eßlöffel Madeira, 1 Ei, 1–2 Eßlöffel Semmelbrösel, 2 Eßlöffel Sahne, Salz, Pfeffer aus der Mühle
Zubereitungszeit: 75 Minuten

Die Stubenküken unter fließendem Wasser sorgfältig waschen und mit Küchenkrepp trockentupfen. Innen und außen salzen und pfeffern.
Für die Füllung die Hühnerlebern bzw. Innereien putzen und in feine Würfel schneiden. Speck ebenfalls würfeln. Champignons und Schalotten putzen und fein hacken. Die Butter in einer Pfanne zerlassen. Innereien, Speck, Schalotten und Pilze hinzufügen und dünsten. Mit Mehl überstäuben, dann mit Madeira ablöschen. Vom Herd ziehen und etwas abkühlen lassen. Füllmasse in eine Schüssel geben und mit einem Ei und mit Semmelbröseln binden. Mit etwas Sahne geschmeidig rühren. Abschließend mit Salz und frisch gemahlenem Pfeffer abschmecken.
Ofen auf 200 °C vorheizen.
Die Küken mit der Farce füllen und zunähen. Speckscheiben um die Kükenbrüste wickeln und mit Küchengarn festbinden. Küken mit der Brust nach oben in einen Bräter setzen, Geflügelbrühe

angießen und im heißen Ofen braten. Nach 30 Minuten die Speckscheiben abnehmen, damit die Haut bräunen kann. Weitere 15 Minuten braten. Dabei ab und zu mit Bratenfond beschöpfen, damit das zarte Brustfleisch nicht austrocknet.

Küken herausnehmen und warm stellen. Den Bratenfond wenn nötig entfetten, mit Wasser loskochen und auf die gewünschte Konsistenz reduzieren. Abschließend mit einem Schuß Sahne verfeinern und mit Salz und Pfeffer aus der Mühle abschmecken. Küken anrichten und mit der Sauce servieren.

Als Beilagen eignen sich Salzkartoffeln und feines Gemüse oder gedünsteter Blattspinat.

Wild darf nur vom Besitzer des Jagdgrunds erlegt werden. So war es früher praktisch ausschließlich dem Adel und dem Klerus vorbehalten, die ausgedehnte Ländereien besaßen. Allerdings sorgten gewitzte Bauern immer wieder einmal dafür, daß sich ein Hase auf ihren Bauernhof »verirrte« oder vor einem Fuchs »flüchtete« – und dann durfte der Hase auch vom Bauern erlegt werden … So einen Hasen konnte man außerdem leichter in einem Rucksack verschwinden lassen als beispielsweise eine ausgewachsene Gemse.

Zutaten für 4 Personen:
2 Hasenrücken (insgesamt gut 1 kg), 1 l Buttermilch, Salz, Pfeffer aus der Mühle, 1 Teelöffel getrockneter Thymian, 100 g Speck in dünnen Scheiben, 2 Zwiebeln, 1 Lauchstengel, 1 Mohrrübe, 1 Stück Sellerie, 2 Eßlöffel Butter, 1/4 l Rotwein, 50 g Sahne
Zubereitungszeit: 60 Minuten

Die Hasenrücken säubern und 12 Stunden in Buttermilch einlegen (tiefgefrorenes Hasenfleisch darin auftauen). Das Buttermilchbad macht das Fleisch besonders zart. Hasenstücke herausheben, sorgfältig mit Küchenkrepp trockentupfen und mit Salz, frisch gemahlenem Pfeffer und dem getrockneten Thymian einreiben. Mit den dünnen Speckscheiben umwickeln.
Das Gemüse putzen und sehr fein würfeln. Die Butter in einem Schmortopf erhitzen und die vorbereiteten Hasenrücken von beiden Seiten anrösten. Das feingeschnittene Gemüse hinzufügen und mitdünsten, bis die Zwiebeln goldgelb sind. Mit Wein ablöschen, zudecken und 30 Minuten schmoren.
Hasenrücken herausheben, in Alufolie wickeln und ruhen lassen. Den Bratenfond durch ein Sieb streichen, mit Sahne verfeinern und abschmecken.
Hasenfleisch zerteilen und mit der Sauce servieren.

Als Beilage passen Kartoffel-Sellerie-Püree und Rotkohl oder Kartoffelklöße (Rezepte auf den Seiten 262, 275 und 227).

Heidschnuckenbraten in Thymiankruste

Vor 5000 Jahren war die Lüneburger Heide noch eine dichte Waldlandschaft, in der hauptsächlich Buchen, Eichen und Birken gediehen. Dann begannen die ersten Bauern, Land urbar zu machen und Wald zu roden. Erst im Mittelalter jedoch erfolgte der Raubbau an den Wäldern in großem Maßstab. Die Hansestädte waren zu mächtigen Handelszentren aufgestiegen, im Raum Lüneburg hatte man Salzvorkommen entdeckt. Das Holz wurde nun für den Schiffbau und zum Salzsieden benötigt, und schon bald war die Landschaft kahl. In dieser stark veränderten Umgebung gedieh nur mehr Heidekraut – Ackerbau war auf dem kargen Boden unmöglich geworden. Die genügsamen Heidschnucken allerdings, die mit den Mufflons aus Korsika und Sardinien verwandt sind, haben sich auf dieses Heidekraut »spezialisiert«. Sie fressen die jungen Triebe der Pflanze, liefern zwei bis drei Kilo hochwertige Wolle im Jahr und ein wohlschmeckendes Fleisch, das an Wild erinnert.

Zutaten für 4–6 Personen:
1 1/2 kg Heidschnuckenfleisch (aus der Keule oder vom Rücken), etwas
Salz, Pfeffer aus der Mühle, 2 Teelöffel getrockneter Thymian, 1 Mohrrübe,
1 Stück Sellerie, 2 Zwiebeln, 3 Eßlöffel Butter, 2 Lorbeerblätter, 1 Teelöffel
Wacholderbeeren, 1 l Fleischbrühe, einige Eßlöffel Sahne
Zubereitungszeit: 2 Stunden

Bratrohr auf 220 °C vorheizen.

Das Fleischstück vorbereiten: Waschen und trockentupfen, das überschüssige Fett abtrennen und beiseite stellen. Das gesäuberte Fleisch salzen und pfeffern und mit Thymian einreiben. Ruhen lassen. Mohrrübe, Sellerie und Zwiebeln fein würfeln. Das abgetrennte Fett in einem Bräter auslassen und abgießen. (Wer den intensiven Geschmack und die talgige Konsistenz von Schaffett nicht mag, nimmt statt dessen 2 Eßlöffel Butter.) Das Fleisch in den Bräter setzen und mit dem feingeschnittenen Gemüse, den Lorbeerblättern und den zerstoßenen Wacholderbeeren umlegen. Mit dem ausgelassenen Fett begießen, in den vorgeheizten Ofen schieben und ungefähr eineinhalb Stunden braten. Während der zweiten Hälfte der Garzeit regelmäßig mit etwas Fleischbrühe übergießen.

Den Braten herausheben, in Alufolie wickeln und ruhen lassen. Den Bratenfond durch ein Sieb in einen Topf gießen. Fett abschöpfen. Die Sauce aufkochen lassen. Mit kalter Butter und einem Schuß Sahne verfeinern.

Fleisch tranchieren, auf einer Platte anrichten und mit der Sauce servieren.

Das Rezept läßt sich auch mit Lammfleisch zubereiten.

Hirschsteaks in Wacholdersahne

Edles Wild war immer schon begehrt, allerdings nur dem Klerus und Adel vorbehalten, der über die entsprechenden Jagdgründe verfügte. Wer weniger begütert war, versuchte sein Glück oft beim Wildern – ein Vergehen, das in Bayern früher eher als Kavaliersdelikt oder gar als Heldentat (besonders, wenn man es schaffte, einen ganzen Hirsch zu erlegen und unbemerkt nach Hause zu schleppen) angesehen wurde. Denn damit stellte man seinen Mut, seine List und Kraft unter Beweis.

Zutaten für 4 Personen:
4 Hirschsteaks, 4 lange, dünne Speckscheiben, Pfeffer aus der Mühle, etwas Mehl zum Bestäuben, 1 kleine Zwiebel, 2 Eßlöffel Butter, 1 Teelöffel Wacholderbeeren, 2 Gläschen Wacholderschnaps, Salz, 200 g Sahne
Zubereitungszeit: 30 Minuten

Die Hirschsteaks sorgfältig parieren, d. h. unschöne Stellen, Fett usw. entfernen. Steaks mit den Speckscheiben umwickeln. Mit Pfeffer einreiben und leicht in Mehl wenden. Die Zwiebel fein hacken. Die Butter in einer Pfanne erhitzen und die feingehackte Zwiebel darin andünsten. Die Fleischstücke hineinsetzen und auf beiden Seiten kräftig bräunen. Je nach gewünschtem Garzustand bei milder Hitze bis zu fünf Minuten weiterbraten. Aus der Pfanne heben und warm stellen.
Die Wacholderbeeren zerdrücken, in die Pfanne geben und andünsten. Mit Wacholderschnaps ablöschen und gleichzeitig den Bratfond loskochen. Die Sahne hineingießen und bei lebhafter Hitze zur gewünschten Konsistenz einkochen. Sauce mit Salz und frisch gemahlenem Pfeffer abschmecken. Die Steaks ebenfalls salzen und mit der Sauce servieren.

Kartoffelbrei als Beilage reichen.

»Woihinkelche« heißt das Huhn in Weinsauce im Rheingau. Während man heute in der Regel mit dem Wein kocht, den man später zum Essen trinkt, wurde früher, in ärmeren Zeiten, für das Kochen ein gesonderter »Kochwein« von minderer Qualität verwendet: Die Trester wurden im Gegensatz zu heute nicht ganz ausgepreßt. Dieser Restwein in den Preßrückständen wurde mit Wasser aufgegossen und diente den Weinbauern als »Haustrunk«. Er löschte den Durst der Bauern während der Feldarbeit und gab einen passablen Wein für Saucen ab.

Zutaten für 2 Personen:
1 frisches Hähnchen, Salz, Pfeffer aus der Mühle, 1 Gemüsezwiebel, 2 Knoblauchzehen, 150 g durchwachsener Speck, 250 g kleinere Champignons, 2 Eßlöffel Butter, 1 Glas Weinbrand, 1 Eßlöffel Mehl, 1/2 l trockener Riesling, 2 Eßlöffel Geflügelfond, 1 kleines Kräutersträußchen mit Lorbeer, Thymian, Majoran und Petersilie
Außerdem: geröstetes Weißbrot
Zubereitungszeit: 60 Minuten

Das Hähnchen sorgfältig waschen und trockentupfen. Keulen und Brustfleisch des Hähnchens abtrennen. Flügel, Hals und Innereien für ein anderes Rezept (z. B. Geflügelfond) verwenden.
Hähnchenkeulen und -brust mit Salz und frisch gemahlenem Pfeffer einreiben. Gemüsezwiebel und Knoblauch grob hacken, Speck grob würfeln, Champignons putzen, größere Pilze zerteilen, die kleinen ganz lassen.
Butter in einem Schmortopf erhitzen und die Hähnchenteile darin anbraten. Speckwürfel, Champignons, Knoblauch und Zwiebeln hinzufügen und anrösten. Mit dem Weinbrand über-

gießen und flambieren. Mit Mehl überstäuben und mit dem Riesling auffüllen. Geflügelfond einrühren, das Kräutersträußchen hinzufügen und das Ganze eine knappe halbe Stunde köcheln lassen.

Hähnchenteile herausheben und warm stellen. Kräutersträußchen entfernen. Die Sauce auf die gewünschte Konsistenz einkochen. Hähnchenteile auf einer Platte anrichten und mit der Sauce übergießen. Mit geröstetem Weißbrot servieren.

Kalbsherz in Wein geschmort

Die Münchner Hausmannskost kennt eine Vielzahl von Rezepten für Innereien. Herz, Lunge, Nierchen, Kaldaunen bereicherten vor allem in früheren Zeiten, als sich nur wenige Leute edles Fleisch leisten konnten, den alltäglichen Speisezettel. Grund für die Beliebtheit der Innereien war nicht zuletzt ihr Preis. Im Vergleich zum teuren – und ebenfalls äußerst beliebten – Kalbfleisch waren sie stets für relativ wenig Geld zu haben.

Zutaten für 4 Personen:
500 g Kalbsherz, 2 Zwiebeln, 2 Eßlöffel Butter, Salz, Pfeffer aus der Mühle, 100 ml Rotwein, 100 ml Fleischbrühe, 1 Kräutersträußchen aus Majoran, Lorbeer und Thymian
Zubereitungszeit: 75 Minuten

Das Herz waschen und trockentupfen. Wie für ein Gulasch in grobe Würfel schneiden. Die Zwiebeln fein hacken. Die Butter in einem Schmortopf erhitzen. Die Zwiebeln und das Fleisch bei lebhafter Hitze darin bräunen. Salzen und pfeffern. Wein und Fleischbrühe hinzugießen, das Kräutersträußchen hineingeben. Abdecken und bei sanfter Hitze eine Stunde schmurgeln lassen. Nochmals abschmecken und servieren.

Dazu passen Spätzle oder Kartoffelpüree.

Kalbsleber Berliner Art

Ein absoluter Klassiker der deutschen Küche, der auch über die Landesgrenzen hinaus bekannt ist. Die ausgewogene Kombination von schmelzend zarter Kalbsleber, süßen Apfelscheiben und kräftigen Zwiebelringen, die durch den Bratensatz der Leber ein unverwechselbares Aroma bekommen, schmeckt auch wirklich hervorragend.

Zutaten für 4 Personen:
4 Scheiben Kalbsleber, etwas Mehl zum Wenden, 2 große, säuerliche Äpfel,
2 Gemüsezwiebeln, 2 Eßlöffel Bratfett (vorzugsweise Butterschmalz), Salz,
Pfeffer aus der Mühle
Zubereitungszeit: 30 Minuten

Die Leberscheiben in Mehl wenden, überschüssiges Mehl abklopfen. Die Äpfel schälen, Kernhaus ausstechen und in Ringe schneiden. Die Zwiebeln pellen und in feine Ringe hobeln.
Das Fett in einer Pfanne kräftig erhitzen und die Leberscheiben darin pro Seite zwei bis drei Minuten bräunen. Salzen und pfeffern, herausnehmen und warm stellen. Im verbliebenen Fett nun die Apfelscheiben und Zwiebelringe bräunen.
Leberscheiben auf Teller legen und mit den gebratenen Äpfeln und Zwiebeln anrichten.

Als Beilage paßt Kartoffelpüree.

Kaninchenbraten, süß-sauer geschmort

Zutaten für 4 Personen:
1 Kaninchen (ca. 1,5 kg schwer), Salz, Pfeffer aus der Mühle, 50 g Speck,
1 Zwiebel, 2 Mohrrüben, 1 Stück Sellerie, 2 Eßlöffel Öl, 1/2 l Fleischbrühe,
1 Lorbeerblatt, 5 Wacholderbeeren, 2 Pimentkörner, 1 Teelöffel Mehl,
1 Eßlöffel Saucenkuchen, 1 Eßlöffel Essig, 1 Prise Zucker
Zubereitungszeit: 90 Minuten

Das Kaninchen bereits vom Metzger portionieren lassen: Vorder-
und Hinterläufe abtrennen und den Rücken mehrmals durchschneiden lassen. Fleischteile waschen und trockentupfen. Von
Haut- und Sehnenresten befreien. Mit Salz und Pfeffer einreiben.
Den Speck in grobe Stifte schneiden und das Kaninchen damit
spicken (am besten mit einer Spicknadel durch das Fleisch ziehen). Zwiebel schälen und in Ringe schneiden, Mohrrüben und
Sellerie stifteln.
Das Öl in einem Schmortopf erhitzen. Die Fleischteile hineinsetzen und kräftig anbraten. Das kleingeschnittene Gemüse hinzufügen und einige Minuten mitrösten. Brühe angießen, bis das
Fleisch zur Hälfte bedeckt ist. Gewürze hinzufügen. Deckel aufsetzen und das Fleisch eine knappe Stunde garen. Kaninchenteile
herausnehmen und warm stellen. Die Sauce loskochen, mit Mehl
und Saucenkuchen binden. Mit Essig und Zucker süß-sauer abschmecken.

Als Beilage eignen sich Thüringer Klöße (Rezept Seite 233).

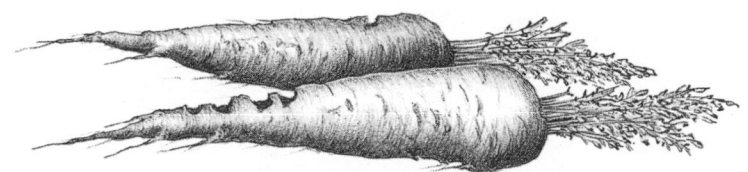

Lammhaxen vom Rohr

Zutaten für 4 Personen:
4 Lammhaxen mit Knochen (insgesamt ca. 1 1/2 kg), Salz, Pfeffer aus der Mühle, je 1 Teelöffel getrockneter Thymian und Rosmarin, 1 Lauchstange, 2 Mohrrüben, 4 Knoblauchzehen, 2 Schalotten, 1 Stück Sellerie, 2–3 Eßlöffel Butter, 1 Teelöffel Tomatenmark, 1 Eßlöffel Mehl, 150 ml Rotwein, 1/2 l Lammfond (aus dem Glas), nach Wunsch Saucenbinder oder Speisestärke
Zubereitungszeit: 90 Minuten

Bratröhre auf 180 °C vorheizen.
Lammhaxen mit Salz, Pfeffer, Thymian und Rosmarin einreiben.
Das Gemüse putzen und klein schneiden. Die Butter in einem Bräter erhitzen und die Lammhaxen darin gleichmäßig anbraten. Das zerkleinerte Gemüse hinzufügen und mitdünsten, bis es etwas Farbe bekommt. Das Tomatenmark hineinrühren, mit Mehl abstäuben und mit Rotwein und Lammfond ablöschen. Abdecken und im heißen Ofen ungefähr eine Stunde schmoren, bis das Fleisch gut gar ist.
Die Lammhaxen aus dem Bräter heben. In Alufolie wickeln und warm stellen.
Den Bratenfond und das Gemüse mit dem Mixer pürieren und durch ein Sieb streichen. Die Sauce zur gewünschten Konsistenz einkochen oder abbinden. Nach Geschmack salzen und pfeffern.

Dazu paßt beispielsweise ein Steckrübengemüse (Rezept Seite 280) oder Kartoffelpüree.
Das Gemüse dann auf einem Teller anrichten und die ganze Lammhaxe dekorativ in die Mitte setzen.

Nierchen, süß-sauer geschmort

Zutaten für 4 Personen:
500 g Kalbsnierchen, 1/2 l Buttermilch, 1 Zwiebel, 1 Eßlöffel Butter, Salz,
Pfeffer aus der Mühle, 1 Teelöffel Mehl, 3 Eßlöffel Essig, 1 Prise Zucker
Zubereitungszeit: 30 Minuten

Nieren mehrere Stunden in Buttermilch einlegen, damit sie ihren strengen Beigeschmack verlieren. Herausheben, abspülen und trockentupfen. Das Fettgewebe in der Mitte heraustrennen und die Nieren quer in feine Scheiben schneiden. Die Zwiebel fein hacken.

Die Butter in einer weiten Pfanne erhitzen und die Zwiebel darin goldgelb dünsten. Die Nierenscheibchen hinzufügen und unter ständigem Wenden scharf anbraten. Salzen und pfeffern, mit Mehl überstäuben und mit Essig ablöschen. Mit Zucker süß-sauer abschmecken.

Aus der Pfanne heben und mit Weißbrot und einem Blattsalat als Beilage servieren.

Rebhühner nach Winzerart

Rebhühner waren noch Anfang dieses Jahrhunderts fester Bestandteil einer jeden besseren Mahlzeit. Daß es die Vögel früher in rauhen Mengen gab, belegt schon die folgende Faustregel, die sich in einem Gedicht aus dem 19. Jahrhundert findet: »Beim Rebhuhn rechne zwei auf einen Kopf/die werden dir gar sehr gering im Topf.« Für heutige Mägen und Eßgewohnheiten dürfte wohl ein halbes Rebhuhn pro Person genügen. Außerdem werden die Vögel, die es von September bis November frisch gibt, nur noch selten angeboten, da ihre Zahl – wie das übrige Federwild – infolge von Flurbereinigungen und moderner Landwirtschaft stark zurückgegangen ist.

Zutaten für 4 Personen:
2 Rebhühner, Salz, Pfeffer aus der Mühle, 75 g Speck in dünnen Scheiben,
2 Eßlöffel Butter, 1/4 l Weißwein, 1 Handvoll grüne Weintrauben, 200 ml
Wildfond aus dem Glas
Außerdem: 4 große geröstete Weißbrotscheiben
Zubereitungszeit: 75 Minuten

Die Rebhühner salzen und pfeffern. Mit Speck umbinden, damit
das zarte Fleisch beim Braten nicht austrocknet. Butter in einem
Schmortopf zerlassen, die Vögel darin anbraten. Den Weißwein
angießen, abdecken und bei milder Hitze eine knappe halbe
Stunde garen. In der Zwischenzeit die Weintrauben enthäuten
und entkernen.
Vögel aus dem Topf heben, halbieren und warm stellen. Den
Bratenfond entfetten und mit dem Wildfond zur gewünschten
Konsistenz verkochen. Die Weintrauben in die Sauce geben und
nur kurz heiß werden lassen, damit sie nicht lasch werden. Mit
Salz und frisch gemahlenem Pfeffer abschmecken.
Die Rebhühner auf die gerösteten Weißbrotscheiben setzen, auf
Tellern anrichten und mit der Traubensauce umkränzen.

Dazu paßt ein mildes Sauerkraut.

Rehrücken Baden-Baden

Baden gilt als das kulinarische Ruhmesblatt Deutschlands und hat mit seinen Spezialitäten, nicht zuletzt beeinflußt durch die französischen Nachbarn, mehr als jede andere deutsche Region Eingang in die große internationale Küche gefunden. Aber auch um die Kulinarik hinter den Kulissen hat sich Baden verdient gemacht. So wurden hier im Jahre 1900 von Johann Weck die berühmten Einmachgläser entwickelt, und der Goldschmied und Instrumentenbauer Christian Ferdinand Oechsle erfand die Mostwaage zur Bestimmung des Zuckergehalts im Traubenmost.

Zutaten für 4–6 Personen:
1 küchenfertiger Rehrücken (knapp 2 kg), etwas Salz, Pfeffer aus der Mühle, 1 Teelöffel Wacholderbeeren, 100 g Speck in hauchdünnen Scheiben, 2 Zwiebeln, 1/2 l Wildfond, 200 g Crème fraîche, 2 Eßlöffel Butter, 3 vollreife Birnen, Saft einer halben Zitrone, 1/4 l Weißwein, 100 g Johannisbeergelee
Zubereitungszeit: 75 Minuten

Bratrohr auf 250 °C vorheizen.
Den Rehrücken mit Salz, Pfeffer und den zerdrückten Wacholderbeeren einreiben. Das Fleischstück in die Saftpfanne des Ofens setzen und mit den Speckscheiben belegen. Die Zwiebeln grob hacken und um den Rehrücken herum verteilen. Das Fleisch je nach Stärke 18–20 Minuten im heißen Ofen garen, bis es außen gebräunt und innen noch zartrosa ist. Während der Garzeit häufig mit dem Bratensatz und wenn nötig mit einem Teil des Wildfonds begießen.
Den gegarten Rehrücken aus dem Rohr heben, in Alufolie wickeln und im abgeschalteten Rohr ruhen lassen.
Fett aus der Saftpfanne abschöpfen, den restlichen Bratenfond durch ein Sieb passieren und in einen Topf gießen. Den restlichen Wildfond zugießen und die Crème fraîche unterrühren. Zur gewünschten Konsistenz einkochen lassen. Abschließend mit Salz und Pfeffer abschmecken und mit etwas Butter verfeinern.
Die Birnen schälen, halbieren und entkernen. In einen Topf

setzen, mit Zitronensaft und Weißwein übergießen. Zudecken und bei leiser Flamme in dieser Flüssigkeit etwa 10 Minuten pochieren. Herausheben, abtropfen lassen und mit Johannisbeergelee füllen.

Das Rehfleisch mit einem scharfen Messer aus dem Rücken lösen, die Fleischstränge schräg in Scheiben schneiden. Dann die Fleischstücke wieder auf dem Rücken anrichten.

Den tranchierten Rehrücken auf eine vorgewärmte Platte setzen, mit den gefüllten Birnen umlegen und auftragen.

Sauce getrennt dazu reichen.

Als weitere Beilagen gehören Spätzle und Pilzgemüse dazu (vgl. Rezepte auf den Seiten 249 und 188).

Saure Lunge

Für die körperlich schwer arbeitende Bevölkerung aus Handwerkern und Bauern reichten Hauptmahlzeiten in früheren Zeiten einfach nicht aus. So schuf man die sogenannten Voressen, die noch vor der Mittagsstunde und dem eigentlichen Mittagessen eingenommen wurden. Traditionsgemäß handelt es sich dabei um sauer geschmorte Innereien wie Kutteln oder Lunge oder um das sogenannte Kronfleisch, gesottenes Rindfleisch, das sich beim Garen wie eine Krone kräuselt. Einige Münchner Traditionsgaststätten bieten so ein Voressen auch heute noch an – schließlich strengt ein Einkaufsbummel über den Viktualienmarkt ganz schön an …

Zutaten für 4 Personen:
1 kg Kalbslunge, 1 Mohrrübe, 1 Zwiebel, 1 Lauchstange, 1 Lorbeerblatt,
Schale einer unbehandelten Zitrone, 1 Teelöffel Pfefferkörner, 1/2 Teelöffel
Korianderkörner, 2 Gewürznelken, 2 Wacholderbeeren, 1/8 l Essig, 1 Tee-
löffel Salz, 2 Eßlöffel Schmalz und/oder Butter, 2 Eßlöffel Mehl, 1–2 Tee-
löffel Zucker, 2 Eßlöffel süße Sahne, gehackte Petersilie zum Garnieren
Zubereitungszeit: 2 Stunden
Ruhezeit für die Kalbslunge: 1–2 Tage

Die Lunge sorgfältig von Häuten und Sehnen befreien. Das
Gemüse putzen. Mohrrübe klein würfeln, Zwiebel in Ringe,
Lauch in feine Streifen schneiden. Lunge in einen Topf legen,
das feingeschnittene Gemüse hinzufügen. Lorbeer, Zitronenschale, Pfeffer- und Korianderkörner, Gewürznelken sowie Wacholderbeeren darüberstreuen. Essig angießen, salzen und so viel
Wasser hinzugießen, bis alles gut bedeckt ist. Bei schwacher Hitze
ungefähr 75 Minuten köcheln lassen. Die Lunge ist gar, wenn sie
sich mit einer Fleischgabel leicht durchstechen läßt.
Topf vom Herd nehmen, Lunge und Sud in eine Terrine füllen
und ein bis zwei Tage an einem kühlen Ort ziehen lassen.
Die Lunge aus dem Sud heben, nochmals von Häuten, Sehnen
und Äderchen befreien und »nudelig«, d. h. in schmale und
kurze Streifen schneiden.
Nun das Bratfett in einer Pfanne erhitzen, das Mehl darin anschwitzen und mit dem Zucker sanft bräunen. Mit Kochsud ablöschen und unter häufigem Rühren rund 30 Minuten durchköcheln, bis die Sauce eine dickliche Konsistenz erhält. Die feingeschnittene Lunge hineinrühren, heiß werden lassen und mit
einem Schuß Sahne abrunden.

Mit Semmelknödeln (Rezept auf Seite 248) servieren und mit fein
gehackter Petersilie garnieren.

Die knorpeligen Schnauzen und Füße vom Schwein wurden früher meist am ersten Abend nach dem Schlachten verarbeitet. Dabei kam der Schweinekopf im ganzen zu Tisch. Meister, Geselle und Lehrling standen an der gedeckten Tafel und mußten vor dem Mahl einen Bibelspruch aufsagen: »Und er hieb ihm ein Ohr ab« – worauf der Meister tat, wie ihm geheißen. »Und er gab ihm einen Backenstreich« war vom Gesellen zu erfüllen, und der Lehrling setzte hinzu: »Und er verschwand vor ihren Augen« – und tat sich am restlichen Schweinekopf gütlich.

Zutaten für 4 Personen:
4 Schweinefüßchen und 2 Schweineschnäuzchen, 1 Bund Suppengrün, 2 Zwiebeln, 2 Lorbeerblätter, 1 Teelöffel Pfefferkörner, 1/2 Teelöffel Korianderkörner, 1 Prise Zucker, 1 Teelöffel Salz
Zubereitungszeit: 3 Stunden

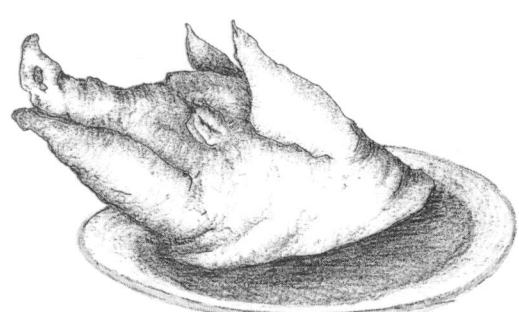

Die gereinigten Schweinefüßchen und -schnäuzchen mit reichlich kaltem Wasser aufsetzen. Aufkochen lassen und abschäumen. Suppengrün, Zwiebeln und Gewürze hinzufügen und bei milder Hitze langsam weichkochen.

Als Beilagen Kraut und Kartoffeln reichen. Kraut und Kartoffeln auf eine Servierplatte häufen. Die Schweinefüßchen und -schnäuzchen darauf anrichten und servieren.

Schwarzsauer

Wie die oben beschriebenen Schnuten und Puten ist auch das Schwarzsauer eine holsteinische Schlachtspezialität. Die schwarze Farbe erhält das Gericht durch das frische Schweineblut, das in die Sauce gerührt wird. Früher mußten die verderblichen Teile des Schweins sofort verarbeitet werden, und so kamen Leber, Magen, Herz, Nieren, aber auch die weniger edlen Knorpel- und Fleischteile wie Pfoten, Ohren usw. gewissermaßen direkt vom Schwein in den Kessel.

Zutaten für 4 Personen:
1 kg gemischtes Schweinefleisch und/oder Innereien vom Schwein, 1 Stück Sellerie, 2 Mohrrüben, 1 Zwiebel, 1 Stange Lauch, 1 Lorbeerblatt, 2 Gewürznelken, 1 Teelöffel Pfefferkörner, Salz, 125 ml Essig, 2 Eßlöffel Butter, 2 Eßlöffel Mehl, 1 Tasse Schweine- oder Gänseblut (beim Metzger bestellen), Salz, Pfeffer aus der Mühle
Zubereitungszeit: 1 1/2–2 1/2 Stunden

Fleisch und Innereien unter fließendem Wasser waschen, mit Küchenkrepp trockentupfen. Das Gemüse putzen. Fleisch und Innereien in einen Topf legen, das Gemüse und die Gewürze hinzufügen. Den Essig angießen und mit Wasser auffüllen, bis alles gut bedeckt ist. Bei sanfter Hitze je nach Größe der Stücke ein bis zwei Stunden gar ziehen lassen. Fleisch herausheben und etwas abkühlen lassen, bis es in gulaschgroße Würfel geschnitten werden kann.
Für die Sauce Butter und Mehl in einem Topf zu einer dunklen Masse bräunen. Mit Kochsud aufgießen, bis Sie die gewünschte Saucenmenge erreichen. Mit Schweine- oder Gänseblut (gerinnt nicht so leicht) andicken und mit Salz und Pfeffer abschmecken. Die Fleischwürfel hineinsetzen und in der Sauce servieren.

Als Beilagen eignen sich Salzkartoffeln, Klöße und rote Beten.

Schweineohren und -schnäuzchen auf Linsen

Zutaten für 4 Personen:
3 Schweineohren und 2 Schweineschnäuzchen, 2 Mohrrüben, 1 Zwiebel,
1 Lorbeerblatt, 2 Gewürznelken, 200 g saure Sahne, 1 Eigelb, 1 Eßlöffel
gehackte Petersilie, 1 Eßlöffel gehackter Schnittlauch, 6 kleine Essiggurken,
1 Stück Sellerie, 1 Lauchstange, 2 Eßlöffel Butter, Salz, Pfeffer aus der
Mühle, Essig
Für das Linsengemüse: 100 g Linsen (zuvor in Wasser eingeweicht),
1/2 Zwiebel, 1 Stück Lauch, 1 Stück Sellerie
Zubereitungszeit: 2 1/2 Stunden
Ruhezeit der Fleischteile: mehrere Stunden

Schweineohren und -schnäuzchen gut wässern. Abtropfen lassen,
abspülen und in einen Topf legen. Mit Wasser bedecken und mit
einer Möhre und einer Zwiebel, die mit dem Lorbeerblatt und
den Gewürznelken gespickt wurde, weich kochen. Ohren und
Schnäuzchen aus dem Sud heben und im Kühlschrank auskühlen
lassen.
In der Zwischenzeit die Linsen abgießen. Mit dem Kochsud der

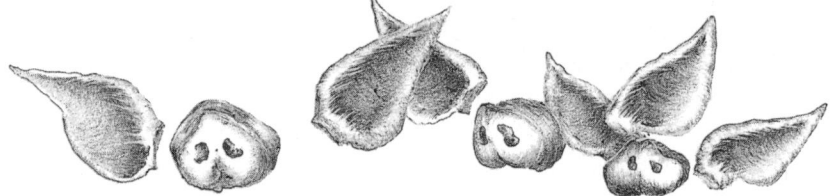

Fleischteile und dem kleingeschnittenen Wurzelgemüse aufsetzen und wie gewohnt als Gemüse garen.
Die saure Sahne mit dem Eigelb und den gehackten Kräutern
verrühren.
Schweineohren und -schnäuzchen, die zweite Mohrrübe, Essiggurken, Sellerie und Lauch in streichholzgroße Streifen schneiden. Butter in einem Topf kurz erhitzen. Fleisch und Gemüsestreifen anrösten und mit Salz, Pfeffer und einem Schuß Essig
abschmecken.
Das Linsengemüse ohne Flüssigkeit in einem tiefen Teller anrich-

ten. Schweineohren und -schnäuzchen in die Mitte setzen und mit einem Löffel Kräutersahne überziehen. Das Ganze bei Oberhitze im Backofen überbacken.
Heiß servieren.

Suhler Topfbraten

Der Suhler Topfbraten ist ein buntes Allerlei aus verschiedenen weniger edlen Fleischteilen. Seine Zusammensetzung ist nicht fest vorgeschrieben, denn sie hing – vor allem in schlechteren Zeiten – hauptsächlich vom jeweiligen Geldbeutel ab. Sie können also unsere Version nach eigenem Belieben variieren.

Zutaten für 4 Personen:
500 g Innereien vom Schwein, beispielsweise Nierchen oder Herz und Leber, 200 g Bauchfleisch, 200 g Schweinebacke, 1 Bund Suppengrün, 250 g Zwiebeln, 2 Eßlöffel Butter oder Schmalz, 2 Eßlöffel Mehl, 2 Lorbeerblätter, 1 Teelöffel schwarze Pfefferkörner, 1 Zweig Majoran, Salz, Essig
Zubereitungszeit: 90 Minuten

Die Innereien, das Bauchfleisch und die Schweinebacke waschen und gründlich von Sehnenresten, die Nierchen von Fettstreifen, das Herz von dicken Blutgefäßen usw. säubern. Das Schweineherz und das Fleisch mit Suppengrün und Wasser aufsetzen und weich kochen. Aus dem Topf heben und etwas abkühlen lassen. Das vorgekochte Herz, die rohen Nierchen und die Leber sowie das vorgekochte Fleisch klein schneiden und beiseite stellen.
Die Zwiebeln fein würfeln und in einem Schmortopf im heißen Fett andünsten. Das Mehl darüberstäuben und bräunen lassen. Fleisch und Innereien hinzufügen und rundherum kräftig anbraten. Mit dem Kochsud aufgießen, die Gewürze hinzufügen und bei lebhafter Flamme kurz durchkochen. Mit Essig leicht säuerlich abschmecken.
Als Beilage passen Thüringer Klöße (Rezept auf Seite 233).

Täubchen vom Rohr

Zutaten für 4 Personen:
4 junge Tauben (mit Innereien), Salz, Pfeffer aus der Mühle, 1 Schalotte,
1 Eßlöffel Butter, 1 Eßlöffel gehackte Petersilie, 1 Ei, etwas Semmelbrösel,
75 g Butter oder Speck in dünnen Scheiben, 1/4 l Brühe
Zubereitungszeit: 60 Minuten

Die Tauben gründlich waschen und abtrocknen. Innen und
außen mit Salz und Pfeffer einreiben. Für die Füllung die Innereien und die Schalotte fein hacken. Die Butter in einem Pfännchen zerlassen und die Schalotte mit den fein gehackten Innerei-
en darin andünsten. Die Petersilie einrühren und kurz mitschwenken. Pfännchen vom Herd ziehen und abkühlen lassen.
Die Mischung mit Ei und Semmelbröseln binden und zu einer
glatten Farce verarbeiten.
Ofen auf 180 °C vorheizen.
Die Tauben mit der Farce füllen und verschließen. In einen
Bräter setzen und mit Butter bestreichen oder mit dünnen Speckscheiben belegen, damit sie beim Braten nicht austrocknen. Ins
heiße Bratrohr schieben und knapp 30 Minuten garen. Dabei
regelmäßig mit Bratfond beschöpfen.
Tauben herausnehmen und warm stellen. Bratfond mit Brühe
loskochen. Sauce durch ein Sieb in einen Topf gießen und auf
die gewünschte Konsistenz reduzieren.
Die Täubchen auf einer Servierplatte anrichten und mit der
Sauce überziehen.

Als Beilage passen Kartoffeln und ein zartes Gemüse.

Sonntags nach dem Kirchgang kehrten die Münsteraner auf ein Bier in ein Wirtshaus ein und aßen eine Portion Töttchen dazu. Ob der Name des Gerichts vom französischen Wort *tout*, »alles«, abzuleiten ist, ist nicht ganz geklärt. Jedenfalls handelt es sich um einen bunten Eintopf aus verschiedenen Fleischteilen. Das Rezept wurde in ähnlicher Form vermutlich bereits von gallischen Truppen im Münsterland eingeführt.

Zutaten für 4 Personen:
750 g gemischtes Kalbfleisch (traditionsgemäß Kalbskopf, Kalbslunge usw.), 1 Mohrrübe, 1 Stück Sellerie, 1 Lauchstange, ein paar Petersilienstengel, 2 Lorbeerblätter, 2 Gewürznelken, 1 Teelöffel Pfefferkörner, Salz, 2 Eßlöffel Butter, 1 Zwiebel, Mehl zum Bestäuben, 1/8 l Weißwein, Weinessig, 1 Prise Zucker, 1 Eßlöffel Senf, 4 Eßlöffel Sahne
Zubereitungszeit: 2–2 1/2 Stunden

Das Kalbfleisch säubern. Mit dem Wurzelwerk und den Gewürzen in einen Topf geben und mit reichlich Wasser bedecken. Aufkochen lassen, abschäumen und bei sanfter Hitze je nach Größe der Fleischstücke eine bis eineinhalb Stunden simmern. Fleisch aus der Brühe heben und abkühlen lassen. Inzwischen die Brühe durch ein Sieb gießen und nach Belieben etwas einkochen.
Das Fleisch von Sehnen und Fett befreien und in knapp zwei Zentimeter große Würfel schneiden.
Die Butter in einer weiten Pfanne erhitzen. Die Zwiebel abziehen, fein hacken und in der heißen Butter anglasen. Mit Mehl überstäuben und anrösten. Mit Wein ablöschen und soviel Kochsud hinzugießen, daß eine cremige Sauce entsteht. Aufkochen lassen und zehn Minuten durchkochen. Die Fleischwürfel hineinsetzen und wieder erwärmen. Mit ein paar Spritzern Essig, Zucker und Senf süß-sauer abschmecken und mit der Sahne abrunden.

Das Rezept stammt aus einem mehr als hundert Jahre alten Familienkochbuch aus Ostpreußen und hat nichts von seiner Attraktivität verloren. Diese Form der Zubereitung eignet sich besonders gut für derberes Wildfleisch, das trocken gebeizt werden kann.

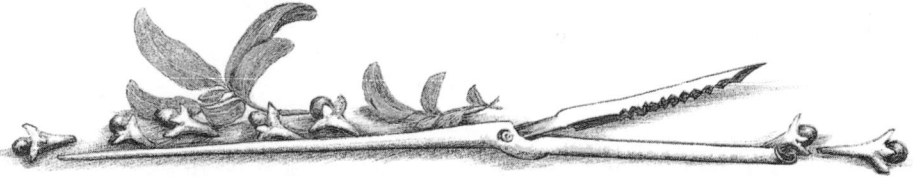

Zutaten für 6–8 Personen:
2 1/2 kg Bratenfleisch vom Wildschwein (Rücken oder Keule), 1 l Buttermilch, 100 g Speck, 1 Zwiebel, 1/2 Teelöffel Nelkenpulver, Pfeffer aus der Mühle, 1/2 Teelöffel zerstoßener Salbei, 1 Eßlöffel Senf, 3 Eßlöffel Madeira, 2 Eßlöffel Öl, Salz, 100 g Butter, 1 Stück dunkle Brotrinde, 1/4 l kräftiger Rotwein, 3/4 l Fleischbrühe oder Wildfond, 200 g Crème fraîche
Zubereitungszeit: 3 Stunden
Einwirkzeit für das Fleisch: 1–2 Tage

Frisches Fleisch mehrere Stunden in Buttermilch einlegen, gefrorenes Wildschwein in Buttermilch auftauen. Aus dem Buttermilchbad heben, abspülen und trockentupfen. Den Speck in grobe Stifte schneiden und mit der Spicknadel durch das Fleisch ziehen.
Die Zwiebel abziehen und sehr fein reiben. Mit Nelkenpulver, frisch gemahlenem Pfeffer, Salbei und Senf vermischen. Mit Madeira und Öl zu einer geschmeidigen Paste rühren. Das gespickte Fleisch von allen Seiten damit einreiben. In eine Schale legen, abdecken (oder in einen Plastikbeutel geben und gut verschließen) und ein bis zwei Tage im Kühlschrank durchziehen lassen.
Die Butter in einem Schmortopf erhitzen. Das Bratenstück hineinsetzen und kräftig anbraten. Die Brotrinde hineinkrümeln und kurz mitrösten. Mit Rotwein ablöschen. Den Braten nun bei

leicht geöffnetem Deckel gar schmoren. Dabei die verkochte Flüssigkeit immer wieder durch etwas Fleischbrühe oder Wildfond ersetzen.

Braten herausheben, in Alufolie wickeln und etwas ruhen lassen. In der Zwischenzeit die Crème fraîche in die Sauce rühren. Das Fleisch in Scheiben schneiden und mit der Sauce servieren.

Dazu reicht man Klöße und Rotkohl.

Zickelbraten

Zicklein ist in Thüringen ein traditionelles Ostergericht.

Auf den Bauernhöfen der Region wurden früher – wie auf jedem »richtigen« Bauernhof – alle wichtigen Lebensmittel für den täglichen Bedarf selbst erwirtschaftet: Obst, Gemüse, Kräuter, Klein- und Großvieh und Milchprodukte. Nicht immer durften die Thüringer Bauern jedoch über das, was sie erwirtschafteten, auch frei verfügen. In der Gegend um Erfurt lagen die sogenannten Küchendörfer, die den erzbischöflich-kurmainzischen Hof mit allem versorgen mußten, was die Geistlichkeit zum Leben brauchte. Die Erträge mußten an den Klerus abgeliefert werden, zum Leben blieb nicht mehr viel übrig.

Zutaten für 6 Personen:
2 kg Schulter vom Zicklein, Salz, Pfeffer aus der Mühle, 4 Eßlöffel Semmelbrösel, 3 Eßlöffel Butter, 2 Zwiebeln, 1/4 l Rotwein, 1/4 l Brühe, 4 Eßlöffel Sahne
Zubereitungszeit: 2 Stunden

Das Fleisch sorgfältig parieren, d. h. Fett, Sehnen und Häutchen entfernen. Das abgetrennte Fett beiseite stellen, die übrigen Parüren wegwerfen.

Fleisch portionieren und mit Salz und frisch gemahlenem Pfeffer einreiben. In Semmelbröseln wenden.

Das abgetrennte Fett in einem ofenfesten Schmortopf auslassen

135

und ggf. mit Butter ergänzen. Die Fleischstücke darin anbraten – dadurch erhält das Fleisch ein besonders intensives Aroma. (Wenn man den strengen Geschmack des Fetts nicht mag, statt dessen nur Butter verwenden.) Die Zwiebeln hacken und mitdünsten. Mit Rotwein ablöschen. Den Schmortopf abdecken und den Braten bei milder Hitze sanft schmurgeln lassen (ca. 90 Minuten). Falls die Flüssigkeit zu stark einkocht, etwas warme Brühe oder Wasser nachgießen.

Fleisch herausheben und warm stellen. Sauce nach Wunsch etwas eindicken und mit der Sahne verfeinern.

Bratenscheiben anrichten und mit der Sauce und Thüringer Klößen (Rezept auf Seite 233) servieren.

Zunge in Kapernsauce

Zutaten für 4 Personen:
2 Kalbszungen, 1 Bund Suppengrün, 1 Teelöffel Salz, 1/2 Teelöffel
Pfefferkörner, 2 Eßlöffel Butter, 1 Eßlöffel Mehl, 100 ml Weißwein,
1 Eßlöffel Kapern, Saft einer Zitrone, 1 Prise Zucker, Pfeffer, 2 Eigelbe
Zubereitungszeit: 2 1/2 Stunden

Die Kalbszungen unter fließendem Wasser gründlich waschen
und abbürsten. In einen Topf legen und mit Wasser bedecken.
Suppengrün, Salz und Pfefferkörner hinzufügen. Einmal aufkochen lassen, dann bei milder Hitze eineinhalb Stunden wallen
lassen. Die Zungen sind gar, wenn sich die Spitze leicht mit einer
Gabel durchstechen läßt.
Kalbszungen herausheben, unter kaltem Wasser abschrecken
und die grobe Haut abziehen. In Scheiben schneiden und warm
stellen.
Die Butter in einem Topf zerlassen und das Mehl darin hell
anschwitzen. Mit Weißwein ablöschen und mit Kochsud zur gewünschten Menge auffüllen. Kapern einrühren und mit Zitronensaft, Zucker und frisch gemahlenem Pfeffer abschmecken. Die
Zungenscheiben in die Sauce legen und erwärmen. Unterdessen
die beiden Eigelbe mit etwas Wasser verrühren.
Topf vom Herd ziehen und die beiden Eigelbe unterrühren.

Mit gedünstetem Reis oder Salzkartoffeln servieren.

Fisch und Meeresfrüchte

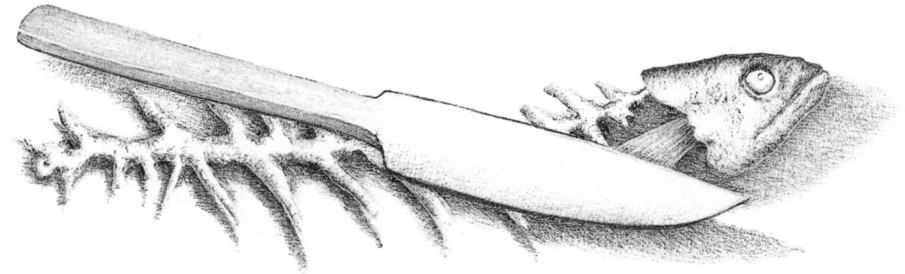

Aal grün in Dillsauce

Berlin bezieht Obst und Gemüse, Fleisch und Wild, Fische und Salz aus dem unmittelbaren Umland. Daß dies nicht eine Folge der Berliner Isolation der Nachkriegszeit ist, sondern immer schon so war, verdeutlichen folgende Verszeilen von Theodor Fontane: »... nichts entlehnt und nichts geborgt, für großes und kleines ist ringsum gesorgt!« Auch am Beispiel des hier vorgestellten Aals wird dies deutlich – in seiner Zubereitung mit Dillsauce und Gurken entspricht er der Küchentradition des benachbarten Brandenburg. »Grün« nennt man den Aal übrigens, weil er – analog zum »grünen« Hering – frisch und nicht geräuchert auf den Tisch kommt und nicht, weil er mit einer Dillsauce angerichtet wird.

Zutaten für 4 Personen:
1 kg Aal (küchenfertig), 125 ml Essig, 1 Bund Suppengrün, 1 Zwiebel, 1 Lorbeerblatt, 1/2 Teelöffel Pfefferkörner, Salz, 2 Eßlöffel Butter, 1 Eßlöffel Mehl, 1 Eigelb, 100 ml Sahne, 1 Bund Dill, Pfeffer
Zubereitungszeit: 60 Minuten

Aal vom Fischhändler ausnehmen und häuten lassen. Den küchenfertigen Aal in ungefähr fünf Zentimeter lange Stücke zerteilen, unter fließendem Wasser abspülen und mit Küchenkrepp abtrocknen. Gut einen Liter Wasser mit dem Essig versetzen und zum Kochen bringen. Das Suppengrün, die Zwiebel, Lorbeerblatt und Pfefferkörner hinzufügen und 20 Minuten kräftig durchkochen. Wärmezufuhr reduzieren und den Sud salzen. Die Aalstücke hineinsetzen und nicht kochen, sondern nur gar ziehen lassen (ca. 20 Minuten). Aal herausheben und warm stellen. Sud durchseihen.

Die Butter in einer Pfanne erhitzen, Mehl einrühren und eine helle Mehlschwitze bereiten. Mit einer Kelle Aalsud ablöschen, dann soviel Flüssigkeit hinzufügen, bis die gewünschte Saucenmenge erreicht ist. Etwa zehn Minuten durchkochen. Inzwischen das Eigelb mit der Sahne verschlagen. Dillblättchen von den Stengeln zupfen und kurz abbrausen (etwas Dill zum Garnieren

beiseite stellen), dann unter die Sahnemischung rühren. Aal-stücke in die Pfanne setzen und heiß werden lassen. Pfanne vom Herd nehmen, die Dillsahne unterrühren und abschmecken.
Auf Teller verteilen, mit Dill garnieren und mit Gurkensalat (Rezept Seite 261) servieren.

Aischgründer Karpfen in Bierteig

Die Karpfenzucht hat in Franken eine lange Tradition. Mönche führten bereits im 12. Jahrhundert die Karpfenzucht ein, denn so konnte auch trotz Fastengebot ordentlich gespeist werden! Mit dem Fasten im strengen Sinne war es im sinnenfrohen Bayern ohnehin nicht recht weit her. Bei sogenannten Fastendiners wurden ganze Schüsseln und Pfannen mit edelsten Fischen auf-getragen, außerdem wurden bestimmte Wasservögel sowie Fischottern und Biber kurzerhand für Fische erklärt ...

Zutaten für 4 Personen:
2 kg Karpfen, Salz, Pfeffer aus der Mühle,
1 Eiweiß, 3 Eßlöffel Mehl, ein Schuß Bier,
reichlich Butterschmalz zum Braten
Zubereitungszeit: 30 Minuten

Karpfen vom Fischhändler ausnehmen und in Portionsstücke teilen lassen. Mit Salz und Pfeffer einreiben. Das Eiweiß steif schlagen. Aus Eischnee, Mehl und Bier einen Backteig bereiten. Die Karpfenstücke durch den Teig ziehen. Das Butterschmalz in der Pfanne erhit-zen und die Karpfen ungefähr 15 Minuten goldbraun ausbacken. Während des Backens immer wieder mit dem Butterschmalz aus der Pfanne beschöpfen.
Herausheben, das überschüssige Fett auf Küchenkrepp abtropfen lassen und servieren.

München war dank seiner günstigen geographischen Lage seit jeher mit Gaumengenüssen aus dem Mittelmeerraum gesegnet. Wie die Funde aus einer Münchner Gaststätte belegen, gelangten bereits im 15. Jahrhundert in speziellen Fässern konservierte Austern, Krebse und andere Muschelarten von der Adria über die Alpen nach München. Nicht nur edle Meeresfrüchte, auch Kalbfleisch und Innereien vom Kalb standen bei den Münchnern immer schon hoch im Kurs. Hier werden diese Zutaten zu einem ebenso köstlichen wie für unsere heutigen Gaumen vielleicht ungewöhnlichen Ragout kombiniert:

Zutaten für 6 Personen:
500 g Kalbsmilch (Bries), 3/4 l Fleischbrühe, 3 Dutzend Austern, 2 Eßlöffel Butter, 2 Schalotten, 30 g Mehl, 1/8 l Weißwein, Pfeffer aus der Mühle, 1–2 Eßlöffel Zitronensaft, 6 Eigelbe
Zubereitungszeit: 2 Stunden

Bries zwei Stunden wässern, dann kalt abspülen und mit einem scharfen Messer Häutchen und Verunreinigungen entfernen. Die Fleischbrühe erhitzen und das Bries etwa 30 Minuten sanft darin garen. Aus der Brühe heben und etwas abkühlen lassen, bis Sie das Bries in Würfel oder Röschen zerteilen können.
Die Austern aus ihren Schalen lösen, Austernsaft auffangen, ein paar schöne Schalen heraussuchen und aufheben.
Butter in einer Kasserolle zerlassen. Die Schalotten abziehen und fein hacken. In der heißen Butter glasig dünsten. Mit Mehl überstäuben und mit Weißwein ablöschen. Mit Brühe auffüllen und zu einer leichten Creme einkochen. Mit Pfeffer und Zitronensaft pikant abschmecken. Die Eigelbe mit dem Austernsaft verrühren.
Brieswürfel und Austern in die Sauce setzen und durchwärmen. Vom Herd ziehen und mit den verschlagenen Eigelben legieren. In eine Schüssel füllen. Die Servierschüssel mit den verlesenen und sorgfältig gewaschenen Austernschalen dekorieren.

Der Waller oder Wels, der ausgewachsen eine Länge von bis zu drei Metern und ein Gewicht von bis zu 150 Kilogramm erreicht, ist der größte aller Bodenseefische. Wohlschmeckender als diese Ungetüme sind allerdings die jüngeren und kleineren Exemplare mit hellem und festem Fleisch, die bevorzugt in Wurzelsud zubereitet werden.

Zutaten für 4 Personen:
1 kg Wallerfilet, der Saft einer Zitrone, Salz, Pfeffer aus der Mühle, 1 Mohrrübe, 1 Lauchstengel, 1 Stück Sellerie, 1 Schalotte, 50 g Butter, 1/4 l trockener Weißwein, 1/4 l Fischfond
Zubereitungszeit: 45 Minuten

Wallerfilet gut abspülen und trockentupfen. Etwaige Gräten mit einer Pinzette herausziehen. Fisch in Portionsstücke zerteilen, mit Zitronensaft beträufeln und mit Salz und Pfeffer würzen.
Mohrrübe, Lauch und Sellerie putzen und in feine Streifen schneiden, die Schalotte fein hacken. Butter in einer Pfanne erhitzen und die gehackte Schalotte darin glasig dünsten. Weißwein und Fischfond hinzugießen. Die Fischstücke hineinsetzen und bei sanfter Hitze rund fünf Minuten garen. Nun die Gemüsestreifen in die Pfanne geben und zwei bis drei Minuten mitkochen, bis sie weich, aber noch bißfest sind.
Herausheben und auf vorgewärmten Tellern beispielsweise mit Salzkartoffeln als Beilage servieren.

Bratheringe

In Zeiten ohne Kühltechnik mußten sich die Hausfrauen viele Tricks und Kniffe ausdenken, um ihre Lebensmittel frisch zu halten. Hering war billig und konnte, in einem Essigsud eingelegt, mehrere Tage aufbewahrt werden. Dafür gab es sogar eigene Schüsseln mit Deckel, die mit Heringsmotiven verziert waren.

Zutaten für 4 Personen:
8 grüne (frische) Heringe, etwas Mehl zum Wenden, Öl zum Braten, Salz, 3 Gemüsezwiebeln, 1 Knoblauchzehe, 3/4 l Weißweinessig, 3 Lorbeerblätter, 1 Teelöffel Pfefferkörner, 1/2 Teelöffel Korianderkörner, 1 Prise Zucker
Zubereitungszeit: 60 Minuten
Einwirkzeit des Essigsuds: 24 Stunden

Die Heringe säubern, dabei die intensiv schmeckenden Kiemen herausziehen. Wenn nötig, Fische schuppen und ausnehmen. Unter fließendem Wasser abspülen, dann mit Küchenkrepp abtrocknen. In Mehl wenden, überschüssiges Mehl abklopfen. Das Öl in einer Pfanne stark erhitzen und die Heringe portionsweise darin braten (pro Seite ca. drei Minuten). Erst zum Schluß salzen. Aus der Pfanne heben und auf Küchenkrepp setzen, damit das überschüssige Fett abtropft und die Fische auskühlen können.
In der Zwischenzeit die Zwiebeln schälen und in feine Ringe schneiden, den Knoblauch pellen und in feine Scheiben schneiden.

Wieder etwas Öl in der Fischpfanne erhitzen und Zwiebeln und Knoblauch darin goldgelb dünsten. Mit Essig aufgießen (ggf. etwas Wasser ergänzen, damit die Heringe anschließend vollständig vom Essigsud bedeckt werden können). Die Gewürze hineingeben, kräftig salzen und ein paar Minuten durchkochen.
Die Heringe in eine Form aus Glas oder Porzellan schichten. (Keine Metallschüssel verwenden, da der Essig das Metall angreifen kann.) Sud vom Herd nehmen und über die vorbereiteten Fische gießen. Abdecken und an einem kühlen Ort 24 Stunden durchziehen lassen.

Mit Bratkartoffeln oder Brot servieren.

Bücklingskuchen

Ein schnelles und schmackhaftes Gericht aus dem Ruhrgebiet:

Zutaten für 4 Personen:
4 Bücklinge, 2 Eßlöffel Butter, 4 Eier, 4 Eßlöffel Mehl, 4 Eßlöffel Milch, 1 Teelöffel Salz
Zubereitungszeit: 60 Minuten

Herd auf 200 °C vorheizen.
Die Bücklinge filetieren. Die Butter in einer Pfanne erhitzen und die Fische darin braten. Dann in eine gefettete Auflaufform schichten.
Die Eier trennen, Eiweiß zu Schnee schlagen. Eigelbe, Mehl und Milch zu einem Backteig verarbeiten, salzen und den Eischnee unterziehen.
Über die Fische gießen und im heißen Ofen goldbraun überbacken.

Dorsch in Senfsauce

Frisch, eingesalzen und getrocknet als Klippfisch, auf Holzgestellen an der frischen Luft getrocknet als Stockfisch und nicht zuletzt als Kinderschreck in Form von Lebertran dargeboten, gehört der Dorsch zu den Allroundern in der Meeresküche.

Die Senfsauce hat ihrerseits einen festen Platz in der schleswig-holsteinischen Küche. Da man sich jedoch nicht immer frischen Dorsch leisten konnte, schwammen manchmal einfach nur hartgekochte Eier in der Sauce.

Zutaten für 4 Personen:
800 g Dorschfilet, Saft einer Zitrone, Salz, Pfeffer aus der Mühle, 1/4 l Weißwein, 3 Eßlöffel Butter, 2 Eßlöffel Mehl, 1/4 l Wasser, 1 Eßlöffel grobkörniger Senf, 1 Prise Zucker, 150 g Crème fraîche
Zubereitungszeit: 45 Minuten

Dorschfilet in vier Portionsstücke zerteilen. Mit Zitronensaft beträufeln, salzen und pfeffern. Die Fischstücke in eine weite Pfanne setzen, mit Wein übergießen und zugedeckt bei leiser Flamme pochieren (ca. zehn Minuten). Fischteile herausheben und warm stellen.

Für die Sauce die Butter in einer Pfanne erhitzen. Das Mehl einstreuen und eine helle Mehlschwitze bereiten. Mit Pochiersud (ggf. mit Wasser auf 1/4 l ergänzen) ablöschen. Senf und Zucker unterrühren, mit Salz und Pfeffer abschmecken, mit der Crème fraîche verfeinern. Noch mal heiß werden lassen.

Die Fischstücke auf Tellern anrichten und mit der Senfsauce überziehen.

Als Beilagen eignen sich Salzkartoffeln und Gurkengemüse (Rezept auf Seite 260).

Finkenwerder Ewerscholle

Die Elbinsel Finkenwerder südlich von Hamburg ist
seit jeher Heimat von Fischern. Mit ihren Booten, den
Ewern, fischten sie früher in der Elbe, heute holen sie
aus der Nordsee frische Schollen, die mit viel
Butter und Speck zubereitet werden.

Zutaten für 4 Personen:
4 küchenfertige Portionsfische,
Salz, 1 Zitrone, Mehl zum Wen-
den, 200 g durchwachsener
Speck, 6 Eßlöffel Butter
Zubereitungszeit: 30 Min.

Die Schollen unter fließendem Wasser waschen, mit Küchenkrepp abtrocknen. Zurückhaltend salzen (der Speck ist schon
recht salzig), mit dem Saft einer halben Zitrone beträufeln und
in Mehl wenden. Überschüssiges Mehl abklopfen.
Den Speck in feine Würfel schneiden. In einer weiten Pfanne die
Butter erhitzen, den Speck darin ausbraten. Speckwürfelchen mit
einem Schaumlöfel herausheben und auf Küchenkrepp abtropfen lassen.
Die Schollen im verbliebenen Fett auf beiden Seiten goldbraun
braten (3–4 Minuten pro Seite).
Mit der hellen Seite nach oben auf vorgewärmte Teller legen und
mit den Speckwürfelchen bestreuen. Die zweite Zitronenhälfte in
Scheiben schneiden und zu den Schollen reichen.

Dazu ißt man Kartoffelsalat (Rezept auf Seite 263).

Fischfrikassee

Zutaten für 4–6 Personen:
1 1/2 – 2 kg gemischter Seefisch, 1 Mohrrübe, 1 Stange Lauch, 1 Peter-
silienwurzel, 1/2 l Weißwein, 1 kleine Zwiebel, 1 Lorbeerblatt, Salz,
1 Teelöffel Pfefferkörner, 1 Ei, Semmelbrösel zum Binden, Pfeffer aus der
Mühle, 2 Schalotten, 2 Eßlöffel Butter, 1 Eßlöffel Mehl, 200 g Sahne,
4 Sardellenfilets, Saft einer Zitrone, 4 Eigelbe
Zubereitungszeit: 2 Stunden

Fische säubern, abspülen und in Portionsstücke teilen. 250 Gramm Fischfleisch beiseite stellen. Mohrrübe, Lauch, Petersilienwurzel und Zwiebel putzen bzw. schälen und grob zerkleinern. Mit dem Wein und den Gewürzen in einen Topf geben. Mit soviel Wasser aufgießen, daß später alle Fische davon bedeckt sind. Das Wurzelwerk 20 Minuten durchkochen.

In der Zwischenzeit aus den 250 Gramm Fischfleisch Klöße bereiten. Dazu die Fische in der Küchenmaschine pürieren und mit Ei und Semmelbröseln binden. Mit Salz und Pfeffer würzen. Aus dem Teig kleine Kugeln formen.

Den Wurzelsud nun herunterschalten und nur noch leise wallen lassen. Die Fischstücke und Klöße hineingeben und sanft gar ziehen lassen. Fisch und Klöße herausheben und warm stellen. Den Sud durchseihen.

Schalotten abziehen und fein hacken. Butter erhitzen und die Schalotten darin andünsten. Mit Mehl überstäuben und gut abrühren. Mit Fischsud ablöschen. Die Sahne hinzugießen und rasch einkochen. Die Sardellenfilets unter fließendem Wasser abspülen und fein hacken. Die Sauce mit Sardellen und Zitronensaft, Salz und frisch gemahlenem Pfeffer pikant abschmecken. Mit den Eigelben, die in etwas Fischsud verquirlt wurden, legieren. Dabei darauf achten, daß die Sauce nicht mehr kocht, weil sie sonst gerinnt. Die Fischstücke und Klöße in die Sauce setzen und servieren.

Während Fischklopse heute mit frischem Fisch zubereitet werden, machte man sie früher hauptsächlich, um Reste vom Vortag darin zu verstecken.

Zutaten für 4 Personen:
1 Zwiebel, 2 Eßlöffel Butter, 500 g frischer oder gekochter Fisch, 1 in Milch eingeweichtes Brötchen, 2 Eier, 1 Teelöffel abgeriebene Zitronenschale, 1 Eßlöffel Dill, Salz, Pfeffer aus der Mühle, Mehl zum Wenden
Zubereitungszeit: 45 Minuten

Die Zwiebel pellen und fein hacken. In etwas Butter glasig dünsten, dann vom Herd ziehen und abkühlen lassen. Den Fisch und das gut ausgedrückte Brötchen zerpflücken und durch den Fleischwolf drehen. Die Fischpaste mit den Eiern binden. Mit Zitronenschale und Dill verfeinern, mit Salz und frisch gemahlenem Pfeffer abschmecken.
Aus dem Fischteig kleine Kugeln formen und etwas flachdrücken. In Mehl wenden. Die restliche Butter in einer Pfanne erhitzen und die Fischklopse auf beiden Seiten goldbraun braten.

Mit Kartoffel- oder Blattsalat servieren.

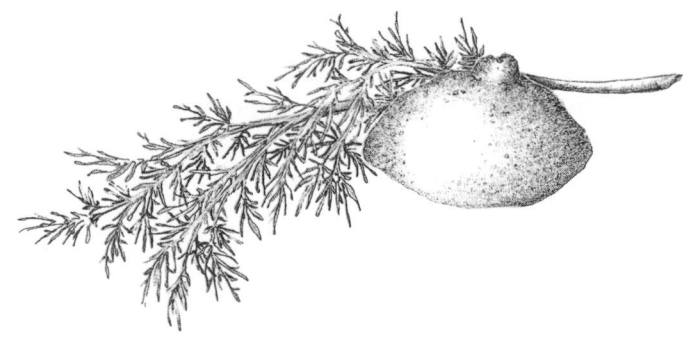

Fischpastete in Blätterteig

In einer Rezeptsammlung aus dem 14. Jahrhundert, die dem »König vom Odenwalde« zugeschrieben wird, liest man bereits von Teigpasteten, die mit Fisch gefüllt werden. Der Autor hält mit seiner Begeisterung nicht lange hinter dem Berg, sondern behauptet von seinem Gericht: »Dies ist eine gute Speise von einem Lachs.« Er muß dabei wohl an die Lachse aus dem Rhein gedacht haben, die zu jener Zeit noch in großer Zahl dort zu finden waren.

Zutaten für 6 Personen:
1 Packung TK-Blätterteig, gut 1 kg gemischte Fischfilets (Seefische oder Süßwasserfische), 2 Eier, 200 g Sahne, 1 buntes Sträußchen frische Kräuter (z.B. Petersilie, Dill, Kerbel, Sauerampfer), 1 Knoblauchzehe, Salz, Pfeffer aus der Mühle, Muskat
Zubereitungszeit: 90 Minuten

Blätterteig nach Packungsanleitung auftauen lassen.
Fischfilets in grobe Stücke zerteilen und im Mixer pürieren oder durch den Fleischwolf drehen. Ein ganzes Ei und ein Eiklar (das zweite Eigelb für die Teighülle beiseite stellen) sowie die Sahne in das Fischpüree einarbeiten.
Kräuter kurz abbrausen, Blättchen von den Stengeln zupfen und fein hacken. Die Knoblauchzehe fein hacken. Kräuter und Knoblauch in die Fischmasse geben. Mit Salz, Pfeffer und frisch geriebenem Muskat abschmecken.
Backrohr auf 200 °C vorheizen.
Den aufgetauten Blätterteig ausrollen und in zwei ungleiche Hälften teilen. Mit der größeren Hälfte den Boden und die Seiten

einer Pasteten- oder Kuchenform auslegen. Die Fischmasse hineinfüllen. Mit der zweiten Teighälfte abdecken und gut versiegeln. Die Ränder gut zusammendrücken, damit sie beim Backen nicht aufplatzen. Das Eigelb mit etwas Wasser verrühren und den Teigdeckel damit einpinseln. Mit einer Messerspitze zwei oder drei kleine Löcher in den Teigdeckel schneiden. In die Löcher einen Kamin aus einem Röllchen Alufolie stecken. So kann der beim Backen entstehende Dampf entweichen.

Die Pastete in den heißen Ofen schieben und gut 50 Minuten backen. Warm servieren.

Als Beilage paßt ein grüner Salat.

Forellenfilets in Rieslingsauce

Zutaten für 4 Personen:
8 Forellenfilets, Salz, Pfeffer aus der Mühle, Saft von einer Zitrone, 1/2 l
Riesling, 2 Eßlöffel Butter, 1 Eßlöffel Mehl, 200 g Sahne, Muskat
Zubereitungszeit: 45 Minuten
Einwirkzeit der Marinade: 2 Stunden

Die Forellenfilets salzen und pfeffern und in einer Marinade aus Zitronensaft und etwa 350 ml Weißwein zwei Stunden ziehen lassen.

Für die Sauce zwei Eßlöffel Butter erhitzen. Mit Mehl überstäuben und eine helle Mehlschwitze bereiten. Mit Riesling ablöschen. Die Sahne hinzugießen und bei lebhafter Flamme zur gewünschten Konsistenz einkochen. Mit Salz, Pfeffer und Muskat abschmecken. Fische aus ihrer Marinade heben und abtropfen lassen. In die heiße Sauce setzen und ca. fünf Minuten gar ziehen lassen. In der Sauce servieren.

Flußkrebse in Sahnesauce

Flußkrebse lebten in so reicher Zahl in den bayerischen Flüssen, daß sie als billige Dienstbotenspeise galten und für Fastenspeisen aller Art verwendet wurden. Eine Dienstmädchenverordnung schrieb sogar ausdrücklich vor, daß das Personal Anspruch auf krebsfreie Tage habe! Erst die Krebspest in den 80er Jahren des 19. Jahrhunderts bereitete den köstlichen Krustentieren den Garaus und ließ sie zur seltenen und teuren Delikatesse werden. Die Gewässerverschmutzung tat dann ein übriges. Dank geschärftem Umweltbewußtsein und strengen Gewässerschutzverordnungen kehren die begehrten Krebse langsam aber wieder zurück.

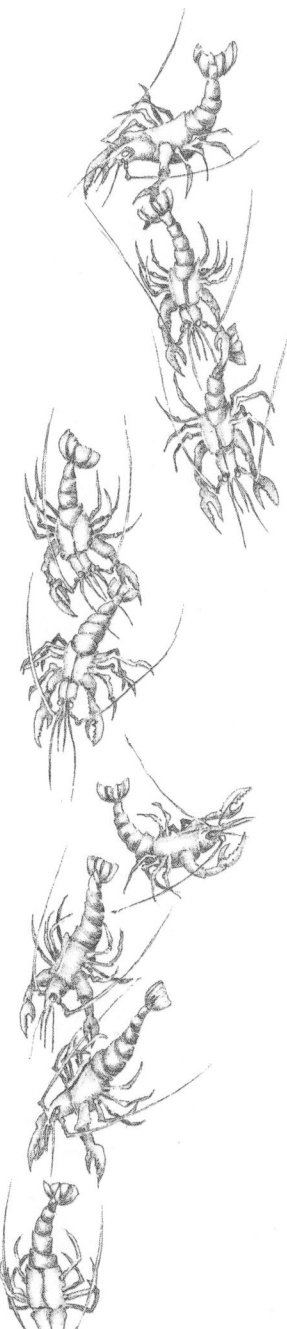

Zutaten für 4 Personen:
100 ml Weißwein, Salz, ein paar Pfefferkörner, 1 Lorbeerblatt, 1 kleines Bund Petersilie, 2 kg Flußkrebse, 2 Eßlöffel Butter, 1 Eßlöffel Mehl, 200 g Sahne, Zitronensaft, Pfeffer, 1 Eigelb
Zubereitungszeit: 60 Minuten

Aus einem Liter Wasser, Wein, Salz, Pfefferkörnern, dem Lorbeerblatt und den abgezupften Stengeln von Dill oder Petersilie einen Sud bereiten und 20 Minuten durchkochen. In der Zwischenzeit die Krebse unter fließendem Wasser waschen und abbürsten. Kopfüber in den kochenden Sud werfen und bei sanfter Hitze 15 Minuten gar ziehen lassen.
Krebse herausheben, abtropfen und abkühlen lassen. Das Fleisch aus den Schalen lösen. Die Butter in einem Topf erhitzen, das Mehl darüberstäuben und hell anschwitzen. Mit einer Kelle Krebssud und der Sahne auffüllen. Zur gewünschten Konsistenz einkochen lassen.
In der Zwischenzeit die Petersilienblättchen von ihren Stengeln zupfen und fein hacken.
Sauce mit Salz, Zitronensaft und Pfeffer abschmecken. Die fein gehackte Petersilie unterrühren. Vom Herd nehmen, mit Eigelb legieren. Das ausgelöste Krebsfleisch hineinsetzen und erwärmen.

Pfannenfisch bot früher eine gute Gelegenheit, Reste von gegarten Fischen zu verwerten. Heute nimmt man dafür meist frischen Fisch.

Zutaten für 4 Personen:
1/8 l Essig, etwas Salz, 1 Zwiebel, 1 Lorbeerblatt, 1 Teelöffel Pfefferkörner, 1/2 Teelöffel Korianderkörner, 750 g frischer, küchenfertiger Seefisch (z. B. Kabeljau, Seehecht usw.), 750 g Kartoffeln, 1 Gemüsezwiebel, 50 g Butter, Salz, Pfeffer aus der Mühle, 3 Eßlöffel Senf, Saft einer halben Zitrone
Außerdem: gehackte Kräuter zum Garnieren
Zubereitungszeit: 90 Minuten

Den Fisch am besten bereits einige Stunden vorher vorbereiten. Dafür zunächst einen Sud ansetzen: Gut einen Liter Wasser mit Essig, Salz, Zwiebel, Lorbeerblatt, Pfeffer- und Korianderkörnern aufkochen. Eine Viertelstunde durchkochen, dann den Fisch hineinlegen und etwa 20 Minuten leise gar ziehen lassen. Fisch im Sud erkalten lassen.
In der Zwischenzeit die Kartoffeln kochen, pellen und in Scheiben schneiden. Die Gemüsezwiebel schälen und in feine Ringe hobeln.
Den Fisch aus dem Sud heben und würfeln.
Die Butter in einer Deckelpfanne langsam bräunen. Die Kartoffelscheiben hineingeben, Zwiebelringe hinzufügen, salzen, pfeffern und in der heißen Butter goldbraun braten. Den Senf mit Zitronensaft und einer Kelle Fischsud verrühren. Fischwürfel in die Pfanne setzen, Senfsauce hinzugießen und abdecken. Bei sanfter Hitze fünf Minuten durchschmoren.
Mit gehackter Petersilie oder fein geschnittenem Schnittlauch bestreuen und servieren.

Hechtklößchen auf Blattspinat

Hecht zählt zu den größten Raubfischen in den Seen und Flüssen Europas. Zu seiner Nahrung gehören kleinere Fische, Frösche, aber auch Wasservögel und sogar Ratten. Er kann bis zu 35 kg schwer werden, doch am zartesten und besten schmeckt sein Fleisch, wenn er ungefähr zwei Kilogramm wiegt.
Das folgende Rezept läßt sich auch mit dem Fleisch von anderen Edelfischen wie z. B. Zander zubereiten.

Zutaten für 4 Personen:
500 g Hecht, 1 Schalotte, 1 Eßlöffel sehr fein gehackte Petersilie, 3 Eiweiße, 500 g Crème fraîche, Salz, Pfeffer aus der Mühle, Muskat, nach Belieben 1/4 l trockener Weißwein
Zubereitungszeit: 75 Minuten

Den Fisch vorsichtig häuten und entgräten. Fischfleisch in kleine Würfel schneiden und im Mixer fein pürieren. Eine halbe Stunde im Tiefkühlfach durchkühlen.
Die Schalotte pellen und sehr fein hacken. Zusammen mit der Petersilie unter die Hechtmasse rühren. Eiweiß zu Schnee schlagen und unterziehen. Dann die Crème fraîche einarbeiten. Mit Salz, Pfeffer und einer Prise Muskat abschmecken. Wieder kühl stellen.
In der Zwischenzeit die Hechtgräten (notfalls den Fischhändler darum bitten) auskochen und einen Fischsud bereiten. Nach Wunsch mit Weißwein verfeinern.

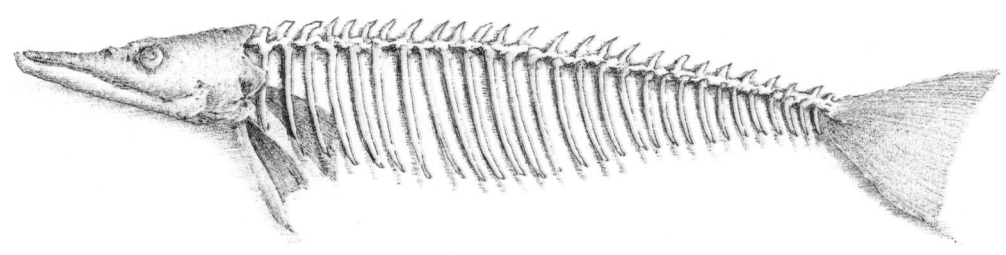

Nun mit einem Eßlöffel kleine Portionen von der Fischmasse abstechen und längliche Hechtklöße formen. Im heißen, aber keinesfalls kochenden Fischsud zehn bis zwölf Minuten garen.

Auf gedämpftem Blattspinat servieren. Dazu 1 kg Spinatblätter sorgfältig verlesen und gründlich waschen, die Stiele abknipsen. Mit dem Wasser, das vom Waschen noch an den Blättern haftet, in einen Topf geben und zusammenfallen lassen. Aus dem Topf heben, abtropfen lassen und in heißer Butter schwenken. Mit Salz, Pfeffer und Muskat abschmecken.
Spinat auf Tellern anrichten, die Hechtklößchen dekorativ obenauf setzen.

Heringssalat mit roter Bete

Zutaten für 4 Personen:
1 faustgroße rote Bete, Salz, 4 große Kartoffeln, 8 Heringsfilets, 1 Zwiebel,
2 Gewürzgurken, 2 Äpfel, 200 g gekochtes Rind- oder Schweinefleisch,
1/4 l saure Sahne oder leichte Mayonnaise, 2 Eßlöffel Essig, Zucker, Pfeffer
aus der Mühle, 2 hartgekochte Eier
Zubereitungszeit: 90 Minuten

Rote Bete waschen, das Blattgrün zwei Zentimeter oberhalb der
Knolle abschneiden. Aufpassen, daß die Schale nicht verletzt
wird, sonst »blutet« die rote Bete beim Kochen aus. In leicht
gesalzenem Wasser gar kochen (ca. 1 Stunde) oder in Alufolie
packen und im 200 °C heißen Backrohr eine Stunde garen.
Inzwischen die Kartoffeln mit der Schale weich kochen. Kartoffeln und rote Bete schälen und erkalten lassen.
Unterdessen die Heringsfilets (sehr salzigen Fisch vorher wässern) in fingerdicke Streifen schneiden. Die Zwiebel pellen und
in feine Ringe hobeln, die Gewürzgurken fein würfeln. Die Äpfel
schälen, entkernen und in feine Schnitze schneiden. Das Fleisch
fein würfeln. Abgekühlte rote Bete und Kartoffeln nun ebenfalls
würfeln.
Alle vorbereiteten Zutaten in einer Schüssel vermengen. Saure
Sahne oder Mayonnaise unterheben. Mit Essig und Gewürzen
pikant abschmecken und alles gut vermischen. Die Eier pellen
und achteln und dekorativ auf dem Salat anordnen.
Mit deftigem Brot servieren.

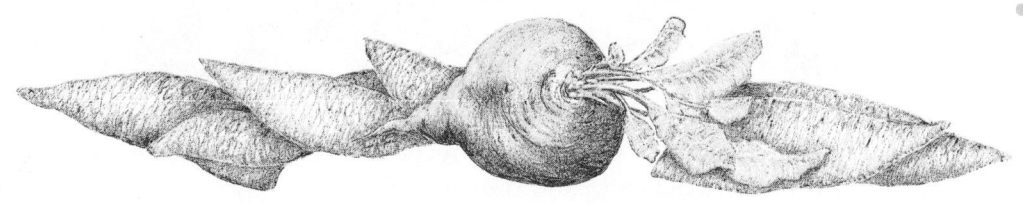

Golden glänzend muß sie aussehen und einen verführerisch zarten Räucherduft muß sie ausströmen, die kleine Verwandte des Herings. Die Kieler Sprotte muß, damit sie diesen Namen auch tragen darf, in der Kieler Bucht gefangen werden. Entstanden ist die Delikatesse, als die Fischer begannen, ihre übriggebliebenen Fische zu räuchern, um sie haltbar zu machen. In den dreihundert Jahren, die es die Kieler Sprotten in ihrer heute bekannten Form gibt, hat sich nicht viel an ihrer Zubereitungsart geändert. Nach wie vor müssen die Fische von Hand auf Spieße gesteckt und während des Räuchervorgangs gedreht und gewendet werden. Dann werden sie gesalzen und in Pergamentpapier gewickelt und schließlich in die bekannten Holzkistchen gepackt, die heute in alle Welt verschickt werden.

Zutaten für 4 Personen:
8 Eier, 2 Eßlöffel Milch, Salz, Pfeffer aus der Mühle, etwas Fett zum Braten, 12 Sprotten, 1 Bund Schnittlauch
Zubereitungszeit: 30 Minuten

Eier mit Milch, Salz und frisch gemahlenem Pfeffer verquirlen. Bratfett erhitzen und die Eier hineingießen. Auf milder Hitze braten und wenden. Die Rühreier sollten schön saftig bleiben.

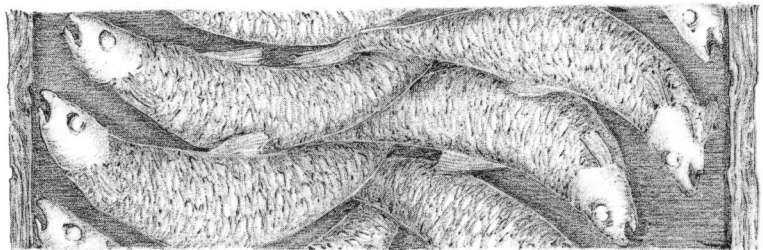

Die Sprotten von Kopf und Schwanz befreien, nach Belieben in der Mitte teilen. Unter das Rührei heben, gut durchmischen und vom Herd nehmen. Kurz durchziehen lassen.
Den Schnittlauch in feine Röllchen schneiden und die Rühreier damit bestreuen. Mit herzhaftem Brot servieren.

Kirmeskarpfen

Im bäuerlichen Kalender spielt Kirchweih (in Thüringen »Kirmes«) eine herausragende Rolle. Wenn das Fest im Spätherbst begangen wird, ist die Ernte eingefahren, die Bauern haben Zeit und Muße zum Feiern. So erklärt sich auch, daß das Fest eine weltliche Seite kennt. Jahrmärkte, Schausteller und Gaukler und volkstümliches Vergnügen gehören schon seit dem 9. Jahrhundert dazu. Und was wäre eine Kirmes ohne Festschmaus?

Zutaten für 4 Personen:
1 küchenfertiger Karpfen von ca. 1 1/2 kg,
Salz, Pfeffer aus der Mühle, 1 Stange Lauch,
3 Mohrrüben, 1 Stück Sellerie, 1 Zwiebel,
1/2 Teelöffel Pfefferkörner, 2 Gewürz-
nelken, 5 Wacholderbeeren, 1 Lorbeer-
blatt, 1/4 l Bier, 200 g Crème fraîche,
100 g zerlassene Butter, 1 Teelöffel Mehl,
20 g Saucenkuchen
Zubereitungszeit: 60 Minuten

Karpfen sorgfältig waschen und mit Küchenkrepp abtrocknen. Innen und außen salzen und pfeffern. Gemüse putzen und klein schneiden. Das Gemüse und die Gewürze in eine feuerfeste Form streuen. Den Karpfen daraufbetten, einen Viertelliter Wasser angießen. Bier, Crème fraîche und zerlassene Butter verrühren und über den Fisch gießen.
Bei 150 °C im Ofen 30 Minuten ziehen lassen. Karpfen herausheben und warm stellen. Die Flüssigkeit etwas einkochen lassen und mit Mehl und Saucenkuchen abbinden.
Den Karpfen portionieren und mit der Sauce überziehen.

Als Beilagen passen Salzkartoffeln, eingelegter Kürbis und Selleriesalat (Rezepte auf den Seiten 267 und 279).

»Matjes« leitet sich vom holländischen Wort »Meisje«, Mädchen, ab. Matjes sind junge, noch nicht geschlechtsreife Heringe, die alljährlich im Mai und Juni in der Nordsee und vor Irland gefangen werden. Zu diesem Anlaß finden allenthalben in Schleswig-Holstein Matjesfeste statt. Beispielsweise in Glückstadt, das einst ein wichtiger Hafen für Heringslogger war. Heute wird die Matjesfischerei großenteils von holländischen Fischern übernommen, doch die Feste sind geblieben!

Zutaten für 4 Personen:
8 frische Matjesfilets, 1 Zwiebel, 2 Mohrrüben, 2 kleine, säuerliche Äpfel,
2 Gewürzgurken, 5 Wacholderbeeren, 2 Gewürznelken, 1/2 l saure Sahne
Zubereitungszeit: 30 Minuten
Einwirkzeit der Marinade: mehrere Stunden

Matjesfilets unter fließendem Wasser abspülen und trockentupfen. In fingerbreite Streifen schneiden und in eine Deckelterrine schichten. Die Zwiebel abziehen und in feine Ringe hobeln, die Mohrrüben putzen und in Scheiben schneiden. Die Äpfel schälen, entkernen und in dünne Schnitze schneiden. Die Gewürzgurken in feine Scheiben schneiden. Das zurechtgeschnittene Gemüse unter die Matjesstreifen mischen. Wacholderbeeren und Gewürznelken dazugeben. Die saure Sahne darübergießen und alles gut vermischen. Abdecken und mehrere Stunden durchziehen lassen.

Als Beilage schmecken Pellkartoffeln.

Matjes mit grünen Bohnen

Zutaten für 4 Personen:
8 Matjesfilets, 1 kg fest kochende Kartoffeln, 1 kg grüne Bohnen, 1 Bund Bohnenkraut, Salz, 200 g Speck, 1 Zwiebel, Pfeffer aus der Mühle
Zubereitungszeit: 45 Minuten

Die Matjesfilets unter fließendem Wasser gründlich abspülen und mit Küchenpapier trockentupfen. Kalt stellen.
Die Kartoffeln in der Schale weichkochen. Die Bohnen putzen und mit Bohnenkraut in sprudelndem Salzwasser garen.
In der Zwischenzeit Speck und Zwiebel fein würfeln und in einem Pfännchen ausbraten.
Nach gut zehn Minuten die Bohnen abgießen und sofort mit Eiswasser abschrecken, damit sie ihre leuchtend grüne Farbe behalten. Mit frisch gemahlenem Pfeffer würzen. Kartoffeln pellen.
Matjesfilets auf Tellern anrichten, Bohnen und Speck dazugeben, die Kartoffeln getrennt dazu reichen.

Miesmuscheln Rheinische Art

Weißwein, Kräuter und Gewürze verleihen den Miesmuscheln ein köstliches Aroma. Die Muscheln werden in großem Maßstab vor der Küste Nordfrieslands gezüchtet und in alle Landesteile, vornehmlich aber an die sogenannten Muschelhäuser im Rheinland verschickt, wo sie in Weißwein gegart und mit Schwarzbrot gegessen werden.

Zutaten für 4 Personen:
2 kg Miesmuscheln, 2 Mohrrüben, 1 Stück Knollensellerie, 4 Zwiebeln, 2 Eßlöffel Butter, 1/2 l trockener Weißwein, 1 Teelöffel Pfefferkörner, 2 Lorbeerblätter
Zubereitungszeit: 60 Minuten

Die Miesmuscheln verlesen: geöffnete Muscheln wegwerfen, sie sind bereits abgestorben und können daher Vergiftungen auslösen. Mit den Fingern sanft gegen die Muscheln klopfen, die nur einen Spaltbreit geöffnet sind. Wenn sie sich daraufhin schließen, können sie noch verwendet werden. Die guten Muscheln unter fließendem Wasser abbürsten und den Bart entfernen.

Mohrrüben und Sellerie putzen und in feine Streifen, die Zwiebeln abziehen und in dünne Ringe schneiden. Die Butter in einem großen Topf, der die Muscheln fassen kann (die geöffneten Miesmuscheln brauchen etwa doppelt soviel Platz!), schmelzen. Das zurechtgeschnittene Gemüse kurz andünsten. Die Miesmuscheln hineingeben, mit Weißwein übergießen. Gewürze hinzufügen. Topf abdecken und die Miesmuscheln schmoren, bis sie sich geöffnet haben (10 Minuten). Während der Garzeit die Muscheln ab und zu wenden. Muscheln mit einer Schaumkelle aus dem Sud heben (ungeöffnete Muscheln aussortieren und wegwerfen) und auf Teller verteilen. Mit Sud übergießen und zu Tisch bringen.

Dazu gibt es Schwarzbrot oder Pumpernickel.

Munkmarscher Muscheltopf

Zutaten für 4 Personen:
1 1/2 kg frische Miesmuscheln, 4 Schalotten, 2 Mohrrüben, 2 kleine
Lauchstangen, 4 Selleriestengel, 4 Eßlöffel Butter, 1/4 l trockener
Weißwein, 1 Eßlöffel Mehl, 1 Portionsbriefchen Safran, Salz, Pfeffer aus
der Mühle, 200 g Crème fraîche
Außerdem: gehackte Petersilie zum Garnieren
Zubereitungszeit: 75 Minuten

Miesmuscheln wie im vorhergehenden Rezept beschrieben
putzen. Das Gemüse putzen und in streichholzfeine Streifen
schneiden.

Zwei Eßlöffel Butter in einem großen Topf erhitzen. Die Hälfte
der Schalotten und die Hälfte der Gemüsestreifen dazugeben
und kurz andünsten. Die Muscheln hineinfüllen, mit Weißwein
übergießen. Topf verschließen und die Muscheln bei milder
Hitze garen, bis sie sich öffnen (gut fünf Minuten). Währenddessen den Topf ab und zu schütteln.

Die gegarten Muscheln mit einem Schaumlöffel herausheben,
ungeöffnete Muscheln wegwerfen. Die restlichen Muscheln aus
ihrer Schale lösen und warm stellen. Den Sud durchseihen.

In einer Stielpfanne nun die restliche Butter erhitzen. Die verbliebenen Schalotten darin anglasen. Die restlichen Gemüsestreifen
hinzufügen und kurz andünsten. Mit Mehl überstäuben und mit
Muschelsud ablöschen. Mit Safran einfärben. Die Muscheln hineinsetzen. Mit Salz und frisch gemahlenem Pfeffer abschmecken.
Die Crème fraîche unterrühren und heiß werden lassen. Mit
gehackter Petersilie garnieren und vom Herd direkt auf den Tisch
bringen.

Die Renke ist in den Seen der Alpen und Voralpen beheimatet. Je nach Region trägt der forellenähnliche Fisch auch den Namen Rheinanke (Vorarlberg), Maräne oder Felche (Bodensee).

Zutaten für 4 Personen:
1 kg Blattspinat, 4 küchenfertige Portionsfische, Saft einer Zitrone, Salz, Pfeffer aus der Mühle, 50 g Butter, 1 Schalotte, Muskat
Zubereitungszeit: 60 Minuten

Den Blattspinat gründlich waschen und verlesen, dabei die groben Blattstengel abknipsen. Spinatblätter mit dem Wasser, das vom Waschen noch anhaftet, in einen großen Topf füllen und bei sanfter Hitze zusammenfallen lassen. Herausheben und gut abtropfen lassen.
Die Fische sorgfältig ausspülen und filetieren; Kopf, Schwanz und Gräten entfernen. Haut dranlassen. Mit Zitronensaft, Salz und frisch gemahlenem Pfeffer würzen.
Die Schalotte fein hacken und in der Hälfte der Butter andünsten. Den abgetropften Spinat hineingeben und in der heißen Butter schwenken. Mit Salz, Pfeffer und frisch geriebenem Muskat abschmecken.
Für die Renkenfilets die restliche Butter in einer zweiten Pfanne zerlassen. Die Filets mit der Hautseite nach unten hineinsetzen und braten. Sobald sich die Filets etwas aufbiegen, wenden und auf der anderen Seite ebenfalls goldgelb braten. Fische aus der Pfanne heben, das überschüssige Fett auf Küchenkrepp abtropfen lassen.
Auf Kissen aus Blattspinat anrichten.

Die sprichwörtliche Berliner Gewitztheit hat nicht zuletzt den Rollmops hervorgebracht. Friedrich der Große hatte das Salz als Steuerquelle entdeckt und seinen Untertanen daher entsprechend hohe Quoten auferlegt. Um das teure Salz sinnvoll zu verwerten, legte man kurzerhand Fleisch, Gurken und Heringe in Salz ein – und eines Tages verfiel man auf die Idee, diese Zutaten zu kombinieren.

Zutaten für 4 Personen:
8 Filets vom Salzhering, Senf, 2 Zwiebeln, 2 saure Gurken
Für die Essigmarinade: 1/2 l Weinessig, 1/2 l Wasser, 2 Lorbeerblätter,
2 Eßlöffel helle Senfkörner, 1 Teelöffel schwarze Pfefferkörner, 1 Prise
Zucker, nach Belieben 1 Bund Dill
Zubereitungszeit: 60 Minuten
Einwirkzeit der Marinade: mindestens 24 Stunden

Zunächst die Marinade zubereiten. Dafür Essig und Wasser mit den Gewürzen und dem Zucker aufkochen. Wärmezufuhr reduzieren und eine Viertelstunde wallen lassen. Vom Herd nehmen und abkühlen lassen. Die Heringsfilets mit Senf bestreichen. Die Zwiebeln abziehen und in feine Ringe hobeln. Die Gurken der Länge nach vierteln. Heringsfilets mit Zwiebelringen belegen (einige Ringe für die Marinade beiseite stellen). Die Gurkenstücke in die Mitte setzen und die Heringsfilets darumwickeln. Mit einem Holzspießchen feststecken.
Die Rollmöpse in die erkaltete Marinade setzen. Die restlichen Zwiebelringe und nach Wunsch den geputzten Dill hinzufügen. Abdecken und mindestens einen Tag im Kühlschrank durchziehen lassen.

Rügener Speckfisch

Die Küche Mecklenburg-Vorpommerns ist bäuerlich-deftig, das kühle Klima hat die Entwicklung gehaltvoller Speisen begünstigt, so daß Geflügel, Wild und Fisch traditionsgemäß in üppigen Zubereitungen zu Tisch kommen.

Zutaten für 4 Personen:
1 kg küchenfertiger Seefisch (z. B. Kabeljau, Seehecht), 1 Lorbeerblatt, 1/2 Teelöffel Pfefferkörner, 2 Wacholderbeeren, 1 Zwiebel, 1/2 l Buttermilch, 150 g Speck, Salz, Pfeffer aus der Mühle, Mehl zum Wenden
Zubereitungszeit: 30 Minuten
Einwirkzeit der Marinade: mehrere Stunden

Den Fisch unter fließendem Wasser waschen, trockentupfen und in Portionsgrößen teilen. Fischstücke mit den Gewürzen und der in Ringe geschnittenen Zwiebel in Buttermilch einlegen und einige Stunden durchziehen lassen. Dabei mehrmals wenden. (Wenn Sie tiefgekühlten Fisch verwenden, eignet sich die Buttermilchmarinade hervorragend zum Auftauen.)
In der Zwischenzeit den Speck würfeln und ausbraten. Speckwürfelchen aus der Pfanne heben und auf Küchenpapier abtropfen lassen.
Fisch aus der Marinade heben, abtropfen lassen, dann salzen und pfeffern. Im Mehl wenden, überschüssiges Mehl abklopfen. Im verbliebenen Fett auf beiden Seiten goldbraun braten. Mit den ausgelassenen Speckwürfelchen servieren.

Seezungenfilets in Petersilienbutter

Der wissenschaftliche Name der Seezunge lautet Solea solea. Diese Bezeichnung wurde in der Antike von den Griechen gewählt, weil die Seezunge in ihren Augen eine wunderbare Sandale für den Fuß einer Meeresnymphe abgab. Damit ist bereits auch etwas über den Lebensraum des wohl edelsten Speisefisches und seinen Beliebtheitsgrad gesagt. Das Verbreitungsgebiet der »Königin des Meeres« erstreckt sich vom Mittelmeer über die Küsten Westeuropas bis nach Südnorwegen. Die internationale Küche kennt denn auch über tausend Zubereitungsarten für den delikaten Plattfisch. Das schneeweiße, zarte und zugleich feste Fleisch der Seezunge kommt jedoch am besten zur Geltung, wenn man es, nur mit etwas Zitronensaft beträufelt, sanft in Butter brät.

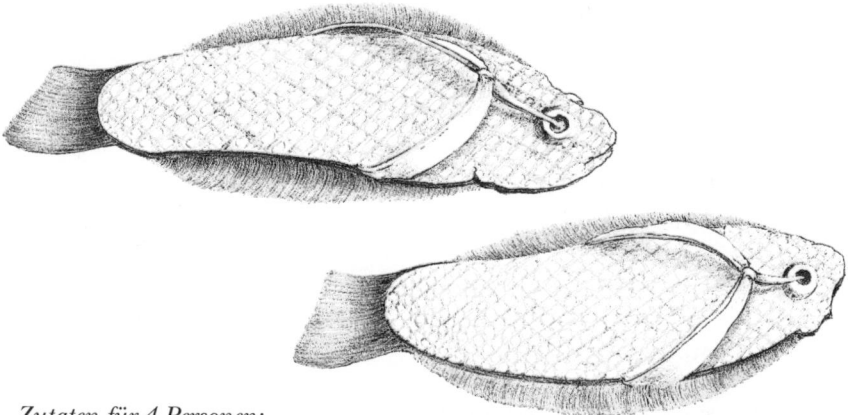

Zutaten für 4 Personen:
8 Seezungenfilets, Zitronensaft, Salz, Pfeffer aus der Mühle, Mehl zum Wenden, Butter zum Braten
Für die Buttersauce: 1 kleines Bund glatte Petersilie, 100 g eiskalte Butterflöckchen, 1 Glas trockener Weißwein, Salz, Pfeffer aus der Mühle, Zitronensaft
Zubereitungszeit: 30 Minuten

Die Seezungenfilets leicht mit Zitronensaft beträufeln, salzen und pfeffern. In etwas Mehl wenden, überschüssiges Mehl abklopfen.

Die Butter in einer Pfanne erhitzen und die Filets auf beiden Seiten rasch goldbraun braten (pro Seite ca. 2 Minuten). Aus der Pfanne heben und warm stellen.

Petersilie waschen, Blättchen von den Stengeln zupfen und fein hacken. Etwas Butter in einer Kasserolle schmelzen. Die gehackte Petersilie mild andünsten. Mit Weißwein ablöschen und einmal aufkochen lassen. Die Butterflöckchen mit dem Schneebesen einarbeiten, mit Salz und Pfeffer und etwas Zitronensaft abschmecken.

Seezungenfilets auf vorgewärmten Tellern anrichten. Mit der Petersilienbutter übergießen und servieren.

Dazu passen Salzkartoffeln, Reis oder Stangenweißbrot.

Schleie Greizer Art

Der olivgrüne Fisch gehört zur Familie der Karpfen und ist in schlammigen Gewässern Europas zu Hause. Heute werden Schleien meist zusammen mit Karpfen gezüchtet.

Zutaten für 4 Personen:
8 Schleienfilets, 2 Zitronen, Salz, Pfeffer aus der Mühle, 2 Schalotten, 4 in Salz eingelegte Sardellenfilets, 1 Bund Petersilie, 75 und 25 g Butter
Zubereitungszeit: 75 Minuten

Die Filets waschen, mit Küchenpapier abtrocknen und halbieren. Mit dem Saft einer Zitrone beträufeln, salzen und pfeffern.

Schalotten abziehen und fein hacken, die Sardellenfilets vom Salz befreien, unter fließendem Wasser abspülen und fein würfeln. Petersilie abbrausen, Blättchen von den Stengeln zupfen und fein hacken.

Die Butter in einem Pfännchen erhitzen. Die Schalotten bei sanfter Hitze darin anglasen, die Sardellenfilets und die Petersilie hinzufügen und einige Minuten mitdünsten, bis die Sardellen langsam schmelzen.

Ofen auf 200 °C vorheizen.

Mit einem Teil der Fischstücke eine Auflaufform auslegen. Sauce darübergießen, die nächste Lage Fisch darüberschichten und wieder mit Sauce begießen. Die restliche Butter in Flöckchen obenauf setzen. Auflaufform abdecken und in das heiße Backrohr schieben. Rund 45 Minuten schmoren.

Die zweite Zitrone in Scheiben schneiden und den Fisch vor dem Servieren damit garnieren.

Als Beilage passen Salzkartoffeln.

Schlesisches Häckerle

Zutaten für 4 Personen:
8 Heringsfilets, 1 säuerlicher Apfel, 1 Eßlöffel Zitronensaft, 150 g durch-
wachsener Speck, 1 Zwiebel, 2 hartgekochte Eier, 125 g saure Sahne,
1/2 Teelöffel scharfer Senf, 2 Eßlöffel gehackte Petersilie
Zubereitungszeit: 45 Minuten

Die Heringsfilets wenn nötig vor dem Zubereiten wässern, abspülen und trockentupfen. Fein würfeln. Den Apfel schälen, entkernen und in feine Schnitze schneiden. Die Stückchen mit Zitronensaft benetzen, damit sie nicht braun anlaufen. Speck würfeln,
Zwiebel pellen und fein hacken, die Eier ebenfalls fein hacken.
Die vorbereiteten Zutaten mit saurer Sahne und Senf vermengen.
Vor dem Servieren mit gehackter Petersilie garnieren.

Wenn Sie eine cremigere Konsistenz bevorzugen, drehen Sie
Heringe, Apfel, Speck, Zwiebel und Eier durch den Fleischwolf
und verfeinern Sie sie erst dann mit saurer Sahne und Senf.

Stockfisch war wegen seines penetranten Geruchs und der Erinnerung an schlechte Zeiten lange Jahre verpönt. Inzwischen hat der Stockfisch – nicht zuletzt durch die italienische Küche – wieder an Ansehen gewonnen und kann ein gewisses Comeback verzeichnen. Das tagelange Wässern von Stockfisch ist nicht so aufwendig, wie es zunächst den Anschein hat. Dann verschwindet der durchdringende Salzgeschmack, und das herzhaft-pikante Aroma des Fisches kommt schön zur Geltung.

Zutaten für 4 Personen:
500 g Stockfischfilet, 1 große Zwiebel, 2 Eßlöffel Butter, 1 Eßlöffel Mehl, 1/4 l Weißwein, 1/2 Teelöffel Ingwerpulver, Pfeffer, Muskat, 1/4 l Sahne
Zubereitungszeit: 45 Minuten
Vorbereitung des Stockfischs: 2–3 Tage

Den Stockfisch in Portionsgrößen zerteilen. Fisch in eine Schüssel legen, mit Wasser bedecken und zwei bis drei Tage wässern. Das Wasser mindestens einmal täglich austauschen.
Die Zwiebel pellen und grob hacken. Die Butter in einem Topf zerlassen, die Zwiebel darin weichdünsten, aber nicht bräunen. Mit Mehl überstäuben. Mit Weißwein ablöschen. Fischstücke hineinsetzen, mit gemahlenem Ingwer, Pfeffer aus der Mühle und frisch geriebenem Muskat abschmecken. Je nach Stärke die Fischstücke etwa 20 Minuten garen. Fisch herausnehmen und warm stellen. Die Sahne in die Pfanne gießen und zur gewünschten Konsistenz einkochen. Nochmals abschmecken. Fischstücke wieder hineinsetzen und erwärmen.
Auf Teller verteilen, mit gehackter Petersilie garnieren.

Dazu passen Pellkartoffeln.

Gemüsegerichte und Mehlspeisen

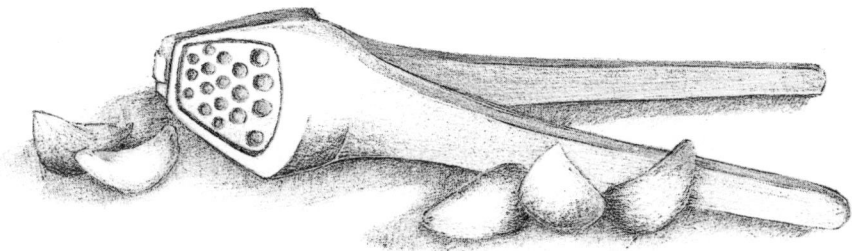

Allgäuer Käsespätzle

Zutaten für 4 Personen:
Spätzleteig nach dem Grundrezept auf Seite 249, 1–2 Eßlöffel Butter,
200 g geriebener Allgäuer Emmentaler, 2 Zwiebeln
Zubereitungszeit: 45 Minuten

Den Spätzleteig nach dem Grundrezept auf Seite 249 zubereiten.
Spätzle wie beschrieben garen und gut abtropfen lassen.
Backrohr auf 200 °C vorheizen.
Eine feuerfeste Form buttern. Wechselweise eine Schicht Spätzle
und eine Schicht geriebenen Emmentaler in die Form füllen. Die
oberste Schicht bildet Käse. Ins vorgeheizte Backrohr schieben
und goldbraun überbacken.

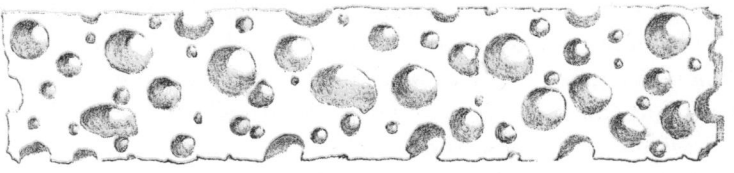

In der Zwischenzeit die Zwiebeln pellen, fein hacken und in der
restlichen Butter bräunen. Über die überbackenen Spätzle streu-
en und mit einem Blattsalat als Beilage servieren.

Für ein intensiveres Käsearoma statt Emmentaler beispielsweise
Gruyère, Limburger oder Romadur verwenden.

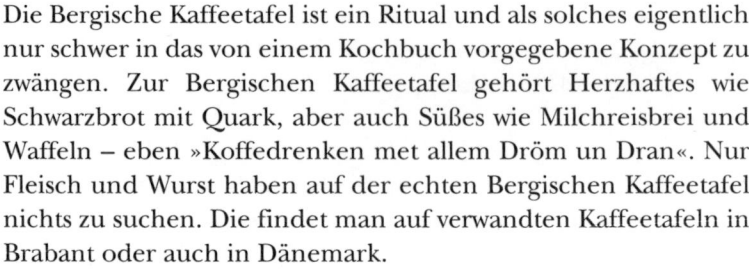

Die Bergische Kaffeetafel ist ein Ritual und als solches eigentlich nur schwer in das von einem Kochbuch vorgegebene Konzept zu zwängen. Zur Bergischen Kaffeetafel gehört Herzhaftes wie Schwarzbrot mit Quark, aber auch Süßes wie Milchreisbrei und Waffeln – eben »Koffedrenken met allem Dröm un Dran«. Nur Fleisch und Wurst haben auf der echten Bergischen Kaffeetafel nichts zu suchen. Die findet man auf verwandten Kaffeetafeln in Brabant oder auch in Dänemark.

Wie bei allen Speisen, die auf eine lange Tradition zurückblicken können, gibt es auch bei der Bergischen Kaffeetafel unzählige Spielarten. Sie kam Ende des 17. Jahrhunderts in Mode, als Kaffee, Kaffeekannen und Reis über Holland ins Bergische Land gelangten. Echten Bohnenkaffee konnten sich damals jedoch nur die begüterten Stände leisten. Das »einfache Volk« mußte sich mit dem berüchtigten »Muckefuck« aus Zichorienwurzeln oder Gersten- und Roggenmalz begnügen. Ebenso war das feine Korinthenweißbrot den besseren Schichten vorbehalten, die ärmeren Leute aßen grobes Roggenbrot, statt Honig gab es Rübenkraut (ein süß-saurer Sirup aus Zuckerrüben). Den Abschluß des üppigen und geselligen Mahls bildete ein Gläschen Aufgesetzter.

Mittelpunkt der Tafel bildet die sogenannte Dröppelmina. Die aus Zinn gegossene, dickbauchige Kanne funktioniert nach dem Prinzip eines Samowars. Da der Kaffee jedoch früher nicht gefiltert, sondern aufgebrüht wurde, sammelte sich der Satz am Boden der Kanne und verstopfte die kleinen Zapfhähne. Der Kaffee »dröppelte« nur noch in die Tassen. Manchmal waren aber auch die Zapfhähne undicht, und der Kaffee tropfte auf die Tischdecke. Zur Dröppelmina gehört deshalb immer ein kleines Auffangschälchen.

Auf den folgenden Seiten stellen wir Ihnen die wichtigsten Bestandteile einer Bergischen Kaffeetafel vor:

174

Ballebäusken

250 g Quark, 50 g Zucker, 4 Eier, 1 Päckchen Vanillezucker, 250 g Mehl, 1/2 Päckchen Backpulver, 4 Eßlöffel Milch, Butterschmalz zum Ausbacken, Puderzucker zum Bestäuben

Quark, Zucker und Eier schaumig rühren. Vanillezucker und das gesiebte Mehl portionsweise einstreuen und zu einem Teig vermengen. Backpulver hinzufügen. Mit der Milch geschmeidig rühren.
Butterschmalz in einer Pfanne erhitzen. Mit einem Eßlöffel Teigportionen abstechen und im heißen Fett goldgelb ausbacken. Mit Puderzucker bestäuben und noch heiß servieren.

Buttermilchwaffeln

Zutaten für 4 Personen:
8 Eier, 1/2 l Buttermilch, 1 Eßlöffel Öl, 500 g Mehl, 1 Prise Salz, 1 Päckchen Vanillezucker, Puderzucker zum Bestäuben

Eier trennen, Eiweiß zu Schnee schlagen. Eigelbe, Buttermilch und Öl verrühren. In einer zweiten Schüssel Mehl, Salz und Vanillezucker vermischen. Nun die Buttermilchmischung unter die trockenen Zutaten rühren und einen glatten, relativ flüssigen Teig herstellen. Zum Schluß den Eischnee unterziehen. Zwei bis drei Eßlöffel Waffelteig auf ein Waffeleisen geben und goldgelb backen.
Mit Puderzucker bestäuben und heiß oder warm servieren.

Kartoffelwaffeln

1 Hefewürfel, 350 ml Milch, 500 g Mehl, 750 g mehlig kochende Kartoffeln, 2 Eier, 1 Prise Salz, ein Stück Speck für das Waffeleisen

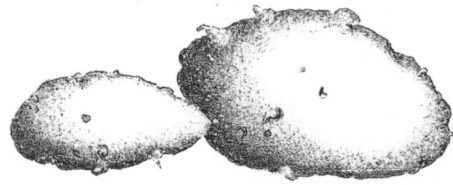

Die Hefe in einem Achtelliter lauwarmer Milch auflösen. Das Mehl in eine Schüssel sieben und in die Mitte eine Mulde drücken. Die Hefemischung hineingießen und vom Rand her mit Mehl bedecken. Schüssel mit einem Küchentuch abdecken und an einem warmen, vor Luftzug geschützten Ort mindestens eine halbe Stunde gehen lassen.

In der Zwischenzeit die Kartoffeln schälen, fein reiben und entwässern (in ein Küchentuch schlagen und kräftig auswringen). Die geriebenen Kartoffeln und den Vorteig vermischen, die restlichen Zutaten hinzufügen. Alles zu einem glatten Teig verkneten. Zur Kugel rollen, abdecken und auf die doppelte Größe aufgehen lassen; dann erneut durchkneten.

Das Waffeleisen mit dem Speck einfetten und den Teig portionsweise goldgelb backen.

Muzen

Zur Fastnachtszeit gehören auch die in Schmalz ausgebackenen Muzen auf die Tafel.

4 Eier, 75 g Zucker, 1 Prise Salz, die abgeriebene Schale einer Zitrone, 500 g Mehl, 1 Päckchen Backpulver, 1–2 Eßlöffel Milch oder Weißwein, Fett zum Ausbacken, Puderzucker zum Bestäuben

Eier trennen, Eiweiß zu Schnee schlagen. Eigelbe und Zucker zu einer dicken, hellgelben Creme aufschlagen. Salz und Zitronenschale unterrühren. Nach und nach das gesiebte Mehl hinzufügen und das Backpulver einstreuen. Mit etwas Flüssigkeit geschmeidig rühren, zum Schluß den Eischnee unterziehen.

Fett erhitzen. Mit einem Teelöffel kleine Teigportionen abste-

chen und im heißen Fett schwimmend ausbacken. Nicht zuviel Teig auf einmal ins Fett geben. Die Temperatur sinkt sonst zu stark ab, die Muzen werden nicht knusprig, sondern lasch.
Die goldgelben Muzen mit einer Schaumkelle herausheben und auf Küchenpapier abtropfen lassen. Abkühlen lassen und vor dem Servieren mit Puderzucker bestäuben.

Reisbrei

1 l Milch, 2 Eßlöffel Butter, 1 Prise Salz, die abgeriebene Schale einer Zitrone, 200 g Milchreis, 1 Teelöffel Zimt, 4 Eßlöffel Zucker
Zubereitungszeit: 30 Minuten

Milch, Butter, Salz und Zitronenschale zum Kochen bringen. Den gewaschenen Milchreis hinzufügen und bei sanfter Hitze 20–30 Minuten ausquellen lassen. Zimt und Zucker mischen und den gekochten Reis damit würzen.
Der Reisbrei wird auf einer Scheibe Weißbrot, die mit etwas Rübenkraut bestrichen wurde, gegessen.

Buchweizenpfannkuchen

Buchweizen gehört zu den Knöterichgewächsen und gedeiht selbst auf kargen Böden und in rauhen Klimazonen. Die kleinen, dreieckigen Früchte erinnern in ihrer Form ein wenig an Bucheckern und besitzen einen hohen Stärke- und Eiweißgehalt. Nicht zuletzt deshalb war Buchweizen früher fester Bestandteil der bäuerlichen Küche, die kräftigend und herzhaft sein mußte. Buchweizenpfannkuchen kamen früher fast jeden Tag auf den Tisch. Wurden sie auch noch mit Speck angereichert, so hatte dies eine ganz besondere Bedeutung: Wenn eine junge Frau einem Verehrer einen Pfannkuchen mit vier Speckfenstern kredenzte, so signalisierte sie ihm damit, daß sie seine Bewerbung akzeptierte. Waren im Pfannkuchen dagegen nur drei Speckstreifen zu sehen, gab sie ihrem Freier einen Korb.

Zutaten für 4 Personen:
125 g Buchweizenmehl, 125 g Weizenmehl, 600–750 ml Milch, 4 Eier, Salz, Muskat, Zitronensaft, Fett zum Backen
Zubereitungszeit: 30 Minuten

Reine Buchweizenpfannkuchen (d. h. nur aus Buchweizenmehl) schmecken für unsere heutigen Eßgewohnheiten sehr derb. Zarter und bekömmlicher sind sie, wenn man sie aus einem Gemisch von Buchweizen- und Weizenmehl zubereitet.
Die beiden Mehlsorten vermischen, Milch und Eier hinzufügen und einen glatten Teig herstellen. Mit Salz, frisch geriebenem Muskat und Zitronensaft abschmecken. Teig etwa 30 Minuten ruhen lassen.
Fett erhitzen und ein Achtel des Teigs in die Pfanne gießen. Bei mittlerer Hitze auf beiden Seiten goldbraun backen. Mit den restlichen sieben Pfannkuchen genauso verfahren.

Traditionsgemäß werden die Buchweizenpfannkuchen mit Rübenkraut (Sirup aus Zuckerrüben) serviert. Preiselbeeren oder ausgebratene Speckwürfel passen ebenfalls gut dazu.

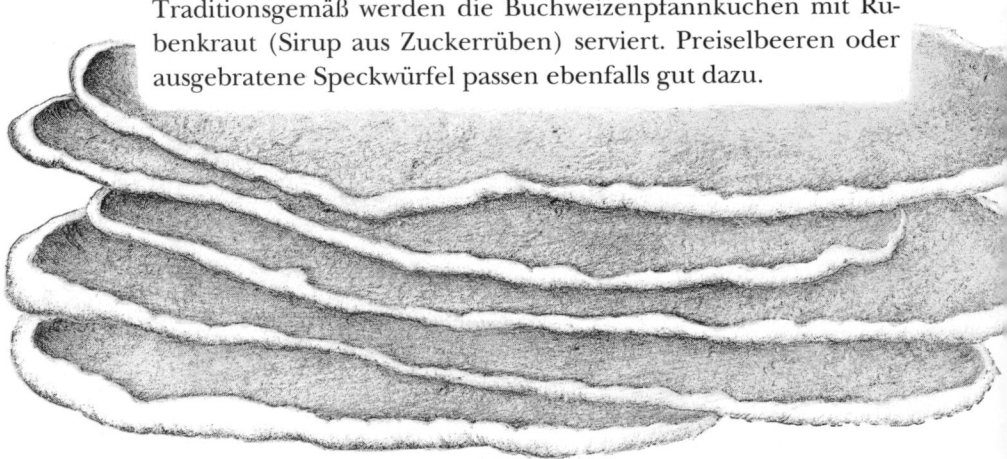

Harzer Knieste

Zutaten:
Pro Person 2-3 möglichst gleich große Kartoffeln, Kümmel und grobkörni-
ges Salz zum Bestreuen, Öl für das Blech
Zubereitungszeit: 45 Minuten

Backrohr auf 220 °C vorheizen.
Die Kartoffeln waschen und abbürsten. Mit Küchenkrepp trok-
kenreiben und ungeschält der Länge nach halbieren.
Ein Backblech mit Öl einpinseln und mit Kümmel und Salz
bestreuen. Die Kartoffelhälften mit der Schnittfläche nach unten
auf das Backblech legen. Abermals mit Kümmel und Salz bestreuen.
Im heißen Backrohr backen, bis die Kartoffeln weich sind.

Mit Salat und Gewürzgurken oder Kräuterquark servieren.

Jägerkohl

Zutaten für 4 Personen:
1 Kopf Weißkohl (etwa 800 g), Salz, 2 Zwiebeln, 200 g durchwachsener
Speck, 2 säuerliche Äpfel, 1/4 l Fleisch- oder Gemüsebrühe, 1 Eßlöffel Mehl,
1 Eßlöffel Essig, Pfeffer aus der Mühle
Zubereitungszeit: 60 Minuten

Weißkohl putzen, unschöne Blätter ablösen, Kohlkopf vierteln und den Strunk herausschneiden. Kohl fein hobeln. In kochendem Salzwasser blanchieren, abgießen und unter kaltem Wasser abschrecken. In einem Sieb abtropfen lassen.
Die Zwiebeln abziehen und fein hacken, den Speck fein würfeln. Die Äpfel schälen, entkernen und in feine Scheiben schneiden. Speckwürfel in einem weiten Topf ausbraten, herausheben und auf Küchenpapier abtropfen lassen. Im verbliebenen Fett die gehackte Zwiebel anlasen. Die Apfelscheiben hinzufügen und einige Minuten mitdünsten. Den vorbereiteten Weißkohl hineingeben und alles gut durchmischen. Die Brühe angießen, Mehl hineinstäuben. 20 Minuten durchkochen lassen, dabei mehrmals umrühren. Mit Essig, Salz und frisch gemahlenem Pfeffer abschmecken.

Jan im Sack

Zutaten für 4 Personen:
200 g Rundkornreis, 1 Tasse Milch, Salz, 1 Eßlöffel Mehl, 250 g
Backpflaumen ohne Stein, 4 Eßlöffel Butter, 4 Eßlöffel Zucker, 1 Teelöffel
Zimt
Zubereitungszeit: 45 Minuten

Den Rundkornreis in etwas Milch und einer Prise Salz kurz aufkochen lassen, dann vom Herd nehmen.

Ein feuchtes Küchentuch ausbreiten und in der Mitte mit Mehl bestäuben. Darauf die Pflaumen verteilen, dann den Reis aufhäufen. Die Enden des Tuchs zu einer Schlinge binden.

Einen Topf Salzwasser zum Kochen bringen. Den Reisbeutel an einem Kochlöffel in den Topf hängen und den Reis gar kochen. In der Zwischenzeit die Butter bräunen und Zimt und Zucker vermischen.

Den Jan im Sack mit der gebräunten Butter und Zimtzucker servieren.

Kartoffeldetscher

An den süßen Kartoffeln durften sich die thüringischen Spinnerinnen, die meist bis spät in die Nacht arbeiten mußten, in den Abendstunden laben. Früher buk man die Detscher ohne Fett direkt auf der heißen Ofenplatte.

Zutaten für 4 Personen:
500 g Kartoffeln, Salz, 200 g Mehl, 2 Eier, Fett zum Ausbacken, Zucker zum Bestreuen
Zubereitungszeit: 60 Minuten

Kartoffeln in der Schale kochen. Abgießen, pellen und noch heiß durch ein Eisen pressen. Salzen. Mit Mehl und Eiern zu einem gleichmäßigen Teig verarbeiten.
Teig portionsweise dünn auf Pergamentpapier ausrollen und in Quadrate von zehn Zentimeter Kantenlänge zerteilen.
Fett in einer Pfanne erhitzen. Die Kartoffeldetscher backen, bis sie Blasen werfen, wenden und auf der anderen Seite genauso backen.
Aus der Pfanne heben und leicht abkühlen lassen. Mit Zucker bestreuen, zusammenrollen und mit den Fingern essen.

Kartoffelkuchen Sächsische Art

Zutaten für 4 Personen:
1 Hefewürfel, 1 Ei, 65 g Zucker, 250 g Mehl, 100 g Schweineschmalz,
250 g gekochte Kartoffeln vom Vortag, 1 Eßlöffel Milch, 1 Teelöffel Salz,
2 Handvoll Korinthen, die abgeriebene Schale einer Zitrone, Fett fürs
Backblech, 50 g Butterflöckchen
Zubereitungszeit: 75 Minuten
Ruhezeit für den Teig: mehrere Stunden

Die Hefe zerbröseln und mit Ei und Zucker verrühren. Mehl
hineinsieben und gut durchkneten. Dann das Schmalz einarbeiten und kneten, bis sich der Teig von der Schüssel löst. Die
geschälten Kartoffeln hineinreiben, die Milch dazugeben und
salzen. Zum Schluß Korinthen und Zitronenschale unterheben.
Abdecken und mehrere Stunden oder über Nacht im Kühlschrank gehen lassen.
Auf einem gefetteten Backblech ausrollen und nochmals gehen
lassen.
Ofen auf 200 °C vorheizen. Butterflöckchen auf den Kartoffel-
kuchen setzen. Im heißen Rohr knapp 30 Minuten backen.

Für diese typische Spezialität aus dem Rheinland werden die zarten Stiele der Mairüben oder ersatzweise Mangold verwendet. Hat man die sandigen Rübenstiele nicht sorgfältig gewaschen, knirscht es beim Kauen zwischen den Zähnen – was dem Stielmus denn auch den Spitznamen Knisterfinken eingetragen hat.

Zutaten für 4 Personen:
1 1/2 kg Rübstiele (ersatzweise auch Mangold), Salz, 2 Eßlöffel Butter,
2 Schalotten, 1 Eßlöffel Mehl, 1/4 l Fleisch- oder Gemüsebrühe, Pfeffer aus
der Mühle, Muskat, Sahne oder Kartoffelbrei zum Binden
Zubereitungszeit: 60 Minuten

Nur Rübstiele mit frischem und zartem Blattgrün verwenden, ältere Blätter schmecken bitter. Die Blätter von den Stielen streifen. Rübstiele gründlich unter fließendem Wasser waschen und abtropfen lassen. In drei bis vier Zentimeter lange Stücke schneiden und in kochendem Salzwasser blanchieren (2–3 Minuten). Abgießen, unter kaltem Wasser abschrecken, damit sie ihre grüne Farbe nicht verlieren, und abtropfen lassen. Nun die Blätter fein schneiden und 1 Minute blanchieren. Abschrecken und abtropfen lassen.
Die Butter in einem Topf erhitzen. Die Schalotten abziehen und fein hacken. In der heißen Butter andünsten, mit Mehl überstäuben. Mit Brühe aufgießen. Blanchiertes Gemüse hineingeben und bei geschlossenem Deckel weichdämpfen. Mit Salz, Pfeffer und Muskat abschmecken. Zum Schluß mit einem Schuß Sahne verfeinern oder – traditionsgemäß – mit etwas Kartoffelbrei andicken.
Nach Wunsch pur, mit Mettwürstchen, Bratwürstchen oder Rindfleischstreifen servieren.

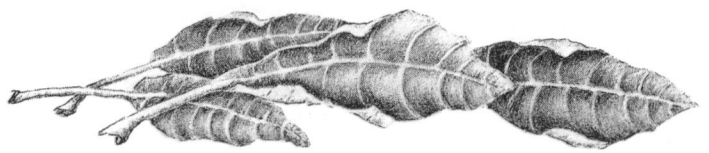

Kratzete

Der Name leitet sich vom kratzenden Ge-
räusch ab, das die Bratschaufel beim Backen
des Eierkuchens am Pfannenboden verursacht. Die schwäbischen Kratzete kann man
solo als Zwischengericht oder als Beilage, beispielsweise zu Spargel, verzehren.

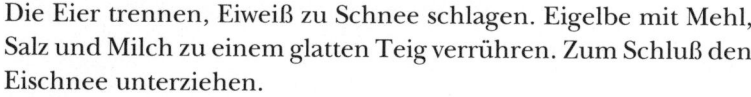

Zutaten für 4 Personen:
3 Eier, 250 g Mehl, 1 Prise Salz, 1/4 l Milch, Fett
zum Ausbacken
Zubereitungszeit: 30 Minuten

Die Eier trennen, Eiweiß zu Schnee schlagen. Eigelbe mit Mehl,
Salz und Milch zu einem glatten Teig verrühren. Zum Schluß den
Eischnee unterziehen.
Fett in einer Pfanne erhitzen. Teig einen Zentimeter hoch in die
Pfanne gießen und stocken lassen. Wenn sich eine goldgelbe
Kruste gebildet hat, den Eierkuchen mit der Bratschaufel zertei-
len. Wenden und auf der anderen Seite anbacken lassen. Schritt-
weise immer weiter zerkleinern und rundum goldgelb backen.

Krautspatzen

Zutaten für 4 Personen:
Spätzle nach dem Grundrezept auf Seite 249, Sauerkraut nach dem Rezept
auf Seite 277, Fett für die Form, 100 g durchwachsener Speck in dünnen
Scheiben
Zubereitungszeit: 60 Minuten

Spätzle und Kraut wie auf den Seiten 249 und 277 beschrieben
zubereiten.
Backrohr auf 200 °C vorheizen.
Eine feuerfeste Form einfetten. Abwechselnd eine Schicht Spätzle
und eine Schicht Kraut in die Form füllen. Die Speckscheiben
obenauf legen. Im heißen Backrohr überbacken, bis der Speck
schön knusprig aussieht.

Pellkartoffeln mit Quark und Leinöl

Das hochwertige Leinöl, kalt aus den Samen der Flachspflanze
gepreßt, wird seit neuerem vor allem in der Vollwertküche geschätzt. In Brandenburg jedoch, wo viel Flachs angebaut wird,
dient es seit alters her als wichtigstes Speiseöl: Kuchen werden
damit gebacken, Brot wird darin eingetunkt, und die Pellkartoffeln schmecken erst richtig aromatisch, wenn sie mit Leinöl
angerichtet werden.

Zutaten für 4 Personen:
1 kg Kartoffeln, 1–2 Zwiebeln, 1 Bund Schnittlauch, 500 g Quark,
2 Eßlöffel Sahne, Salz, Pfeffer aus der Mühle, Kümmel, 3 Eßlöffel Leinöl
Zubereitungszeit: 60 Minuten

Die Kartoffeln in der Schale weichkochen.
In der Zwischenzeit Zwiebel und Schnittlauch fein hacken. Den

Quark mit Sahne cremig rühren. Feingehackte Zwiebel und Schnittlauch unterrühren. Mit Salz, Pfeffer und Kümmel abschmecken.

Den angemachten Quark auf einen Teller häufen. In die Mitte eine Mulde drücken und das Leinöl hineingießen.

Kartoffeln abgießen, pellen und zum Quark servieren.

Pfifferlinge in Rahmsauce

Mit frischen Pfifferlingen ist dieses Gericht eine Köstlichkeit. Wenn Ihnen die edlen Pilze zu teuer sind, können Sie auf diese Weise auch andere festfleischige Speisepilze (z. B. Maronenröhrlinge, Steinpilze usw.) zubereiten (s. auch nächstes Rezept).

Zutaten für 4 Personen:
600 g frische Pfifferlinge, 2 Eßlöffel Butter, 2 Schalotten, 1 Teelöffel Mehl, 1/2 Kelle Fleisch- oder Gemüsebrühe, etwas Salz, Pfeffer aus der Mühle, 200 g süße Sahne
Außerdem: gehackte Petersilie zum Garnieren
Zubereitungszeit: 30 Minuten

Die Pfifferlinge putzen. Mit einem scharfen Messer Verunreinigungen und unschöne Stellen entfernen, Stielenden abschneiden. Nur wenn unbedingt nötig unter fließendem Wasser ganz kurz abbrausen. Wenn die Pilze länger im Wasser bleiben, saugen sie sich voll wie ein Schwamm (im Bayerischen sagt man zu Pilzen auch »Schwammerl«!).

Die Butter in einem Topf zerlassen. Die Schalotten abziehen und fein hacken. In der heißen Butter glasig dünsten. Die geputzten

Pfifferlinge hinzufügen und bei lebhafter Flamme kurz anbraten.
Mit dem Mehl überstäuben und wenden. Mit Brühe ablöschen.
Im geschlossenen Topf wenige Minuten gar schmoren. Mit Salz
und frisch gemahlenem Pfeffer abschmecken. Die Sahne unter-
rühren und heiß werden lassen.
Auf Teller verteilen, mit gehackter Petersilie bestreuen und zu
Tisch bringen.

Dazu gehören Semmelknödel (Rezept auf Seite 248).

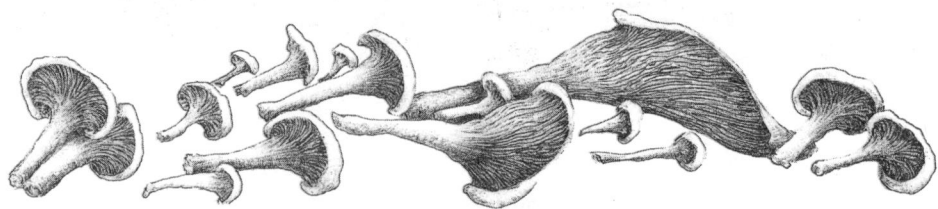

Pilzgemüse

Zutaten für 4 Personen:
1 kg gemischte frische Speisepilze, 1 Zwiebel, 50 g Butter, 1 Teelöffel Mehl,
1/2 Glas Weißwein, 1/4 l Fleisch- oder Gemüsebrühe, Salz, Pfeffer aus der
Mühle, 1 Prise getrockneter Thymian
Zubereitungszeit: 60 Minuten

Die Kappen der Pilze mit einem feuchten Küchentuch abreiben,
Verunreinigungen und unschöne Stellen mit einem Messer entfernen. Stielenden abschneiden. Die großen Pilze in grobe Scheiben schneiden, kleine Pilze ganz lassen.
Zwiebel fein hacken. Butter in einem Topf schmelzen, die Zwiebel
darin andünsten. Die geputzten Pilze hinzufügen und rasch unter
ständigem Wenden kräftig anrösten. Mit Mehl bestäuben und mit
Weißwein ablöschen. Bei offenem Topf schmoren und dabei die
verkochte Flüssigkeit immer wieder mit etwas Brühe ersetzen.
Pilzgemüse mit Salz, frisch gemahlenem Pfeffer und fein gerieb-
nen Thymianblättchen abschmecken. Noch einmal kurz durchkochen und vom Herd ziehen.

Rheinischer Sauerkrautauflauf

Zutaten für 6 Personen:
1 Apfel, 1 Zwiebel, 1 Eßlöffel Butter, 500 g Sauerkraut, 1/4 l Fleischbrühe,
Pfeffer aus der Mühle, 1 Prise Zucker, 750 g Kartoffeln, 200 g durchwach-
sener Speck, 1/4 l Milch, Salz, Muskat, 50 g Butterflöckchen
Außerdem: Fett für die Form
Zubereitungszeit: 90 Minuten

Apfel schälen, vierteln, entkernen und in dünne Scheiben schneiden, Zwiebel pellen und grob hacken. Die Butter in einem Topf
erhitzen. Apfel und Zwiebel darin andünsten, dann das Sauerkraut hinzufügen. Mit Fleischbrühe aufgießen und mit frisch
gemahlenem Pfeffer und Zucker abschmecken. Etwa eine Stunde
leise vor sich hin köcheln lassen. Ab und zu umrühren.
In der Zwischenzeit die Kartoffeln in der Schale weichkochen,
den Speck würfeln und kroß ausbraten.
Die Kartoffeln abgießen, pellen und pürieren. Nach und nach die
Milch zugießen, abschließend mit Salz, Pfeffer aus der Mühle und
frisch geriebenem Muskat würzen.
Ofen auf 200 °C vorheizen.
Eine Auflaufform einfetten. Eine Schicht Kartoffelpüree (ein
Drittel der Gesamtmenge) in die Form streichen und mit einigen
Speckwürfelchen bestreuen. Eine Schicht Sauerkraut (die Hälfte)
darauf betten und ebenfalls mit Speck bestreuen. Nun wieder ein
Drittel Kartoffelpüree darüber schichten und mit Speck bestreu-
en. Darüber kommt die zweite Hälfte Sauerkraut, die wieder mit
Speck bestreut wird. Die oberste Schicht bildet das restliche
Kartoffelpüree. Die Butterflöckchen obenaufsetzen und im
heißen Ofen kurz überbacken.

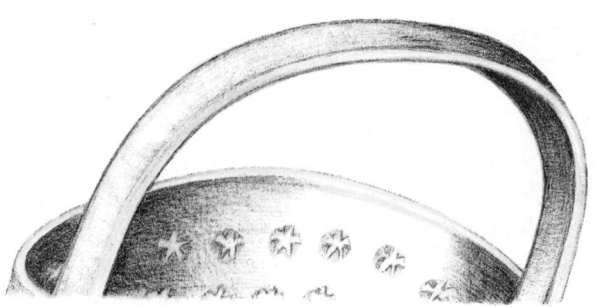

Rievkooche (Reibekuchen)

Freitags ist im Rheinland traditioneller Rievkoochetag. Reibekuchen zu backen klingt so einfach und ist doch teuflisch schwer. Die genauen Mengen hängen stark von der Beschaffenheit der Kartoffeln, von der Luftfeuchtigkeit und vielem mehr ab. Reibekuchen verlangen etwas Übung und Fingerspitzengefühl und auch etwas Hartnäckigkeit, wenn sie beim ersten Mal nicht gleich gelingen.

Zutaten für 4 Personen:
1 kg Kartoffeln, 2 kleine Zwiebeln, 2 Eier, 2 Eßlöffel Mehl, nach Belieben
150 g durchwachsener Speck in kleinen Würfeln, Salz, Pfeffer aus der
Mühle, Fett zum Backen
Zubereitungszeit: 2 Stunden

Kartoffeln schälen, abbrausen und fein reiben. In ein Küchentuch füllen und gründlich auswringen. Die Zwiebeln pellen und fein hacken. Kartoffeln und Zwiebeln mit Eiern und Mehl zu einem gleichmäßigen Teig verarbeiten. Nach Belieben Speckwürfel unterheben. Salzen und pfeffern.

Das Fett in einer Pfanne heiß werden lassen. Mit der Schöpfkelle etwas Teig hineingeben, leicht flachdrücken und rund vier Minuten backen, bis die Ränder knusprig und kroß aussehen. Wenden und zwei Minuten weiterbraten, bis die Reibekuchen eine schöne goldbraune Farbe bekommen haben. So fortfahren, bis der Teig aufgebraucht ist. (Fertige Reibekuchen inzwischen im Backrohr warm halten.)

Dazu gibt es Rüben- oder Apfelkraut oder Apfelmus. Wenn ein paar Reibekuchen übrigbleiben, am nächsten Tag kalt auf Schwarzbrot mit Butter essen.

Reibekuchen eignen sich auch hervorragend als Beilage zu Rheinischem Sauerbraten. Für Beilagenportionen mit der halben Menge arbeiten.

Sächsische Quarkkeulchen

Wie so viele Klassiker der einfachen Küche stellen auch die Quarkkeulchen eines jener raffinierten wie köstlichen Gerichte dar, für die die Reste vom Vortag verwertet werden. Und es ist tatsächlich wichtig, kalte gekochte Kartoffeln zu verwenden – warme Kartoffeln schmieren. Köstlicher können übriggebliebene Pellkartoffeln kaum schmecken!

Zutaten für 4 Personen:
500 g Quark, 400–500 g Kartoffeln vom Vortag, ca. 75 g Mehl, 1 Prise Salz, 50 g Zucker, die abgeriebene Schale einer Zitrone, 2 Eier, 1 Handvoll Korinthen, Fett zum Backen, Zimtzucker zum Bestreuen
Zubereitungszeit: 60 Minuten

Für das Rezept eignet sich am besten trockener Topfen. Feuchten Speisequark in einem Sieb abtropfen lassen.
Quark in eine Schüssel geben und mit einer Gabel zerpflücken. Kartoffeln pellen, durch eine Presse drücken und mit dem Quark vermischen. Mehl hinzufügen. Die genaue Menge hängt sehr von der Feuchtigkeit des Quarks und von der Beschaffenheit der Kartoffeln ab. Gegebenenfalls etwas mehr Mehl hinzugeben, damit der Teig schön glatt und trocken wird. Salz, Zucker, Zitronenschale, Eier und Korinthen untermengen.
Den Teig zu einer Rolle von knapp zehn Zentimetern Durchmesser formen, fingerdicke Scheiben davon abschneiden und im heißen Fett auf beiden Seiten goldgelb backen.
Aus der Pfanne heben und mit Zimtzucker bestreut zu Tisch bringen.

Als Beilage wird Apfelmus gereicht.

Quarkkeulchen schmecken auch salzig: Statt Zucker und Korinthen ausgelassene Speckwürfelchen in den Teig einarbeiten.

Scheiterhaufen

In Süddeutschland konnten sich Kartoffeln als Grundnahrungsmittel erst relativ spät durchsetzen. Entsprechend hoch war selbst bis ins 20. Jahrhundert hinein der Anteil an Mehlspeisen und Semmelgerichten. In einer Chronik von 1860 heißt es dazu: »Charakteristisch ... ist die fast ausschließende Herrschaft von Mehl-, Milch und Schmalzspeisen ...«

Zutaten für 4 Personen:
10 altbackene Semmeln, 1 Handvoll Rosinen, 4 Eier, 3/4 l Milch, 80 g
Zucker, 4 kleine Äpfel, 50 g Butterflöckchen, Fett für die Form
Zubereitungszeit: 90 Minuten

Semmeln in feine Scheiben schneiden und in eine Schüssel geben. Rosinen einstreuen. Eier, Milch und Zucker verrühren. Einen Viertelliter davon abmessen und beiseite stellen. Die restliche Milch-Eier-Mischung über die Semmeln und Rosinen gießen und einweichen.
Inzwischen die Äpfel schälen, vierteln und entkernen. In feine Scheibchen schneiden.
Ofen auf 180 °C vorheizen.
Eine Auflaufform einfetten. Semmelmasse dritteln. Den Boden mit einer Schicht Semmeln belegen. Die Hälfte der Äpfel darüber verteilen. Die nächste Semmelschicht einfüllen. Mit den restlichen Apfelscheibchen bestreuen. Mit dem Rest der Semmelmischung abdecken. Butterflöckchen obenaufsetzen.
Im vorgeheizten Herd etwa eine Stunde backen.

Zutaten für 4 Personen:
1 kg Kartoffeln, 3 saure Gurken, 1 kleine Zwiebel, 1 kleines Bund
Schnittlauch, 1 kleines Bund Dill, 250 g Schmand, 2 Eßlöffel süße Sahne,
Salz, Pfeffer aus der Mühle
Zubereitungszeit: 60 Minuten

Kartoffeln mit der Schale aufsetzen und weichkochen.
Die sauren Gurken fein würfeln. Die Zwiebel abziehen und fein
hacken. Kräuter kurz abbrausen, Dillblättchen von den Stengeln
zupfen. Dill und Schnittlauch fein hacken. Sorgfältig mit dem
Schmand verrühren und mit der süßen Sahne verfeinern. Mit Salz
und frisch gemahlenem Pfeffer abschmecken.
Kartoffeln abgießen, pellen und heiß zum Schmandschdipp reichen.

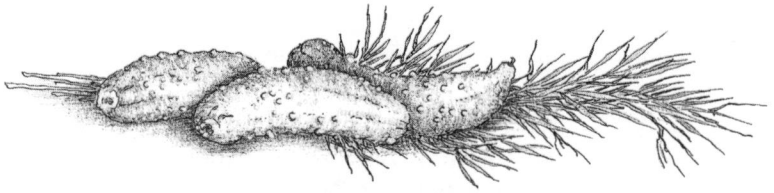

Semmelgeräusch

Zutaten für 4 Personen:
1 Zwiebel, 50 g Speck, 1 frische Leberwurst, 1/2 l Milch, 4 Eier, 1 Teelöffel
getrockneter Majoran, 1/2 Teelöffel Kümmel, Salz, Pfeffer aus der Mühle,
1 Semmel, 1 Bund Schnittlauch, Fett für die Form, 2 Eßlöffel Butter
Zubereitungszeit: 60 Minuten

Zwiebel häuten und fein hacken. Den Speck würfeln. Speckwürfel in einem Pfännchen anbraten, Zwiebel hinzufügen, Leberwurstmasse aus der Pelle drücken, in die Pfanne rühren und ebenfalls kurz mitdünsten. Vom Herd ziehen und etwas abkühlen lassen.

Die Speck-Wurst-Mischung mit Milch und Eiern vermengen und würzen. Die Semmel würfeln, den Schnittlauch in Röllchen schneiden und unterrühren.
Ofen auf 200 °C vorheizen.
Eine Auflaufform einfetten und den Teig einfüllen. Butterflöckchen obenauf setzen. Ins heiße Backrohr schieben und rund 20 Minuten stocken lassen.

Schlackeberge, Wälder – und Regen bestimmen weite Teile des Siegerlands. Die Küche der Siegerländer Bauern war karg und großenteils von Kartoffelgerichten bestimmt. Der Reibekuchen aus Hefeteig und Kartoffeln schmeckt jedoch auch heute noch!

Zutaten für 6 Personen:
1 Hefewürfel, 1/8 l Milch, 500 g Mehl, 500 g Kartoffeln, 1 Ei, Salz, Fett für die Form, nach Belieben Butterflöckchen
Zubereitungszeit: 3 Stunden

Hefe in die lauwarme Milch bröseln und langsam auflösen. Das Mehl in eine Schüssel häufen und in die Mitte eine Vertiefung drücken. Die Milch mit der aufgelösten Hefe hineingießen und vom Rand her mit Mehl bedecken. Mit einem Küchentuch abdecken und an einem warmen, vor Luftzug geschützten Ort eine halbe Stunde gehen lassen.
In der Zwischenzeit die rohen Kartoffeln schälen und reiben. In ein Tuch schlagen und kräftig auswringen.
Vorteig und geriebene Kartoffeln vermengen, Ei und Salz hinzufügen. Teig gut durchkneten. Zur Kugel formen und abgedeckt 30 Minuten gehen lassen.
Backrohr auf 220 °C vorheizen.
Teig erneut durchkneten und in eine gut gefettete Kastenform füllen. Nach Belieben Butterflöckchen obenauf setzen. In den heißen Ofen schieben und eine Stunde backen.

Spargelgemüse

Alljährlich zwischen Anfang Mai und Johanni (24. Juni) schwelgt Deutschland im Spargel. Die Triebe der bis zu 1,5 m hoch wachsenden Spargelpflanze wurden bereits im Altertum von den Ägyptern und Römern als Gemüse geschätzt. In Deutschland wurde Spargel erstmals im 16. Jahrhundert angebaut und gestochen. Das köstliche und teure Gemüse wird am besten ohne viel Drumherum gegessen, damit sein feiner Geschmack schön zur Geltung kommt.

Zutaten für 4 Personen:
2 kg Spargel, Salz, 1 Prise Zucker, Butter
Zubereitungszeit: 60 Minuten

Beim Einkauf auf festen und frischen Spargel achten. Bei frischem Spargel muß Saft austreten, wenn man die Stange mit dem Fingernagel einritzt. Spargel von den Köpfen zur Schnittfläche mit einem Spargelschäler schälen. Dabei nicht zu zaghaft vorgehen. Auch wenn es angesichts der Preise weh tut – nichts ist schlimmer als Spargel, der »Fäden« zieht, die man nicht essen kann! Die harten unteren Enden großzügig abtrennen. Alle Spargelstangen auf dieselbe Länge trimmen.
In einem großen Topf oder Spargelkocher Wasser zum Kochen bringen. Leicht salzen und zuckern und ein walnußgroßes Stück Butter darin zerlassen. Den Spargel bündeln und senkrecht ins Wasser stellen. Die zarten Köpfe sollten dabei noch aus dem Wasser ragen, damit sie nicht zerkochen. Deckel aufsetzen und je nach Stärke der Stangen 20–30 Minuten garen. Das Spargelbündel vorsichtig aus dem Topf heben und abtropfen lassen. In eine Stoffserviette einschlagen und servieren.
Zerlassene Butter und Pellkartoffeln und milden Schinken dazu reichen.

Zutaten für 4 Personen:
300 g Blattspinat, 1 Teelöffel Butter, Salz, Pfeffer, Muskat, 400 g Mehl,
4 Eier, bis zu 1/4 l Wasser
Zubereitungszeit: 60 Minuten

Die Spätzle erhalten nur dann eine appetitlich sattgrüne Farbe, wenn Sie frischen Blattspinat verwenden. Spinatblätter verlesen und waschen, grobe Stiele abknipsen. Gut abtropfen lassen. Die Butter in einer weiten Pfanne erhitzen und die Spinatblätter darin dünsten, bis sie zusammenfallen. Mit Salz, Pfeffer und Muskat würzen. Vom Herd nehmen und abkühlen, ggf. noch abtropfen lassen. Dann sehr fein hacken.

Vorbereiteten Spinat mit Mehl, Eiern und etwas Wasser zu einem geschmeidigen Teig verarbeiten. Die genaue Wassermenge hängt stark von der Beschaffenheit der übrigen Zutaten ab (z. B. wie naß der Spinat ist). Wasser deshalb nur eßlöffelweise hinzugießen.

Salzwasser zum Kochen bringen. Den Teig mit einem Spätzlehobel oder mit einer breiten Messerklinge über ein Brett in das kochende Salzwasser schaben. Die Spätzle sind gar, sobald sie an die Oberfläche kommen. Mit einer Schaumkelle herausheben und abtropfen lassen.

Mit zerlassener Butter und geriebenem Käse oder einer Sahnesauce servieren.

Struwen

Ein traditionelles Karfreitagsgericht aus dem Münsterland. Dazu wird Milchkaffee aus großen Humpen getrunken.

Zutaten für 4 Personen:
1 Hefewürfel, 1/4 l Milch, 500 g Mehl, 50 g Zucker, 50 g Butter, 1–2 Eier, 1 Prise Salz, 100 g Rosinen und/oder Korinthen, die abgeriebene Schale einer Zitrone, Schmalz zum Ausbacken, Zimtzucker zum Bestreuen
Zubereitungszeit: 90 Minuten

Hefe in einem Achtelliter lauwarmer Milch langsam auflösen. Das Mehl in eine Schüssel häufen und in die Mitte eine Vertiefung drücken. Die Milch mit der aufgelösten Hefe hineingießen und vom Rand her mit Mehl bedecken. Mit einem Küchentuch abdecken und an einem warmen, vor Luftzug geschützten Ort eine halbe Stunde gehen lassen.
Den Vorteig mit den restlichen Zutaten verkneten. Zu einer Kugel rollen und auf die doppelte Größe aufgehen lassen. Den Hefeteig zusammenfallen lassen und wieder durchkneten.
Von diesem Teig kleine Portionen abstechen und im heißen Fett goldgelb ausbacken. Mit Zimtzucker bestreuen und zu Tisch bringen.

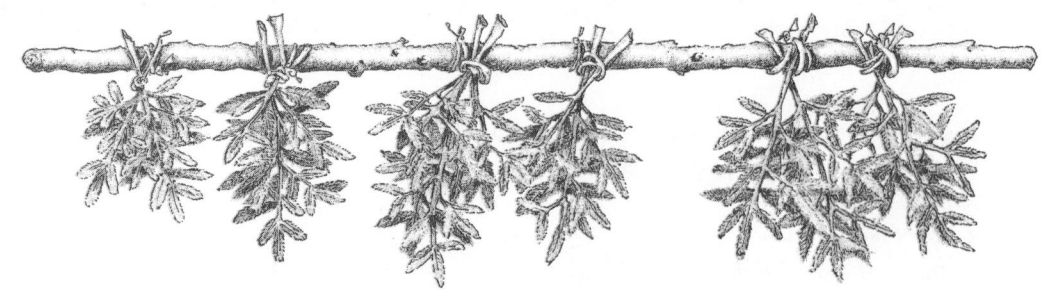

Zwiebelkuchen

Im Spätherbst, wenn es den ersten neuen Wein gibt, öffnen die schwäbischen Winzer einem alten Brauch folgend ihre Betriebe für fremde Gäste und bieten Federweißen und dazu den traditionellen Zwiebelkuchen an. Diese Form der Gastlichkeit geht auf einen Erlaß Karls des Großen zurück. Weingüter in kaiserlichem Besitz sollten Schankwirtschaften für das Volk betreiben. Gekennzeichnet wurden sie durch Kränze aus Weinlaub und Trauben, die vor dem Haus aufgehängt wurden. Statt der aufwendigen Kränze hängten die Winzer oft an einem Stock befestigte Tannenzweige über die Tür – die »Besen-Wirtschaft« war geboren.

Zutaten für 1 Blech:
Für den Belag: 1 1/2 kg milde Gemüsezwiebeln, 150 g durchwachsener Räucherspeck, 1 Teelöffel Butter, 250 g saure Sahne, 2 Eier, Salz, Pfeffer, 1 Teelöffel Kümmel
Für den Teig: 250 g Mehl, 50 g Butter, 125 ml Milch, 1 Ei, 1/2 Päckchen Backpulver, Fett für das Blech
Zubereitungszeit: 90 Minuten

Zwiebeln mit kochendem Wasser überbrühen, abziehen und in feine Ringe hobeln. Den Speck würfeln. Butter in einer weiten Pfanne, die die Zwiebeln fassen kann, erhitzen. Speckwürfel darin anbraten, herausheben und auf Küchenkrepp abtropfen lassen. Im verbliebenen Fett die Zwiebelringe bei milder Hitze vordünsten, aber keinesfalls bräunen. Vom Herd nehmen und abkühlen lassen.

In der Zwischenzeit aus den entsprechenden Zutaten einen Rühr-teig herstellen und auf ein Backblech streichen.
Backrohr auf 200 °C vorheizen.
Für den Guß die saure Sahne mit den Eiern verrühren, mit Salz, frisch gemahlenem Pfeffer und Kümmel würzen. Über die Zwiebeln geben, Speckwürfel einstreuen und alles gut durchmischen. Zwiebelmasse auf den Teig streichen. Kuchen ins heiße Rohr schieben und ungefähr 50 Minuten backen.

Kleine Gerichte
und Brotzeiten

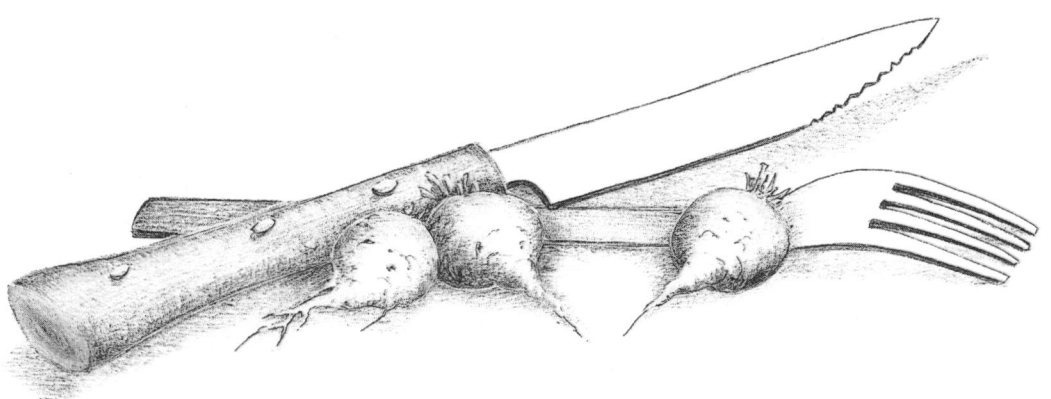

Bauernfrühstück

Wenn die Bauern morgens von der ersten Stallarbeit zurückkehrten, mußte etwas Kräftiges auf den Tisch, das nicht viel kosten durfte: Ein paar Kartoffeln waren meistens noch vom Vortag übrig, Eier gab es auf einem Bauernhof ohnehin – und schon war ein solides Frühstück geboren.

Zutaten für 4 Personen:
4–6 gekochte Kartoffeln, 1 Zwiebel, 150 g durchwachsener Speck, 1 Eßlöffel
Fett zum Braten, 6 Eier, Salz, Pfeffer aus der Mühle
Zubereitungszeit: 20 Minuten

Die gekochten Kartoffeln pellen und in Scheiben schneiden. Die Zwiebel abziehen und fein hacken, den Speck würfeln. Das Fett in einer Pfanne erhitzen, die Zwiebel und die Speckwürfel darin anlasen. Die Kartoffelscheiben hinzufügen und unter gelegentlichem Wenden bräunen.
In der Zwischenzeit die Eier in eine Schüssel schlagen, gut verquirlen und mit Salz und Pfeffer würzen. Über die Kartoffelpfanne gießen und stocken lassen.
Aus der Pfanne heben und mit herzhaftem Hausbrot servieren.

Deutschlands Metzgereien bieten eine schier unüberschaubare Vielfalt an Würsten an, die in die drei Hauptgruppen Kochwürste, Brühwürste und Rohwürste eingeteilt werden. Für den Wurstsalat verwendet man Regensburger, die zu den Brühwürsten gehören: Aus Rind- und Schweinefleisch und Gewürzen hergestellt, werden die knapp zehn Zentimeter langen und drei Zentimeter dicken Würste zu Ketten abgebunden, geräuchert, gebrüht und anschließend erneut geräuchert.

Zutaten für 4 Personen:
8 Regensburger Würste, 4 Essiggurken, 2 Zwiebeln, Essig, Speiseöl, etwas Gurkenbrühe, Salz, Pfeffer aus der Mühle, 1 kleines Bund Schnittlauch
Zubereitungszeit: 30 Minuten
Ruhezeit: 2 Stunden

Würste und Essiggurken in Scheiben schneiden und in eine Porzellan- oder Glasschüssel geben. Die Zwiebeln abziehen und in feine Ringe hobeln. Über den Würsten verteilen. Mit Essig und Öl anmachen, einen Schuß Gurkenbrühe dazugießen. Salzen und pfeffern und gut durchmischen. Abdecken und einige Stunden durchziehen lassen.
Vor dem Servieren den Schnittlauch fein schneiden und den Wurstsalat damit garnieren.

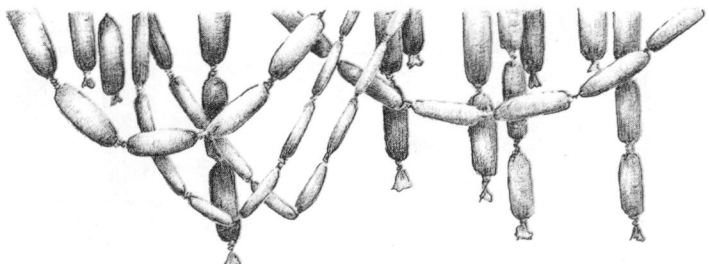

Bratwurstsalat

Zutaten für 4 Personen:
Bunte Blattsalate für 4 Personen (z. B. 1 Büschel Rucola, 1 kleiner Kopf
Eichblattsalat, Radicchio), Essig, Öl, 1 Teelöffel Senf, Salz, Pfeffer aus der
Mühle, 4 Bratwürste, etwas Bratfett, 2 Chicoréekolben, 100 ml Bratenfond
Zubereitungszeit: 45 Minuten

Den Salat putzen und zurechtschneiden. Eine Salatsauce aus
Essig, Öl, Senf, Salz und Pfeffer anrühren.
Die Bratwürste in Scheiben oder grobe Stücke schneiden und im
heißen Fett schön braun braten. Den Chicorée putzen und in
feine Streifen schneiden. Unter die Bratwurststücke heben, kurz
andünsten und mit Bratenfond ablöschen. Kurz durchköcheln
lassen und mit einem Spritzer Salatsauce abschmecken.
Die Blattsalate mit der Sauce anmachen und auf vier Tellern
anrichten. Die Bratwurstmischung aus der Pfanne heben und den
Salat dekorativ damit umkränzen.

Hackepeter

Zutaten für 4 Personen:
400 g mageres und 200 g durchwachsenes Schweinefleisch, 2 Zwiebeln,
1 Teelöffel Kümmel, Salz, Pfeffer aus der Mühle
Zubereitungszeit: 45 Minuten

Das rohe Fleisch in grobe Würfel schneiden und durch den
Fleischwolf drehen. Die Zwiebeln pellen und fein hacken. Unter
das Fleisch heben (etwas Zwiebelhack zum Garnieren beiseite
stellen). Fleischmasse mit Kümmel, Salz und Pfeffer würzen.
Hackepeter zu einem Wecken formen und auf einer Platte anrichten. Mit gehackten Zwiebeln garnieren.

Dazu paßt am besten eine Scheibe herzhaftes Brot.

Zutaten für 4 Personen:
6 Eier, 1 Zwiebel, 1 Bund frische Kräuter (einzeln oder bunt gemischt
Petersilie, Kerbel, Schnittlauch, Kresse), 250 g Krabbenfleisch, 4 Eßlöffel
Salatmayonnaise, Salz, Saft einer Zitrone
Zubereitungszeit: 30 Minuten

Die Eier hart kochen, unter kaltem Wasser abschrecken und pellen. Die Zwiebel schälen und fein hacken. Kräuter waschen, trockentupfen und fein hacken. Das Krabbenfleisch mit Zwiebeln und Kräutern (etwas zum Garnieren beiseite stellen) vermengen und mit der Mayonnaise glattrühren. Salzen und mit Zitronensaft abschmecken.

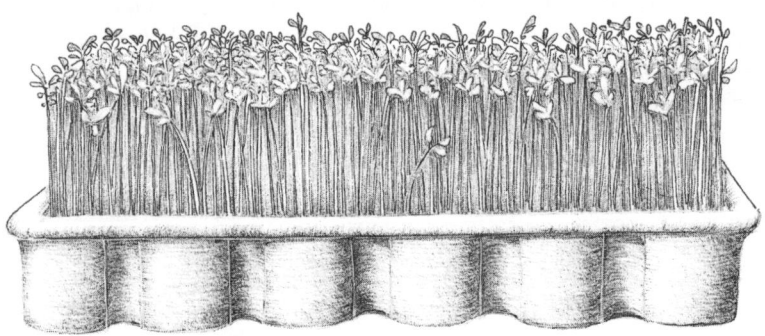

Den Krabbensalat auf eine Platte häufen. Die Eier längs halbieren und dekorativ um die Krabben herum anordnen. Mit den restlichen Kräutern garnieren und auftragen.
Als Beilage Vollkornbrot mit Butter reichen.

Im Mai und Juni verwendet man frische Möweneier, die unbedingt hart gekocht werden müssen.

Halve Hahn

Kein halbes Hähnchen, sondern ein Käsebrötchen verbirgt sich hinter dieser Kölner Spezialität. Wie das Gericht zu seinem Namen kam, ist nicht ganz geklärt. Angeblich schämten sich die armen Leute im Gasthaus, weil sie sich nur ein »Röggelchen« mit Käse leisten konnten. Mit besonders lauter Stimme orderten sie deshalb »ene halve Hahn«, um die anderen Gäste zu täuschen.

Zutaten pro Portion:
1 Roggenbrötchen, Butter, 1 dicke Scheibe Käse (z. B. Gouda), ein paar
Zwiebelringe, 1 Prise Paprikapulver, Senf
Zubereitungszeit: 5 Minuten

Roggenbrötchen halbieren und mit Butter bestreichen. Die Käsescheibe auf eine Hälfte legen und mit den Zwiebelringen belegen. Mit Paprikapulver bestäuben. Nach Geschmack gibt es noch einen Klecks von »jet Kompott«, d. h. Senf dazu.

Für den Handkäs' nimmt man am besten den Harzer Sauermilch-käse, der wegen seiner Stangenform spotthaft auch »Leichenfin-ger« genannt wird. Hinter der »Musik«, die gesondert dazu ge-reicht wird, verbirgt sich eine pikante Zwiebelmarinade.

Zutaten für 4–6 Personen:
6 reife Handkäse, 2 Zwiebeln, 1/2 Teelöffel Paprikapulver, 1 Teelöffel
Kümmel, 1 Eßlöffel Öl, 1 Glas Riesling
Für die Musik: 3 Zwiebeln, 50 ml Weinessig, 100 ml Öl, 100 ml Riesling,
Salz, Pfeffer aus der Mühle, 1 Prise Zucker, 1 Prise Paprikapulver
Außerdem: dunkles Brot
Zubereitungszeit: 20 Minuten
Einwirkzeit: mehrere Stunden

Die Käse in eine Schüssel legen. Die Zwiebeln pellen und in feine Ringe schneiden. Über den Käse streuen. Mit Paprikapulver und Kümmel würzen. Mit Öl und Riesling beträufeln, abdecken und mehrere Stunden durchziehen lassen.
Für die Musik die Zwiebeln pellen und fein hacken. Aus Essig, Öl, Wein und Gewürzen eine Marinade bereiten und mit den Zwie-belchen verrühren.
Den Käse aus dem Gefäß heben und mit dunklem Brot servieren.
Die Musik in einem Schälchen dazu reichen.

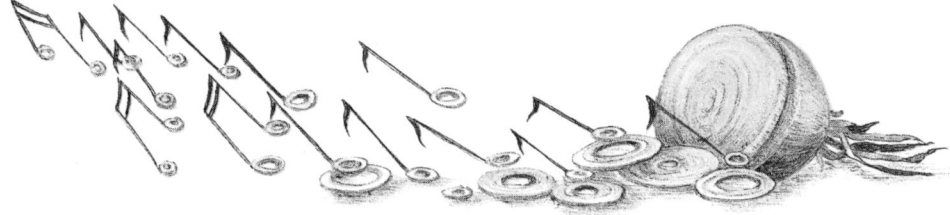

Harzer Tatar

Richtig reif ist der Harzer Käse, wenn er in der Mitte keine Quarkkrümelchen mehr besitzt. Die Harzer sagen dazu: »Er muß laufen, darf sich aber nicht bewegen.« Einen herrlichen Hauch von Frische bekommt das Harzer Tatar, wenn man es mit Bärlauch anrichtet. Die Blätter besitzen einen kräftigen Geruch, der an Knoblauch erinnert, und wie der Knoblauch ist auch die Bärlauchpflanze äußerst gesund. Ihre Blätter, die im Frühjahr vor der Blüte geerntet werden, wirken entschlackend und blutdrucksenkend.

Zutaten für 4 Personen:
4 Harzer Roller, 2 kleine Zwiebeln, 2 Teelöffel Senf, 1 Eigelb, 200 g Sahne,
Pfeffer aus der Mühle, 1/2 Teelöffel Paprikapulver, 2 Handvoll Bärlauch
Zubereitungszeit: 30 Minuten
Einwirkzeit der Marinade: mehrere Stunden

Die Harzer Käse fein würfeln. Die Zwiebeln häuten und fein hacken. Senf, Eigelb und Sahne verrühren. Mit frisch gemahlenem Pfeffer und Paprika abschmecken. Käse und Zwiebeln vermengen. Die Sahnesauce darübergießen und gut durchmischen. Abdecken und ziehen lassen.
Vor dem Servieren den Bärlauch waschen und fein hacken. Unter den Käse mischen.
Mit Schwarzbrot anrichten.

Für den westfälischen Pickert gibt es verschiedene Rezepte und Zubereitungsformen. Der Kastenpickert, den wir hier vorstellen, wird in einer Kastenform gebacken und dann in der Pfanne gebraten, während der Lappenpickert früher direkt auf der heißen Herdplatte gebacken wurde. Dabei konnte er schon einmal anbacken – er »pickte«.

Zutaten für 4 Personen:
1 Würfel Hefe, 1/4 l Milch, 500 g Mehl, 1 kg Kartoffeln, 1 Prise Salz, 4 Eier, 1 abgeriebene Zitronenschale, 100 g Rosinen, Fett und Semmelbrösel für die Form, Butter zum Braten
Zubereitungszeit: 3 Stunden

Den Hefewürfel in einem Achtelliter lauwarmer Milch auflösen. Das Mehl in eine Schüssel sieben und eine Vertiefung in die Mitte drücken. Die Milch mit der Hefe in die Kuhle gießen. Vom Rand her mit Mehl bedecken. Schüssel abdecken und an einem warmen,.vor Luftzug geschützten Ort 30 Minuten gehen lassen.
In der Zwischenzeit die Kartoffeln schälen und reiben. In ein Tuch schlagen und kräftig auswringen.
Die geriebenen Kartoffeln, die restliche Milch, etwas Salz und die Eier in den Vorteig geben und gut durchkneten. Mit Zitronenschale und Rosinen verfeinern und nochmals verkneten. Den Teig zur Kugel rollen und in einer Schüssel abgedeckt 30 Minuten gehen lassen.
Backofen auf 200 °C vorheizen.
Eine Kastenform einfetten und mit Semmelbröseln ausstreuen. Den Teig einfüllen und im heißen Rohr gut 60 Minuten backen. Kastenpickert erkalten lassen, aus der Form stürzen und in fingerdicke Scheiben schneiden. Auf beiden Seiten in heißer Butter braten.

Aus biologischer Sicht gehören die zartschmeckenden Nordseekrabben zu den Garnelen und nicht zu den Krabben: Von kulinarischem Interesse ist nämlich ihr langer Schwanz – und »echte« Krabben haben kurze Schwänze.

Zutaten pro Person:
1 dicke Scheibe dunkles Brot, 1–2 Eßlöffel Butter, 100 g geschälte Nordseekrabben, Zitronensaft, 2 Eier, 1–2 Eßlöffel Milch, Salz, Pfeffer aus der Mühle
Zubereitungszeit: 15 Minuten

Die Brotscheibe großzügig mit Butter bestreichen. Die Krabben mit etwas Zitronensaft aromatisieren. Die restliche Butter in einer Pfanne erhitzen. Die mit Milch verquirlten Eier in der heißen Butter unter ständigem Rühren braten. Das Rührei salzen und pfeffern, auf einen Teller häufen. Das Butterbrot daneben setzen und mit den Krabben belegen.

Hat der Kölner »halve Hahn« schon nichts mit Geflügel zu tun, so hängt auch der »Kaviar« nicht mit den begehrten Störeiern zusammen, sondern bezeichnet lediglich ein Roggenbrötchen mit Kölner Blutwurst, auch Flöns genannt.

Zutaten pro Person:
1 Roggenbrötchen, Senf, 1 Blutwurst, Zwiebelringe
Zubereitungszeit: 5 Minuten

Das Roggenbrötchen halbieren und mit Senf bestreichen. Die Blutwurst pellen und in Scheiben schneiden. Die Blutwurstscheiben auf dem »Röggelchen« anrichten, mit Zwiebelringen belegen und auftragen.

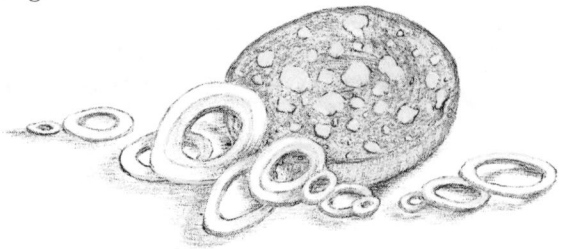

Leineweber

Zutaten für 4 Personen:
750 g gekochte Kartoffeln, 250 g Mehl, 1/2 l Milch, 2–3 Eier, Salz, Butter zum Braten
Zubereitungszeit: 45 Minuten

Die geschälten Kartoffeln in Scheiben schneiden. Aus Mehl, Milch, Eiern und einer Prise Salz einen Pfannkuchenteig rühren. Die Butter in einer Pfanne erhitzen und ein Viertel der Kartoffelscheiben darin bräunen. Ein Viertel des Teigs darübergießen und von beiden Seiten goldgelb backen.

Leberwurstsalat

Wie Fensterkitt, so behaupten die Düsseldorfer, sehe eine Leberwurst aus, und so tauften sie kurzerhand ihre Spezialität danach: »Stockfärv«.

Zutaten für 4 Personen:
250 g feste geräucherte Leberwurst, 2 Zwiebeln, 2 Lorbeerblätter, 1 Teelöffel
helle Senfkörner, Salz, Pfeffer aus der Mühle, 2 Eßlöffel Essig, Öl
Zubereitungszeit: 30 Minuten
Ruhezeit: 1–2 Stunden

Die Leberwurst pellen und in Scheiben schneiden. Die Zwiebeln abziehen und in Ringe hobeln. Leberwurstscheiben in eine Schüssel geben, mit Zwiebelringen und Gewürzen bestreuen. Essig und Öl angießen und gut durchmischen. Abdecken und ziehen lassen.
Mit Schwarzbrot servieren.

Mettbrötchen

Zutaten pro Person:
1 Roggenbrötchen oder 1 dicke Scheibe kräftiges Brot, etwas Butter, 100 g
Schweinemett, 1/2 Zwiebel
Zubereitungszeit: 5 Minuten

Brötchen oder Brotscheibe mit Butter bestreichen. Das Mett
darauf anrichten und mit fein gehackter Zwiebel garnieren.

Münchner Weißwürste

»Die Vortrefflichkeit des Münchener Kalbfleisches weiß aber
auch jedmännlich zu rühmen … In dieser Güte mag auch eine
Entschuldigung liegen für jenes erstaunliche Quantum … Hierbei
darf nicht unberücksichtigt bleiben, daß ein gutes Theil Kalbfleisch zu s. g. kälbernen Bratwürsten verarbeitet wird, welche
item ein ganz besonderes Lieblingsgericht des Münchners bilden …« Diesen Münchner Vorlieben, wie sie in einem zeitgenös-
sischen Bericht über Münchner Eßgewohnheiten des 19. Jahrhunderts beschrieben sind, verdankt auch die Weißwurst ihre
Entstehung. Angeblich soll der Metzger und Wirt des Münchner
Lokals »Zum ewigen Licht« am Rosenmontag des Jahres 1857 aus
einer Not eine Tugend gemacht haben: Da er sämtliche dünnen
Schafsdärme für Bratwürste aufgebraucht hatte, stopfte er kurzerhand das Kalbsbrät in größere Schweinsdärme. Da diese Würste
nun zu dick zum Braten waren, ließ er sie in siedendem Wasser
heiß werden und servierte sie pur, vielleicht noch mit einer Breze,
als »Weißwurst«. – Mehr braucht es auch heute nicht für eine
anständige Weißwurstbrotzeit.
Gewöhnlich werden Weißwürste, die man stückweise und nicht
paarweise einkauft, gegen elf Uhr vormittags verzehrt. Abends in
den Münchner Biergärten wird man sie vergeblich suchen. Früher, als die Würste noch ungebrüht verkauft wurden (was heute

verboten ist), verdarben sie sehr schnell, weshalb sie »das Zwölf-uhrläuten nicht erleben« durften. Heute halten sie ein bis zwei Tage im Kühlschrank. Frisch schmecken die Weißwürste aller-dings besser.

An der »Weißwurstetikette« scheiden sich die Geister. Weil das Brät früher dünner und lockerer war, konnte man die Würste nur schlecht aufschneiden. Man »zutzelte«, d. h. saugte sie aus ihrer Haut. Wem das zu barbarisch erscheint, halbiert die Weißwurst der Länge nach, zieht die Haut ab und ißt die Wurst scheibchen-weise. Ein Klecks süßer Senf und eine frische, knusprige Breze gehören unbedingt dazu.

Obatzda

Ins Hochdeutsche übertragen bedeutet »Obatzda« soviel wie »angemachter« Käse. Die Spezialität hat einen festen Platz im Repertoire der Münchner Biergärten und ist auch zu Hause schnell gemacht:

Zutaten pro Person:
1 kleiner, weicher Camembert, 2 Teelöffel weiche Butter, 1 kleine Zwiebel, Paprikapulver, Kümmel, ein paar Spritzer Bier, Schnittlauchröllchen zum Garnieren
Zubereitungszeit: 15 Minuten

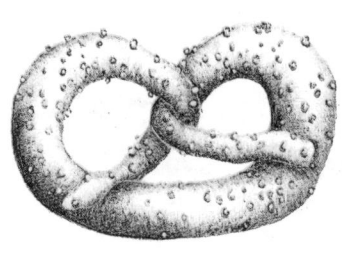

Den Camembert mit einer Gabel zerdrücken und die weiche Butter einarbeiten. Die Zwiebel häuten, fein hacken und untermengen. Mit Paprikapulver und Kümmel würzen. Nach Wunsch mit einem Schuß Bier geschmeidig rühren. Auf einem Teller anrichten, mit fein gehacktem Schnittlauch garnieren.

Dazu passen am besten die dicken Biergartenbrezen und ein erfrischendes Bier.

Ochsenmaulsalat

Zutaten für 4 Personen:
400 g gepökeltes Ochsenmaul in dünne Scheiben geschnitten, 2 Zwiebeln, 100 ml Essig, Öl, 2 Lorbeerblätter, 1 Teelöffel Senfkörner, 1 Prise Zucker, Salz, Pfeffer aus der Mühle, 1 Eßlöffel gehackte Petersilie zum Garnieren
Zubereitungszeit: 20 Minuten
Einwirkzeit der Marinade: mehrere Stunden

Die Scheiben vom Ochsenmaul in eine Schüssel legen. Die gepellten Zwiebeln in feine Ringe hobeln und über das Fleisch streuen. Aus Essig, Öl und Gewürzen eine Marinade bereiten und über

Fleisch und Zwiebeln gießen. Abdecken und mehrere Stunden durchziehen lassen.
Mit der gehackten Petersilie garnieren und mit Hausbrot servieren.

Saure Knödel

Wenn vom Sonntagsessen noch ein paar Semmelknödel übrig bleiben, kann man sie wunderbar kalt als Salat zubereiten:

Zutaten für 2 Personen:
4 Semmelknödel, 2 kleine Zwiebeln, Öl, Essig, Salz, Pfeffer aus der Mühle
Zubereitungszeit: 15 Minuten

Die Semmelknödel in Scheiben schneiden und in einer Schüssel anrichten. Zwiebel häuten, in Ringe schneiden und über den aufgeschnittenen Knödeln verteilen. Mit Öl, Essig und Gewürzen fein säuerlich abschmecken und vor dem Servieren kurz durchziehen lassen.

Original sächsischer Speckkuchen wird mit Sauerteig vom Bäcker
zubereitet. Wer nicht so gerne mit Sauerteig hantiert, kann einen
normalen Hefeteig von 500 Gramm Mehl aufs Blech streichen.

Zutaten für 1 Blech:
500–750 g Sauerteig vom Bäcker, 400 g Speck, 9 Eier, Salz, Kümmel, Fett
für das Blech
Zubereitungszeit: 60 Minuten
Für den Hefeteig: 60 Minuten

Den Teig auf einem gefetteten Blech mit
hohem Rand (oder in der Saftpfanne des
Ofens) ausrollen, abdecken und an einem
warmen, vor Luftzug geschützten Ort 30 Minuten gehen lassen.
In der Zwischenzeit den Speck würfeln und
beiseite stellen.
Backrohr auf 250 °C vorheizen.
Den Teig mehrmals mit einer Gabel einstechen. Nun die Eier auf
den Teig schlagen und mit einer Gabel gleichmäßig »auseinan-
derziehen« und verquirlen. Die Speckwürfel auf den Eiern verteilen. Mit wenig Salz (der Speck ist meist schon salzig genug) und
Kümmel würzen.
Kuchen in den heißen Ofen schieben und 20 Minuten abbacken.

Spundekäs

Genaugenommen handelt es sich bei dieser Pfälzer Brotzeit nicht um Käse, sondern um Quark. Ursprünglich wurde er zu einer Rolle geformt, die einem Faßspund ähnelte.

Zutaten für 4 Personen:
500 g Quark, 1 Bund Schnittlauch, 1 Zwiebel, 1 Eßlöffel weiche Butter, Salz, Pfeffer aus der Mühle
Zubereitungszeit: 20 Minuten

Quark in einem Sieb abtropfen lassen. In der Zwischenzeit den Schnittlauch in feine Röllchen schneiden, die Zwiebel pellen und fein hacken. Quark mit der Butter verarbeiten, Schnittlauch und Zwiebelwürfelchen untermengen. Mit Salz und frisch gemahlenem Pfeffer abschmecken.

Dazu passen herzhaftes Hausbrot und ein Glas kräftiger Wein.

Strammer Max

Diese Schinkenbrotzeit, die inzwischen überall sehr beliebt ist, stammt ursprünglich aus den Landesteilen, die früher zu Preußen gehörten.

Zutaten pro Person:
1 Ei, Fett zum Braten, 1 Scheibe Roggenmischbrot, Butter, 4 Scheiben Münsterländer Schinken, Salz, Pfeffer aus der Mühle
Zubereitungszeit: 15 Minuten

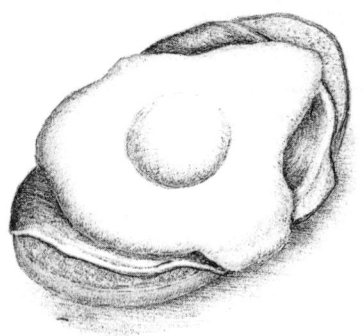

Das Ei in etwas Fett als Spiegelei braten. Inzwischen die Brotscheibe buttern und mit dem Schinken belegen. Das Ei aus der Pfanne heben und auf das Schinkenbrot setzen. Salzen und pfeffern und heiß servieren.
Nach Wunsch mit einer Essiggurke garnieren.

Sülze

Aus Bratenresten, aber auch aus Schweins- und Kalbsfüßchen läßt sich eine kühle und erfrischende Sülze bereiten – an Sommerabenden im Garten ein Genuß!

Zutaten für 4–6 Personen:
4 Schweinefüßchen, nach Belieben je 1 Schweineohr, Schweinerüssel und Schweineknochen, 250 g Bauchfleisch, 1 Zwiebel, 2 Gewürznelken, 1 Lorbeerblatt, 1/2 Teelöffel Pfefferkörner, Weinessig, Salz
Als Einlage: nach Belieben 2 hartgekochte Eier, 4 Essiggurken, Petersilie, Tomaten
Zubereitungszeit: 3 Stunden
Kühlzeit: mehrere Stunden

Schweinefüßchen etc. unter fließendem Wasser abspülen, mit Küchenkrepp trockentupfen. Die Zwiebel häuten. Schweineknochen und Schweinefleisch in einen Suppentopf legen. Großzügig mit Wasser bedecken. Die Zwiebel und die Gewürze in den Topf geben, abschließend mit einem kräftigen Schuß Essig und Salz abschmecken. Langsam zum Kochen bringen, aufkochen lassen, abschäumen und die Wärmezufuhr reduzieren. Den Sud rund zwei Stunden leise wallen lassen.
Unterdessen die Einlage für die Sülze vorbereiten.
Fleisch aus dem Topf heben, abkühlen lassen und auslösen bzw. zurechtschneiden. Den Sud durch ein Sieb gießen und beiseite stellen.

Eine Schüssel mit Fleisch und den vorbereiteten Einlagen auslegen. Mit dem noch warmen Sud übergießen. Mehrere Stunden kühl stellen und fest werden lassen.

Mit Brot oder Bratkartoffeln servieren.

Teigwaren und Klöße

Beulches

Beulches oder »Kartoffelsäck«, wie diese Klöße in manchen Gegenden Hessens heißen, werden in einem Leinen- oder Gazesäckchen, gewissermaßen der Urform des Kochbeutels, gegart. Meist kommen sie mit Kraut oder einer würzigen Sauce aus gebratenen Zwiebeln auf den Tisch.

Zutaten für 4–6 Personen:
1 kg rohe Kartoffeln, 250 g in der Schale gekochte Kartoffeln, Salz, Pfeffer,
1 Zwiebel, Schweineschmalz, nach Belieben 500 g Pökelfleisch
Außerdem: 4 Gaze- oder Leinensäckchen
Zubereitungszeit: 90 Minuten

Rohe Kartoffeln schälen und fein reiben. In ein Küchentuch wickeln und gut auspressen. In eine Schüssel füllen. Die gekochten Kartoffeln pellen, ebenfalls fein reiben und unter die rohe Kartoffelmasse mengen. Mit Salz und Pfeffer kräftig abschmecken. Die Zwiebel fein hacken und im Schweineschmalz glasig dünsten, dann unter den Kartoffelteig rühren. Für die reichhaltigere Version der Beulches das Pökelfleisch fein würfeln und unter den Teig mengen.
Aus dem Kartoffelteig längliche Klöße formen und in die angefeuchteten Gazesäckchen stopfen. Die Gazesäckchen sorgfältig zubinden. In einem großen Topf Wasser zum Kochen bringen und leicht salzen. Die Beutelchen hineingeben und die Klöße im leise wallenden Wasser eine knappe Stunde garen. Die Beutelchen herausheben und kurz in Eiswasser abschrecken, damit sich die Klöße leichter herauslösen lassen.

Zutaten für 4 Personen:
250 g helles Kalbsbrät, 100 ml Milch, 1 Ei, Semmelbrösel, 1 Teelöffel
abgeriebene Zitronenschale, Salz, Pfeffer
Außerdem: 1 l Fleischbrühe
Zubereitungszeit: 20 Minuten

Das feine Brät und die Milch sorgfältig verrühren. Die Masse mit Ei und Semmelbrösel binden, so daß ein gleichmäßiger und nicht zu klebriger Teig entsteht. Mit der abgeriebenen Zitronenschale verfeinern und, wenn nötig, noch mit Salz und Pfeffer abschmecken (das Brät ist meist schon recht herzhaft gewürzt).
Die Fleischbrühe erhitzen.
Mit einem Teelöffel kleine Portionen von der Bratmasse abstechen und Nockerl (kleine, längliche Klößchen) formen. In die heiße Brühe geben und knapp unter dem Siedepunkt gar ziehen lassen.
In der heißen Fleischbrühe servieren.

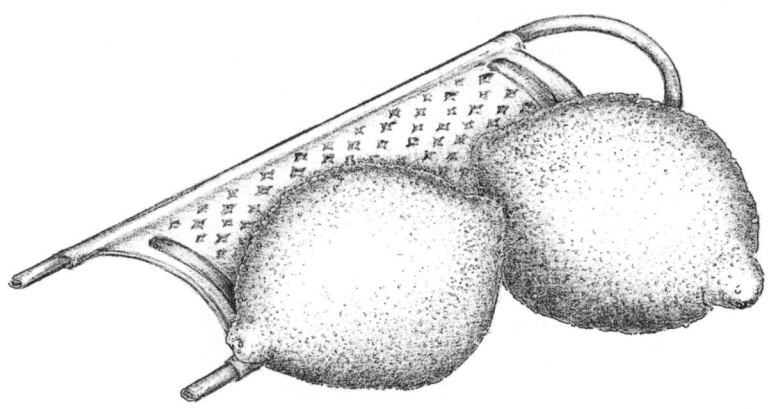

Diebichen

Die Diebichen zeichnen sich vor allem durch ihre Vielseitigkeit aus. Während man sie im Frühjahr mit frischem Blattgemüse anrichtet, ißt man sie im Sommer süß und mischt Kirschen unter den Teig; im Herbst und Winter schließlich gibt es sie zu herzhaften Gerichten wie zum Beispiel Gänseklein.

Zutaten für 4 Personen:
1/2 l Milch, 375 g Mehl, 2 Eier, 2 Eßlöffel Butter, Salz, Zucker
Zubereitungszeit: 45 Minuten

Die Milch erhitzen. 250 Gramm Mehl hineinrieseln lassen und mit einem Holzlöffel rasch zu einem glatten Teig verrühren. Den Topf vom Herd nehmen und ein Ei untermengen. Den Teig abkühlen lassen.
Das zweite Ei, das restliche Mehl und die Butter einarbeiten. Mit einer Prise Salz und je nach Verwendungszweck mit etwas Zucker abschmecken.
Reichlich Salzwasser in einem großen Topf zum Kochen bringen. Aus dem Teig Klöße formen und ins Wasser gleiten lassen. Im offenen Topf gut zehn Minuten ziehen lassen, aber nicht sprudelnd kochen, weil sich die Klöße sonst auflösen.
Mit einer Schaumkelle herausnehmen und nach Wunsch anrichten.

Nahrhaft und preiswert mußte die Küche der saarländischen Bergleute sein. Da das Land und die wirtschaftlichen Verhältnisse nicht viel hergaben, kochte man mit dem, was im Garten hinter dem Haus wuchs und preiswert war: Kartoffeln. Eine ideale Mahlzeit ergaben da die Gefillden – mit Hackfleisch oder Leberwurst gefüllte Kartoffelklöße, zu denen meist eine herzhaft-deftige Specksauce serviert wird.

Zutaten für 4 Personen:
Für die Füllung: 1 Eßlöffel Fett, 500 g Hackfleisch oder grobe Leberwurst, etwas Fleischbrühe, Salz, Pfeffer aus der Mühle, nach Belieben 1/2 Teelöffel getrockneter Majoran
Für die Klöße: 800 g gekochte Kartoffeln, 1200 g rohe Kartoffeln, 2 Eier, Kartoffelmehl, Salz, Pfeffer aus der Mühle, Muskat
Zubereitungszeit: 2 Stunden

Zunächst die Füllung vorbereiten: Das Fett in einer Pfanne erhitzen und das Hackfleisch oder die Leberwurst bei kräftiger Hitze krümelig braten und bräunen. Mit ein paar Eßlöffeln Fleischbrühe ablöschen, kurz aufkochen lassen und mit Salz und frisch gemahlenem Pfeffer abschmecken. Nach Wunsch mit Majoran verfeinern. Gut verrühren und vom Herd nehmen. Abkühlen lassen.
In der Zwischenzeit den Kloßteig zubereiten. Die gekochten Kartoffeln pellen und mit dem Fleischwolf oder dem Kartoffeleisen in eine große Schüssel pressen. Die rohen Kartoffeln waschen, schälen und in eine Schüssel reiben. Die rohen geriebenen Kartoffeln auf ein Küchentuch häufen und kräftig auswringen. Dann unter die gekochten Kartoffeln mengen. Die Eier hinzufügen und alles zu einem gleichmäßigen Teig verkneten. Falls der Teig noch zu naß ist, mit etwas Kartoffelmehl binden. Salzen, pfeffern und mit Muskat abschmecken.
Den Kartoffelteig rasch weiterverarbeiten. Mit beiden Händen große Klöße formen. In die Mitte eine Mulde drücken und einen Eßlöffel von der vorbereiteten Fleischmasse hineinfüllen. Die

Kloßöffnung wieder verschließen und den gefüllten Kloß mit beiden Händen glattrollen.

Einen großen Topf Salzwasser erhitzen.

Die Klöße vorsichtig in das fast siedend heiße Wasser setzen und eine halbe Stunde ziehen lassen. Nicht sprudelnd kochen, sonst lösen sich die Klöße auf. Die gegarten Klöße mit einer Schaumkelle herausheben und mit einer Specksauce, mit Sauerkraut (siehe Seite 293 und 277) oder einem bunten Blattsalat servieren.

Grießklößchen

Die süßen Grießklößchen oder »Klümp«, wie sie in Norddeutschland genannt werden, sind eine köstliche Einlage für Obstsuppen und sommerliche Kaltschalen.

Zutaten für 4 Personen:
200 ml Milch, Salz, 1–2 Eßlöffel Zucker, 2 Eßlöffel Butter, 75 g Grieß, 1–2 Eier
Zubereitungszeit: 45 Minuten

Für die Grießklößchen die Milch mit einer Prise Salz, Zucker und Butter aufkochen. Grieß und Ei hinzufügen und sorgfältig verrühren, damit sich keine Klümpchen bilden können.

Die Grießmasse etwas abkühlen lassen. In der Zwischenzeit einen Topf Salzwasser zum Kochen bringen. Mit zwei Teelöffeln kleine Klöße von der Grießmasse abstechen und in das Salzwasser geben. Etwa zehn Minuten ziehen lassen, mit einer Schaumkelle herausheben und anrichten.

Grießnockerl

Zutaten für 4 Personen:
1–2 Eßlöffel zimmerwarme Butter, 1 Ei, 60 g Grieß, Salz, Pfeffer, Muskat
Außerdem: 1 l Fleischbrühe
Zubereitungszeit: 30 Minuten

Die Butter mit einem Schneebesen schaumig schlagen. Das Ei unterziehen. Grieß sorgfältig mit der weichen Butter vermengen. Teig mit Salz, Pfeffer aus der Mühle und frisch geriebenem Muskat würzen.
Die Fleischbrühe zum Kochen bringen. Mit einem Teelöffel kleine Portionen von der Grießmasse abstechen und zu Nockerln (kleine, längliche Klößchen) formen.
In die sprudelnde Fleischbrühe setzen, kurz kochen lassen und dann 10-15 Minuten bei milder Hitze garen. Noch 5–10 Minuten nachziehen lassen, damit die Nockerln besonders schön aufgehen.
In der Brühe servieren.

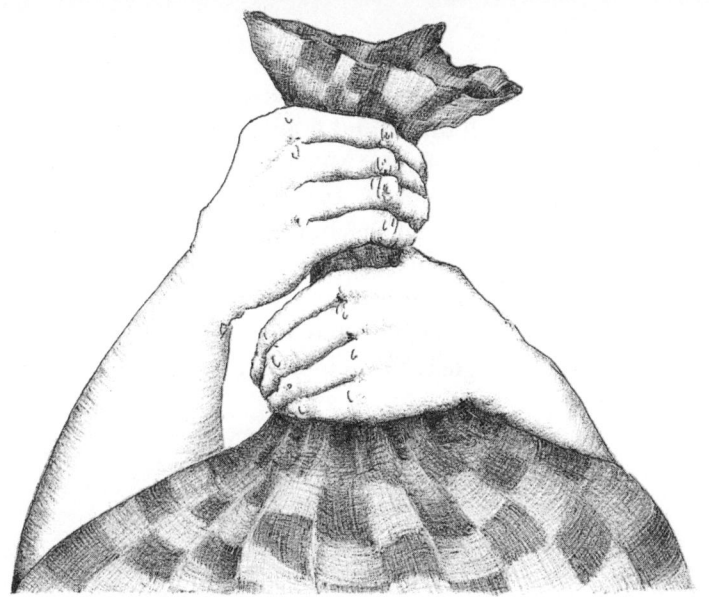

Grüne Klöße

Nicht wegzudenken aus der Thüringer Küche sind die Thüringischen oder Grünen Klöße aus rohen Kartoffeln, die beim Kochen einen leichten Grünschimmer erhalten – was ihnen zu ihrem Namen verholfen hat. Traditionelle Kloßtage sind Donnerstag und Sonntag, doch die aufwendigen Grünen Klöße kommen nur auf die sonntägliche Tafel.

Zutaten für 4–6 Personen:
2 kg mehlig kochende Kartoffeln, 2 Teelöffel Salz, 1/8 l heiße Milch, etwas Kartoffelmehl
Für die Brotwürfel: 2 Scheiben Weißbrot, 2 Eßlöffel Butter
Zubereitungszeit: 2 Stunden

Das Weißbrot fein würfeln und in zerlassener Butter bräunen. Auf Küchenkrepp setzen und beiseite stellen.
Ein Drittel der Kartoffeln schälen, grob würfeln und in Salzwasser weichkochen. Abgießen und mit dem Kartoffelstampfer pürieren.
Die restlichen Kartoffeln schälen und roh in eine Schüssel reiben.

Die Flüssigkeit, die sich dabei absetzt, abgießen. Die geriebenen Kartoffeln in ein Tuch füllen und kräftig auswringen. Dann mit kochendem Wasser und heißer Milch aufbrühen und zu einem dicken Brei verrühren. Salzen. Das Püree aus den gekochten Kartoffeln dazugeben. Einen gleichmäßigen Teig herstellen. Sollte der Teig zu naß sein, mit etwas Kartoffelmehl binden.
Einen großen Topf Salzwasser erhitzen.
Klöße formen und mit den gerösteten Brotwürfeln füllen. In das kochende Salzwasser gleiten lassen und 15–20 Minuten leise gar ziehen lassen.

Grüne Knöpfle

Zutaten für 4 Personen:
1 kleines Bund Petersilie, 1 Handvoll junger Blattspinat, 1 Bund Schnittlauch, 2 Eßlöffel Butter, 100 g Paniermehl, 2 Eier, Salz, Pfeffer, Muskat, etwas Mehl
Außerdem: 1 l Fleischbrühe
Zubereitungszeit: 20 Minuten

Kräuter und Blattgemüse sorgfältig waschen und trockentupfen, dann mit einem Wiegemesser fein hacken. Die Butter in einer Pfanne erhitzen und die Kräuter darin schwenken. Aus der Pfanne nehmen und mit dem Paniermehl vermischen. Mit den Eiern binden. Salzen, pfeffern und mit frisch geriebenem Muskat würzen. Sollte der Teig zu feucht sein, mit etwas Mehl überstäuben. Die Fleischbrühe zum Kochen bringen. Den Teig durch ein Spätzlesieb direkt in die Brühe passieren. Die Knöpfle sind gar, sobald sie an die Oberfläche steigen.
In der Suppe servieren.

Hefeklöße in Weinsauce

Zutaten für 4 Personen:
1 Hefewürfel, 1/8 l Milch, 500 g Mehl, 100 g Zucker, 3 Eßlöffel Öl, 1 Prise Salz
Für die Sauce: 6 Eigelbe, 200 g Puderzucker, 1/4 l Weißwein, Saft einer Zitrone
Zubereitungszeit: 90 Minuten

Den Hefewürfel in lauwarmer Milch auflösen. Das Mehl in eine Schüssel sieben und in die Mitte eine Mulde drücken. Die Hefemischung hineingießen und vom Rand her mit Mehl bedecken. Mit einem Küchentuch abdecken und an einem warmen, vor Luftzug geschützten Ort 30 Minuten gehen lassen.
Vorteig mit den restlichen Zutaten verkneten und nochmals 30 Minuten auf ungefähr die doppelte Größe aufgehen lassen. Erneut durchkneten. Zu Kugeln formen und in siedendem Wasser 15 Minuten garen. Mit einer Schaumkelle herausheben und warm stellen.
Für die Weinsauce die Eigelbe mit gesiebtem Puderzucker zu einer dicken, hellgelben Creme aufschlagen. Unter ständigem Rühren ganz langsam den Wein hineingießen. Ins Wasserbad stellen und zur gewünschten Konsistenz aufschäumen.
Die Hefeklöße anrichten und mit der Weinsauce nappieren.

In einer Sozialstudie aus dem 19. Jahrhundert über die »Nahrungsweise des oberbayerischen Landvolks« heißt es: »... die Beschränkung des Genusses von Fleischspeisen auf die fünf höchsten Festzeiten des Jahres: Fastnacht, Ostern, Pfingsten, Kirchweih und Weihnachten, so daß Fleischspeise und Festgericht für den Bauern fast identisch wird; nur an den Festtagen im Leben des Einzelnen – bei einem Kindelmahl oder Hochzeitsschmaus – wird eine Ausnahme von jener Beschränkung, aber dann freilich auch in ergiebigem Maße, statuirt.« Es überrascht also nicht, daß diese Hochzeitsknödel besonders aufwendig und üppig ausfallen.

Zutaten für 4 Personen:
Knödelbrot von 7 Semmeln (oder 7 altbackene Brötchen, in hauchdünne Scheiben geschnitten), 350 ml Milch, 3 Eßlöffel Butter, 3 Eier, Muskat, Salz, Pfeffer aus der Mühle, 150 g durchwachsener Speck, 1 Handvoll geriebener Emmentaler, 1 Handvoll fein gewiegtes Sauerkraut
Außerdem: 4 Eßlöffel Semmelbrösel, 2 Eßlöffel Butter
Zubereitungszeit: 60 Minuten

Das Knödelbrot in eine Schüssel geben, mit heißer Milch übergießen und einweichen lassen.
In der Zwischenzeit Butter und Eier dickschaumig aufschlagen. Mit frisch geriebenem Muskat, Salz und Pfeffer aus der Mühle würzen. Den Speck würfeln und zusammen mit dem geriebenen Käse und dem Kraut unter die Eiermasse heben. Das Knödelbrot gut ausdrücken und unter die vorbereiteten Zutaten mengen. Ungefähr 15 Minuten ruhen lassen.
Den Teig zu einem großen, etwas länglichen Knödel formen.
Einen Topf mit Salzwasser zum Kochen bringen.
Ein Küchentuch in heißes Wasser tauchen und auswringen. Das feuchte Tuch auf einer Arbeitsfläche ausbreiten und den Knödel hineinsetzen. Die Enden des Tuchs zu einer Schlinge zusammenbinden. Einen Holzlöffel durch die Schlinge ziehen und das Tuch

damit in das kochende Salzwasser hängen. Den Knödel in der Tuchschlinge knapp 40 Minuten garen.
Semmelbrösel in Butter anrösten.
Knödel aus dem Tuch wickeln, auf eine Servierplatte setzen und in dicke Scheiben schneiden. Mit den gerösteten Semmelbröseln bestreuen und servieren.

Leberknödel Pfälzer Art

Zutaten für 4 Personen:
Für die Knödel: 1 Zwiebel, 1 Eßlöffel Butter, 500 g durchpassierte Leber,
250 g Hackfleisch, 2 in Milch eingeweichte Brötchen, 2 Eier, 1 Teelöffel
getrockneter Majoran, Salz, Pfeffer aus der Mühle
Für den Sud: Wasser, Salz, 1 Zwiebel, 1 Lorbeerblatt, 1 Teelöffel schwarze
Pfefferkörner, 2–3 Wacholderbeeren, 2 Gewürznelken
Zubereitungszeit: 45 Minuten

Die Zwiebel fein hacken und in der heißen Butter weichdünsten.
Leber und Hackfleisch in einer Schüssel vermengen. Die gedün-
stete Zwiebel hinzufügen. Die Brötchen gut ausdrücken, ausein-
anderzupfen und unter die Fleischmasse geben. Die Eier hineinschlagen. Die Masse zu einem gleichmäßigen Teig verarbeiten
und mit Majoran, Salz und frisch gemahlenem Pfeffer herzhaft
würzen.
Wasser in einen großen Topf füllen. Salzen. Die Zwiebel und
sämtliche Gewürze hinzufügen und zum Kochen bringen.
Aus der Lebermasse glatte und runde Klöße formen. In den
heißen Sud setzen und 12–15 Minuten gar ziehen lassen.

Mit Sauerkraut oder Kartoffelpüree servieren.

Markklößchen

Zutaten für 4 Personen:
125 g Rindermark, 2 Eßlöffel zimmerwarme Butter, 125 g Weißbrot,
2 Eier, Salz, Pfeffer aus der Mühle, Muskat, 1 Eßlöffel sehr fein gehackte
Petersilie
Außerdem: 1 l kochende Fleischbrühe
Zubereitungszeit: 45 Minuten

Das Rindermark mit der Butter schaumig rühren. Das Weißbrot
zerpflücken und zusammen mit den verquirlten Eiern in die
Markmasse einarbeiten. Salzen, pfeffern und mit einer Prise
frisch geriebenem Muskat abschmecken. Die Petersilie unterziehen. Mit einem Teelöffel kleine runde Klößchen abstechen und
in der heißen Fleischbrühe 15 Minuten sanft garen.

Maultaschen

Ein pfiffiger Mönch aus dem Kloster Maulbronn entwickelte ein Rezept, nach dem man auch trotz Fastengebot zu Fleisch kommen konnte. Er hackte das Fleisch kurzerhand zusammen mit Kräutern und Gewürzen fein und ließ es auf diese Weise in harmlos aussehenden Teigtaschen verschwinden. Aus den »Maulbronner Taschen« wurden später die Maultaschen. Gemäß dieser Legende heißen die gefüllten Teigtaschen manchmal auch »Herrgottsb'scheißerle«.

Zutaten für 4–6 Personen:
Für den Teig: 350 g Mehl, 2 Eier, Salz, 2–4 Eßlöffel Wasser
Für die Füllung: 250 g Blattspinat, 150–200 g Bratenreste oder Hackfleisch, 100 g Räucherspeck, 1 Zwiebel, 1 Eßlöffel gehackte Petersilie, 2 eingeweichte Brötchen, 2 Eier, Salz, Pfeffer aus der Mühle, Muskat
Außerdem: 1 Ei zum Bestreichen
Zubereitungszeit: 2 Stunden

Zunächst den Nudelteig vorbereiten. Dazu das Mehl auf eine Arbeitsfläche häufen. In die Mitte eine Mulde drücken. Eier hineingeben und salzen. Zwei Eßlöffel Wasser hinzufügen und alles zu einem gleichmäßigen Teig verkneten. Nach Bedarf etwas mehr Wasser zugeben. Den Teig so lange kneten, bis er beim Durchschneiden feine Wellenlinien zeigt. Abdecken und eine halbe Stunde ruhen lassen.
In der Zwischenzeit die Füllung zubereiten. Den Blattspinat verlesen und unter kaltem Wasser abbrausen. Mit dem Wasser, das noch an den Blättern haftet, in einem Topf dämpfen. Herausheben und gut abtropfen lassen.
Die Bratenreste fein würfeln und in eine Schüssel geben. Den Räucherspeck fein würfeln und in einer Pfanne anlasen. Die Zwiebel fein hacken und zusammen mit der Petersilie im ausgebratenen Speck dünsten. Speck-Zwiebel-Mischung zu den Fleisch-

würfeln geben. Die eingeweichten Brötchen gut ausdrücken und hinzufügen. Spinat dazugeben. Diese Mischung nun in der Küchenmaschine zu einer glatten Masse pürieren. Mit den Eiern binden und würzen.

Nun die Maultaschen bereiten. Den Nudelteig in zwei Hälften teilen und zu länglichen, möglichst dünnen Rechtecken ausrollen. Die Füllung auf einer Teighälfte verstreichen, dabei einen Rand von ca. zwei Zentimetern frei lassen. Den Rand mit dem verquirlten Ei bestreichen. Die zweite Teighälfte obenauflegen und am Rand festdrücken. Nun mit dem Stiel eines Kochlöffels die Teigtasche in regelmäßigen Abständen einkerben. Maultaschen an den markierten Stellen mit einem scharfen Küchenmesser abtrennen.

In Salzwasser oder in Fleischbrühe rund 8 Minuten garen, aber nicht sprudelnd kochen.

In der Brühe, mit Kartoffelsalat oder mit in Butter gebräunten Zwiebeln servieren.

Reste kann man quer in fingerbreite Scheiben schneiden, in verquirlte Eier tauchen und anschließend in heißem Fett von beiden Seiten goldgelb braten.

Mehlbeutel

Zutaten für 4 Personen:
4 Eier, Salz, 2 Eßlöffel zerlassene Butter, 350–500 ml Milch, 500 g Mehl,
nach Geschmack Nelkenpulver, Piment, Pfeffer, Muskat
Zubereitungszeit: 1 1/2 Stunden

Die Eier mit einer Prise Salz schaumig schlagen. Mit zerlassener Butter und Milch (wegen des kräftigeren Geschmacks nahm man statt Milch früher auch Schweineblut) verrühren. Das Mehl hineinrieseln lassen, Gewürze hinzufügen und die Masse zu einem gleichmäßigen Teig verarbeiten. Den Teig zu einem großen Kloß formen.

Ein Leinentuch unter heißes Wasser halten und auswringen. In eine Schüssel breiten, mit etwas Mehl bestäuben und den Kloß hineinsetzen. Das Tuch darüber zusammenschlagen und mit Bindfaden zu einem Beutel binden.

Wasser in einem großen Topf erhitzen. Den Beutel mit dem Kloß hineinhängen: Der Mehlbeutel darf ausschließlich im Wasserdampf garen und darf das Wasser und den Boden nicht berühren. Etwa eine Stunde lang im heißen Dampf garen.

Den Mehlbeutel aus dem Leinentuch heben, auf eine Platte setzen und servieren.

Als Beilagen reicht man Salzkartoffeln und Räucherspeck oder aber Fruchtkompott.

Molsdorfer Röstklößchen

Um die Entstehung des thüringischen Dörfchens Molsdorf im 9. Jahrhundert rankt sich eine liebenswerte Legende, die uns ein ortsansässiger Koch erzählte: Der Kammerdiener des Königs hatte sich unsterblich in eine Edeldame verliebt. An eine Heirat war aber nicht zu denken, stammte der Diener doch nicht aus adeligem Geschlecht. König und Königin sahen aber wohl, wie sehr sich Kammerdiener und Edeldame zugetan waren. Und so erhoben sie den Diener in den Adelsstand und schenkten ihm einen Jagdgrund, der mit Malzeichen abgesteckt wurde. So entstand der Erbsitz derer von Malsdorff. In der Thüringer Mundart verschleifte sich das »a« zu »o«, womit auch der heutige Name des Dörfchens erklärt ist.

Zutaten für 4 Personen:
1 kg mehlig kochende Kartoffeln, 50 ml heiße Milch, Salz, Fett zum Ausbacken
Zubereitungszeit: 90 Minuten

Nach dem Grundrezept für Grüne Klöße (Seite 233) einen Kartoffelteig vorbereiten. Aus der Kloßmasse kleine runde Nudeln von der Größe einer Aprikose formen. Nach und nach in Fett schwimmend ausbacken. Nicht zu viele Klößchen auf einmal ins heiße Fett geben – die Brattemperatur sinkt sonst ab, und die Klößchen werden matschig. Sobald die Klößchen außen knusprig und goldgelb aussehen, mit einer Schaumkelle herausheben. Das überschüssige Fett auf Küchenkrepp abtropfen lassen.
Die Klößchen als Beilage zu gebratenem Fleisch servieren.

Pälzer Fleschknepp

Zutaten für 4 Personen:
1 kg gemischtes Fleisch (vorzugsweise aus der Schulter) vom Schwein, Rind und Kalb, 1 in Milch eingeweichtes Brötchen, 1 kleinere Zwiebel, 2 Eier, 2 Eßlöffel gehackte Petersilie, 1/2 Teelöffel getrockneter Majoran, Muskat, Salz, Pfeffer aus der Mühle
Außerdem: 1 l Fleischbrühe, nach Bedarf Semmelbrösel
Zubereitungszeit: 60 Minuten

Das Fleisch säubern und grob würfeln, das Brötchen ausdrücken und zerpflücken, die Zwiebel grob hacken. Die vorbereiteten Zutaten vermengen und durch den Fleischwolf drehen. Die Masse in eine Schüssel füllen. Eier und Petersilie untermengen und zu einem gleichmäßigen Teig verarbeiten. Mit den Gewürzen herzhaft abschmecken. Sollte der Teig zu feucht ausfallen, mit einer Handvoll Semmelbrösel binden.
Die Fleischbrühe erhitzen.
Mit beiden Händen nicht zu große Klöße formen. In die leicht köchelnde Fleischbrühe setzen und 20 Minuten bei sanfter Hitze gar ziehen lassen.

Mit Salzkartoffeln, Meerrettichsauce und Weinkraut (Rezepte auf den Seiten 288 und 278) servieren.

Schälklöße

Zutaten für 4 Personen:
300 g Mehl, Salz, 4 Eier, 150 g Butter, 3 Eßlöffel Semmelbrösel, 2 Eßlöffel
gehackte Petersilie
Außerdem: 1 l heiße Fleischbrühe
Zubereitungszeit: 60 Minuten

Aus Mehl, Salz und Eiern einen Nudelteig bereiten. Dazu das Mehl zu einem Kegel aufschütten. In die Mitte eine Mulde drücken. Salzen und die Eier hineinschlagen. Nun vom Rand her langsam zu einem glatten Teig verarbeiten. Abdecken und eine Stunde ruhen lassen.
Die Butter zerlassen.
Den Nudelteig möglichst dünn ausrollen. Mit der zerlassenen Butter bepinseln. Gleichmäßig mit Semmelbröseln und der gehackten Petersilie bestreuen. Rechtecke von ungefähr 20 x 25 cm Kantenlänge abtrennen. Diese Rechtecke aufrollen und flachdrücken. Die Teigrollen in Rauten schneiden, die Schnittflächen zusammendrücken.
In die siedende Fleischbrühe setzen und knapp zehn Minuten garen. In der Suppe servieren.

Schupfnudeln

Für die Schupfnudeln gibt es im Süddeutschen Raum vielerlei Variationen. Allen gemeinsam ist jedoch die Fingerform mit spitzen Enden. Wohl deshalb, aber vermutlich auch wegen ihrer soliden Konsistenz heißen die bayerischen Schupfnudeln (die meist aus Roggenmehl statt Kartoffeln bereitet werden) auch »Bauchstecherl«.

Zutaten für 4 Personen:
500 g Kartoffeln, 200 g Mehl, 50 g Butter, 1 Ei, Salz, Muskat
Außerdem: Butter zum Braten
Zubereitungszeit: 60 Minuten

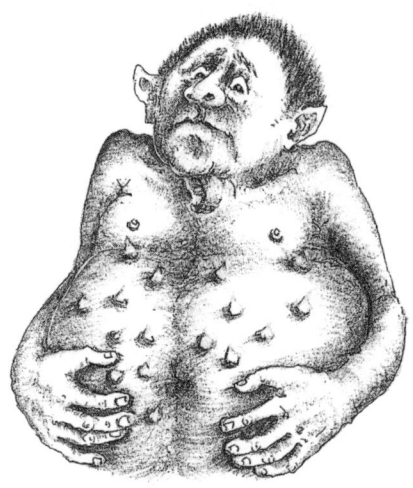

Die Kartoffeln in der Schale kochen. Pellen und abkühlen lassen. Mit dem Kartoffeleisen in eine Schüssel pressen. Das Mehl, die Butter in Flöckchen und das Ei hinzugeben und zu einem gleichmäßigen Teig verarbeiten. Mit Salz und frisch geriebenem Muskat würzen und nochmals gut durchkneten. Auf einer bemehlten Arbeitsfläche den Teig zu langen, fingerdicken Rollen formen. Davon 5–6 cm lange Stücke abtrennen. Zu Nudeln rollen und die beiden Schnittenden spitz auslaufen lassen.

Einen großen Topf Salzwasser zum Kochen bringen. Die Schupfnudeln portionsweise darin kochen. Sie sind gar, sobald sie an die Oberfläche steigen. Mit einer Schaumkelle herausheben und abtropfen lassen.

Die Butter in einer Pfanne erhitzen und die Schupfnudeln unter regelmäßigem Wenden goldbraun braten.

Die Schupfnudeln passen als Beilage zu Fleisch- und Gemüsegerichten.

246

Schwemmklößchen

Die typische Einlage für die berühmte Hamburger Aalsuppe
(Rezept auf Seite 41) und viele andere klare Brühen und Suppen.

Zutaten für 4 Personen:
250 ml Wasser, 100 g zimmerwarme Butter, Salz, Muskat, 125 g Mehl,
3 Eier
Zubereitungszeit: 45 Minuten

Das Wasser in einem Topf zum Kochen bringen. Butter, Salz und
frisch geriebenes Muskat darin auflösen. Den Topf vom Herd
ziehen und das Mehl in die heiße Brühe schütten. Sofort mit
einem Holzlöffel verrühren. Weiterrühren, bis ein glatter Teig-
ball entsteht, der sich vom Topfboden löst. Beiseite stellen und
etwas abkühlen lassen. Ein Ei in den Teig schlagen und glattrühren. Das zweite Ei hinzufügen und wieder glattrühren. Dann das
dritte Ei untermengen.
Salzwasser in einem weiten Topf zum Kochen bringen.
Mit zwei Teelöffeln von der Teigmasse kleine Klößchen abstechen. Im leise wallenden Salzwasser zehn Minuten gar ziehen
lassen.
Mit der Schaumkelle herausheben und in einer Suppe servieren.

Wer die Schwemmklößchen in einer klaren Fleischbrühe servieren möchte, kann sie statt in Salzwasser gleich in der heißen
Brühe garen.

Zutaten für 4 Personen:
8 Semmeln vom Vortag, 400 ml lauwarme Milch, 100 g Speck, 1 Zwiebel,
1 kleines Bund Petersilie, 2–3 Eier, Salz, Pfeffer aus der Mühle
Zubereitungszeit: 60 Minuten

Die Semmeln in dünne Scheiben schneiden und in eine Schüssel
füllen. Mit der lauwarmen Milch übergießen und knapp 30 Minuten einweichen.
In der Zwischenzeit den Speck klein würfeln und in einer Pfanne
anglasen. Über die Brötchen geben. Die Zwiebel fein hacken, im
ausgebratenen Speck dünsten und ebenfalls über die Brötchen
geben. Petersilienblättchen von den Stengeln zupfen, waschen,
trockentupfen und fein wiegen. Über die Brötchen streuen.
Nun die Eier unter die eingeweichte Brotmasse geben. Alle Zutaten zu einem gleichmäßigen Teig verarbeiten. Salzen und
pfeffern und nochmals gut durchmischen.
Mit feuchten Händen glatte, runde Knödel formen.
Salzwasser in einem großen Topf zum Kochen bringen. Die Wärmezufuhr reduzieren und die Knödel im leise wallenden Wasser
garen (15–20 Minuten). Das Wasser darf keinesfalls sprudelnd
kochen, die Knödel lösen sich sonst in Flocken auf.
Die Knödel mit einer Schaumkelle herausheben, in eine vorgewärmte Schüssel schichten und servieren.

Knödelreste lassen sich hervorragend zu »sauren Knödel« (Rezept Seite 219) oder zu »Semmelschmarrn« verarbeiten: Knödel
zerpflücken und in einer Pfanne mit etwas Butter braten. Ein
verquirltes Ei darüber geben und fest werden lassen. Mit Preiselbeermarmelade servieren.

Apicius, römischer Feinschmecker aus der Zeit von Kaiser Augustus und Tiberius, beschreibt in seinem Kochbuch bereits erste Nudelrezepte. Als Rom weite Teile Europas seiner Herrschaft unterwarf, zogen auch römische Ernährungsgewohnheiten in die besetzten Gebiete ein: Der Weinbau ist hierfür wohl das bekannteste Beispiel. Aber auch die schwäbischen Teigwaren, so nimmt man an, sind ein Erbe der römischen Besatzungszeit.

Zutaten für 4 Personen:
500 g Mehl, 1/2 Teelöffel Salz, 4–5 Eier, 150–250 ml warmes Wasser oder Milch
Zubereitungszeit: 30 Minuten

Das Mehl in eine Schüssel sieben und salzen. Die Eier hineinschlagen. Alle Zutaten gut verrühren und nach und nach das Wasser (oder die Milch) hinzugießen. Die benötigte Menge hängt stark von der Luftfeuchtigkeit, der Beschaffenheit des Mehls usw. ab. Also nie zuviel Flüssigkeit auf einmal zugießen, sondern vorsichtig dosieren. Den Teig mit einem Rührlöffel oder dem Knethaken des Handrührgeräts so lange schlagen, bis er Blasen wirft und schön locker wirkt. Den Teig eine Viertelstunde ruhen lassen. Unterdessen Salzwasser in einem großen Topf zum Kochen bringen.
Teig noch einmal gut verrühren und dann die Spätzle bereiten: Den Teig mit einem Spätzlehobel (macht kurze, runde Spätzle, sogenannte Knöpfle) oder mit einem Spätzleschaber (eine breite und gerade Messerklinge tut's auch) über ein flaches Brett in das kochende Salzwasser schaben. Dazu das Brett schräg halten und den heruntertropfenden Teig alle paar Zentimeter abschneiden. Die Spätzle sind gar, sobald sie an die Oberfläche steigen. Mit einer Schaumkelle herausheben, in ein Nudelsieb füllen und kurz unter warmem Wasser abspülen. Mit der Schaumkelle herausfischen und servieren oder nach Wunsch weiterverarbeiten.

Als Ergänzung zu den aufwendigen Thüringer Klößen, die traditionsgemäß nur an Sonntagen auf den Tisch kamen, stellen die Watteklöße gewissermaßen die »Arme-Leute-Version« dar, die wegen ihrer Sparsamkeit auch unter der Woche gegessen wurde. Watteklöße sind die traditionelle Beilage zum Suhler Topfbraten, einem herzhaften Eintopf aus Innereien (Rezept auf Seite 131).

Zutaten für 4 Personen:
1 kg Kartoffeln, 125 g Kartoffelmehl, Salz, 1/2 l heiße Milch, etwas Mehl zum Wenden, 2 Scheiben Weißbrot, 1 Eßlöffel Butter
Zubereitungszeit: 90 Minuten

Die Kartoffeln mit der Schale weichkochen. Abgießen und noch warm pellen. Durch ein Kartoffeleisen pressen, Kartoffelmehl und Salz einarbeiten. Die heiße Milch unter ständigem Rühren hinzugießen und einen festen, aber formbaren Teig herstellen.
Das Weißbrot in feine Würfel schneiden und in der Butter kroß braten.
Mit beiden Händen Klöße von der Größe einer Kinderfaust formen. Ein paar Brotwürfelchen in die Mitte drücken und Klöße wieder verschließen. Die Klöße in etwas Mehl wenden und anschließend in leicht köchelndem Wasser knapp 15 Minuten garen. Mit einer Schaumkelle herausheben und anrichten.

Zutaten für 4–6 Personen:
1 kg gekochte Pellkartoffeln (vom Vortag), 400 g Mehl, Salz, 2 Eier,
1–2 Eßlöffel Butter, 3–4 Eßlöffel Semmelbrösel
Zubereitungszeit: 60 Minuten

Die gekochten Kartoffeln in eine Schüssel reiben. Mehl hineinrühren. Salz und Eier hinzufügen. Zu einem gleichmäßigen Teig
verarbeiten.
Die Butter in einem Pfännchen zerlassen und die Semmelbrösel
darin goldgelb rösten.
Den Kartoffelteig auf einer bemehlten Arbeitsfläche ca. einen
Zentimeter dick ausrollen. Quadrate zurechtschneiden und mit
den gerösteten Semmelbröseln bestreuen. Die einzelnen Quadrate von einer Ecke aus aufrollen, Enden und Ränder gut zusammendrücken.
In leise siedendem Salzwasser oder – traditionsgemäß – im Kochsud von Pökelfleisch, das dann zu den Klößen gereicht wird, etwa
15 Minuten garen.

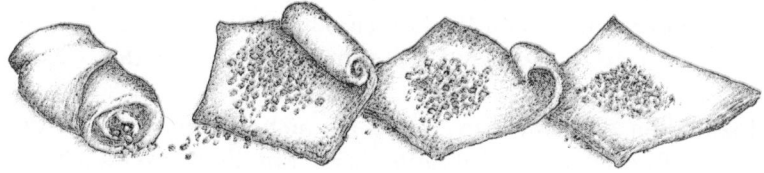

Zwetschgenknödel

In Südbayern und Österreich kein Dessert, sondern eine richtige Mahlzeit.

Zutaten für 4 Personen:
800 g mehlig kochende Kartoffeln, 500 g Zwetschgen, 1 Packung Würfelzucker, Salz, 1 Ei, 1 Eßlöffel Öl, 3–4 Eßlöffel Milch, 200 g Mehl, 4 Eßlöffel Butter, 4 Eßlöffel Semmelbrösel, Zimtzucker
Zubereitungszeit: 90 Minuten

Kartoffeln mit der Schale weichkochen. Unterdessen die Zwetschgen entsteinen und an die Stelle des Steins ein Stück Würfelzucker setzen.

Kartoffeln abgießen, pellen und durch eine Kartoffelpresse drücken. Leicht salzen und etwas abkühlen lassen. Ei, Öl und Milch einarbeiten und alles zu einem gleichmäßigen Teig verkneten. Nach und nach das Mehl untermengen.

Den Teig portionieren und auf einer bemehlten Arbeitsfläche zu dicken Rechtecken ausrollen. In die Mitte eines jeden Rechtecks eine vorbereitete Zwetschge setzen. Teigflecken wieder verschließen und mit beiden Händen zu Knödeln drehen.

Wasser in einem großen Topf zum Kochen bringen. Leicht salzen, Wärmezufuhr reduzieren. Die Knödel im leise wallenden Wasser 10 Minuten garen.

Inzwischen die Butter in einem Pfännchen zerlassen und die Semmelbrösel darin goldbraun rösten. Mit Zimtzucker nach Geschmack süßen.

Die Knödel mit einer Schaumkelle aus dem Topf heben und auf Tellern anrichten. Mit den gerösteten Semmelbröseln bestreuen und servieren.

Als Beilage paßt Zwetschgenkompott (Rezept auf Seite 282).

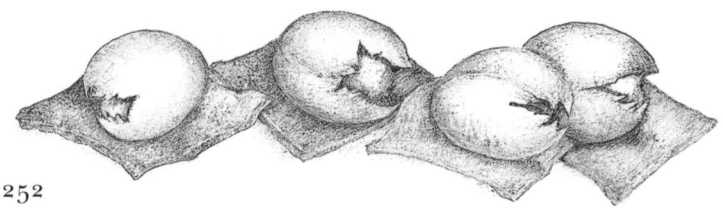

Beilagen
und Saucen

Beilagen

Apfelmus

Deutschland ist ein Apfelland. Seit Jahrtausenden gilt der Apfel als Symbol der Sünde, der Liebe, der Fruchtbarkeit oder, als deutscher Reichsapfel, als Symbol der Macht. Doch wenn man in die oft lieblos zusammengeschusterte Obstabteilung eines Supermarkts schaut, kann man sich nur schwer vorstellen, daß dem Apfel in Kunst, Literatur und Mythologie eine derartige Bedeutung zufällt und daß es auf der ganzen Welt Tausende von verschiedenen Apfelsorten gibt: plattrund und walzenförmig, kugelförmig, eiförmig oder glockenförmig sind die Früchte, die im Idealfall fein-säuerlich und würzig, fein-fruchtig, nussig, erfrischend oder süß-aromatisch schmecken – um nur einige Spielarten zu nennen. Aus Gründen der Transport- und Lagerfähigkeit werden meist nur wenige, immer gleiche und nach wenig oder gar nichts schmeckende Sorten angeboten. Und dabei läßt jeder Apfelkern praktisch eine neue Sorte entstehen: Der Apfel setzt nur am Blütenstaub einer anderen Sorte Früchte an. Natürlich eignet sich nur ein verschwindend geringer Teil dieser spontan entstandenen Sorten für die Weiterzüchtung, denn es gilt den Anforderungen von Klima und Boden, Widerstandsfähigkeit, Aroma und Beschaffenheit des Fruchtfleisches gerecht zu werden. Viele Sorten gibt es deshalb nur in einem engeren Umkreis oder gar nur bei einem einzelnen Bauern zu kaufen.

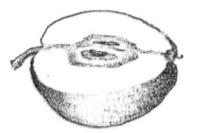

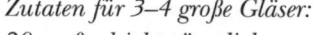

Zutaten für 3–4 große Gläser:
20 große, leicht säuerliche und aromatische Äpfel, 250 ml Wasser, nach
Geschmack Honig oder Zucker, Zimt und Muskat
Zubereitungszeit: 90 Minuten

Die Äpfel schälen, vierteln und entkernen. Die Apfelviertel in einen großen Topf geben und das Wasser hinzugießen. Zudecken und bei milder Hitze 30 Minuten dämpfen. Äpfel wenden und weiterdämpfen, bis sie nach ungefähr einer Stunde zur gewünschten Konsistenz verkocht sind. Wenn Sie keine Apfelstückchen im Mus mögen, sondern ein ganz glattes Apfelmus vorziehen, die Äpfel durch ein Sieb passieren oder mit dem Pürierstab zermusen. Mit Honig oder Zucker süßen und mit Zimt und frisch geriebenem Muskat abschmecken.

Heiß in sterilisierte Einmachgläser füllen, verschließen und erkalten lassen.

Dieses Apfelmus läßt sich auch gut einfrieren.

Bayerischer Weißkrautsalat

Zutaten für 4 Personen:
1 kleiner Weißkrautkopf, etwas Salz, 75 g durchwachsener Räucherspeck,
2 Eßlöffel Essig, Kümmel, Pfeffer aus der Mühle
Zubereitungszeit: 60 Minuten

Krautkopf putzen: äußere Blätter entfernen, Kopf vierteln, den Strunk herausschneiden. Das Kraut fein hobeln. Salzwasser in einem großen Topf zum Kochen bringen. Das feingeschnittene Kraut eine Minute blanchieren, abgießen und mit kaltem Wasser abschrecken. Gut abtropfen lassen.

Den Speck würfeln und in einem Pfännchen kroß braten. Speckwürfel herausheben und auf Küchenkrepp abtropfen lassen.

Das Weißkraut mit Essig, Kümmel, Salz und frisch gemahlenem Pfeffer kräftig würzen. Die Speckwürfel unterheben.

Kurz durchziehen lassen und zu Schweinsbraten servieren.

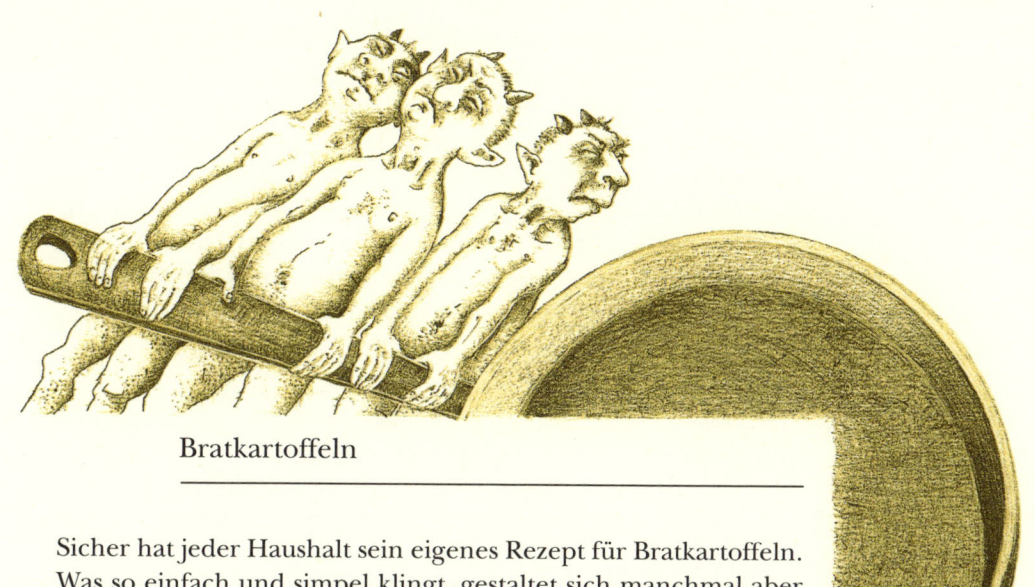

Bratkartoffeln

Sicher hat jeder Haushalt sein eigenes Rezept für Bratkartoffeln. Was so einfach und simpel klingt, gestaltet sich manchmal aber ganz schön tückisch: Die Kartoffeln brennen an oder werden matschig. Hier ein paar Tips für den vollendeten Bratkartoffelgenuß:

Fest kochende Kartoffeln schon am Vortag in der Schale kochen. Eine schwere Pfanne mit glattem Boden verwenden (am besten sind die höllisch schweren gußeisernen Pfannen oder Pfannen mit einem Kupfersandwichboden).

Kartoffeln langsam bei mäßiger Hitze bräunen. Bei zu starker Hitze verkohlen die Kartoffeln auf der Unterseite oder müssen zu oft gewendet werden, was sie matschig werden läßt.

Nicht zu viele Kartoffeln auf einmal in die Pfanne geben. Wenn die Pfanne zu voll ist, werden die Kartoffeln matschig und können nicht richtig bräunen, geschweige denn gewendet werden.

Nicht zuviel Fett in die Pfanne geben. Der Pfannenboden sollte gerade bedeckt sein, sonst saugen die Kartoffeln das überschüssige Fett auf und werden ebenfalls matschig.

Zutaten für 4 Personen:
750 g in der Schale gekochte Kartoffeln, 100 g Speck, 2 Zwiebeln, Fett zum Braten, Salz, nach Wunsch Kümmel
Zubereitungszeit: 60 Minuten

Die Kartoffeln pellen und in gleichmäßige Scheiben schneiden. Den Speck würfeln, die Zwiebeln häuten und fein hacken.

Die Pfanne leer anheizen, Bratfett in die Pfanne geben, die Speckwürfel darin glasig ausbraten. Hitze herunterschalten. Die Kartoffelscheiben hinzufügen und danach die Zwiebelwürfelchen unterheben. Salzen und zugedeckt bei milder Hitze braten, bis die Kartoffeln an der Unterseite gebräunt sind. Deckel abnehmen, Kartoffeln vorsichtig wenden, damit sie nicht zerfallen, und offen fertig braten. Nach Wunsch mit Kümmel würzen und auftragen.

Brühkartoffeln

»In Sachsen muß geditscht werden« – ein Essen ohne Sauce ist in Sachsen einfach nicht denkbar. Kein Wunder also, daß auch Beilagenkartoffeln nicht nur gebraten werden, sondern in einer Brühe sottern, die man dann auch zum Hauptgericht serviert.

Zutaten für 4 Personen:
750 g Kartoffeln, 2 Mohrrüben, 1 Stange Lauch, 1 Stück Sellerie, etwa 3/4 l Fleischbrühe
Zubereitungszeit: 60 Minuten

Kartoffeln schälen und in Scheiben schneiden. Das Gemüse putzen. Mohrrüben in feine Scheibchen schneiden, Lauchstange halbieren und in Streifen schneiden, Sellerie ebenfalls in Scheibchen schneiden.

Kartoffeln und Gemüse knapp mit Fleischbrühe bedecken und weich kochen.

Herausheben und mit einer Scheibe gesottenem Rindfleisch anrichten. Soviel Brühe darübergießen, daß »geditscht« werden kann.

Ein bunter Blattsalat macht nur dann Appetit, wenn die Blätter frisch und knackig aussehen. Je bunter der Salat, um so dekorativer präsentiert er sich. Auch wenn es verführerisch einfach aussieht – die vorgehäckselten Salatmischungen sind jedoch weniger empfehlenswert, da sie einen wunderbaren Nährboden für Bakterien darstellen. Lieber verschiedene Sorten einzeln kaufen – und öfter Salat essen!

Zutaten für 4 Personen:
Blattsalat nach Wahl, 1 Bund Brunnenkresse, 150 g Walnußkerne
Für das Dressing: 3 Eßlöffel milder Weißweinessig oder auch Apfelessig,
4 Teelöffel Senf, 150 ml Salatöl, Salz, Pfeffer aus der Mühle, nach Belieben
1 Prise Zucker oder 1 Teelöffel Honig
Zubereitungszeit: 20 Minuten

Blattsalat(e) waschen und in mundgerechte Stücke zerteilen. Brunnenkresse waschen und nach Bedarf die Blättchen von den festen Stengeln zupfen. Die Walnußkerne grob zerkleinern. Für das Dressing den Essig in ein Schälchen geben und mit einem kleinen Schneebesen den Senf unterrühren. Nach und nach das Salatöl einarbeiten, mit Salz und frisch gemahlenem Pfeffer abschmecken. Für eine süßlichere Variante Zucker oder Honig hinzufügen. Salatblätter und Walnußkerne in eine Schüssel geben und erst kurz vor dem Servieren mit dem Dressing anmachen.

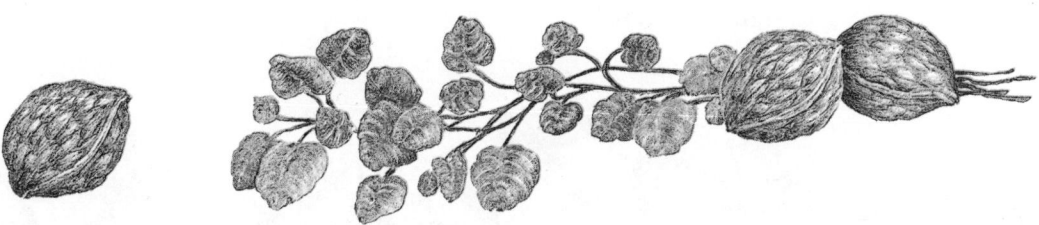

Gurkengemüse

Der Spreewald ist seit langer Zeit ein bedeutendes Gemüseanbaugebiet. Der fruchtbare, von den Flüssen angeschwemmte Boden und Wasserreichtum bieten ideale Voraussetzungen für den Anbau von Kürbissen, Meerrettich und Gurken. Die Gurken sind aus dem Spreewald nicht wegzudenken: frisch, geschmort oder sauer eingelegt werden sie angeboten und mit Begeisterung in ganz Deutschland verspeist.

Zutaten für 4 Personen:
2 Zwiebeln, 750 g Schmorgurken, 1 Eßlöffel Butter, nach Bedarf 1 Kelle Gemüsebrühe oder Wasser, Salz, Pfeffer aus der Mühle, nach Geschmack eine Prise Zucker, 4 Eßlöffel Sahne, 1 Teelöffel Speisestärke, Dill zum Garnieren
Zubereitungszeit: 45 Minuten

Die Zwiebeln häuten und fein hacken. Die Gurken schälen und längs halbieren. Mit einem Teelöffel die Kerne ausschaben. Die Gurkenschiffchen in knapp fingerdicke Stücke schneiden.
Die Butter in einer Pfanne zerlassen, die gehackten Zwiebeln darin andünsten. Die Gurken hinzufügen und kurz mitdünsten. Nach Bedarf etwas Flüssigkeit angießen. Zudecken und gut zehn Minuten schmoren. Salzen und pfeffern, nach Belieben mit einer Prise Zucker leicht süßlich abschmecken. Mit der Sahne verfeinern. Für eine dicklichere Sauce die Speisestärke mit einem Teelöffel Wasser anrühren und die Sauce damit binden.
Die Dillblättchen von den Stengeln zupfen und über die Schmorgurken streuen.

Gurkensalat

Zutaten für 4 Personen:
1 Salatgurke, 1 kleine Zwiebel, 1 Eßlöffel Essig, 150 g saure Sahne, 1 Prise
Zucker, Salz, Pfeffer aus der Mühle, 1 Eßlöffel gehackter Dill
Zubereitungszeit: 20 Minuten

Die Salatgurke schälen und fein hobeln. Die Zwiebel häuten, fein
hacken und zu den Gurkenscheiben geben. Mit Essig und saurer
Sahne anmachen, mit Zucker, Salz und Pfeffer abschmecken. Gut
durchmischen und mit dem feingehackten Dill bestreuen.

Karottenpüree

Das Karottenpüree ist relativ schnell gemacht und
paßt hervorragend zu Fleisch- und Wildgerichten.

Zutaten für 4 Personen:
500 g Karotten, 1 Schalotte, 3 Eßlöffel Butter, Salz, Pfeffer
aus der Mühle, Muskat, 100 ml Fleischbrühe
Zubereitungszeit: 45 Minuten

Die Karotten putzen und in gut fingerbreite Scheiben schneiden.
Die Schalotte pellen und fein hacken.
Etwas Butter in einem Topf zerlassen und die fein gehackte
Schalotte darin glasig dünsten. Die vorbereiteten Karotten hinzu-
geben, salzen, pfeffern und mit frisch geriebenem Muskat wür-
zen. Die Brühe angießen und das Gemüse bei milder Hitze
weichdünsten (ca. 25 Minuten).
Die weichgekochten Karotten mit dem Pürierstab oder in der
Küchenmaschine pürieren. Dabei mit der restlichen Butter ver-
feinern. Nochmals abschmecken und zu Tisch bringen.

Ein echter Allrounder, schmeckt wunderbar zu Wild und kräftigem Fleisch. Der erdige Geschmack der Sellerieknolle verleiht dem Püree eine herrlich würzige Note.

Zutaten für 4 Personen:
500 g mehlig kochende Kartoffeln, 1 kleine Sellerieknolle, Salz, nach Geschmack Butter und Sahne zum Verfeinern, Pfeffer, Muskat
Zubereitungszeit: 60 Minuten

Kartoffeln schälen und in grobe Stücke schneiden, die Sellerieknolle ebenfalls schälen und vierteln. Das vorbereitete Gemüse in einen Topf geben und mit Wasser knapp bedecken. Salzen und weich kochen. Gut abgießen und weiterverarbeiten: Mit einem Kartoffelstampfer zermusen, dann mit einem Schneebesen nach Geschmack portionsweise die Butter einarbeiten. Die Sahne in einem zweiten Topf erhitzen und heiß unter den Brei rühren. Abschließend mit Salz, Pfeffer aus der Mühle und frisch geriebenem Muskat abschmecken.

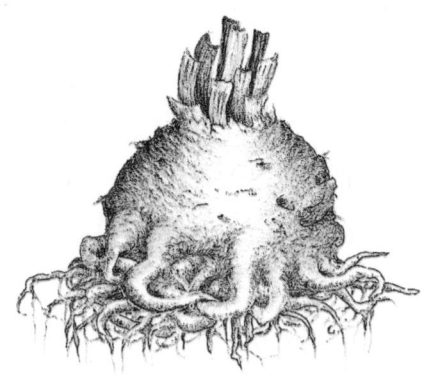

Kartoffelsalat

Für Kartoffelsalat gibt es in Deutschland vermutlich so viele Rezepte wie Haushalte. Wir stellen Ihnen hier stellvertretend zwei Versionen vor.

Warmer Kartoffelsalat

Zutaten für 4 Personen:
750 g festkochende Kartoffeln (am besten schmecken hierfür die »speckigen« Kartoffeln aus Süddeutschland), 1 Zwiebel, 3–4 Essiggürkchen, etwas Gurkenbrühe, 1/8 l heiße Fleisch- oder Gemüsebrühe, 4 Eßlöffel Essig, Salz, Pfeffer aus der Mühle, Salatöl, nach Belieben etwas Schnittlauch zum Garnieren
Zubereitungszeit: 60 Minuten

Die Kartoffeln mit der Schale weichkochen. In der Zwischenzeit die Zwiebel häuten und fein hacken, die Essiggurken fein würfeln.

Die Kartoffeln heiß pellen, in Scheiben schneiden und in eine Schüssel geben. Zwiebeln und Essiggurken vorsichtig unterheben. Einen Schuß von der würzigen Gurkenbrühe und die Brühe angießen. Mit Essig, Salz und Pfeffer würzen. Erst zum Schluß mit Salatöl geschmeidig machen. Nach Wunsch vor dem Servieren mit feingehacktem Schnittlauch bestreuen.

Zur Gurkenzeit kann man die Essiggurken auch durch eine halbe feingehobelte Salatgurke ersetzen. Der Kartoffelsalat schmeckt dann besonders erfrischend.

Kartoffelsalat mit Speck

Zutaten für 4 Personen:
750 g festkochende Kartoffeln, 100 g durchwachsener Speck, 1 kleine
Zwiebel, 200 ml Fleischbrühe, Salz, Pfeffer aus der Mühle, 2 Eßlöffel Essig,
gehackte Kräuter (z. B. Petersilie oder Schnittlauch) zum Garnieren
Zubereitungszeit: 60 Minuten

Kartoffeln in der Schale weich kochen. In der Zwischenzeit Speck
und Zwiebel fein würfeln. Speckwürfel in einem Pfännchen
knusprig ausbraten. Herausheben, auf Küchenkrepp abtropfen
lassen. Im verbliebenen Fett die gehackte Zwiebel anglasen.
Kartoffeln abgießen, noch heiß pellen und in Scheiben schneiden. Gebratenen Speck und Zwiebel hinzufügen. Mit Fleischbrühe, Salz, Pfeffer und Essig abschmecken. Vor dem Servieren
mit den gehackten Kräutern garnieren.

Bevor die Kartoffel nach Deutschland kam, wurden viele Gerichte, die man heute mit Kartoffeln zubereitet, mit Kastanien
(Maronen) gemacht. Da die Ernte schwierig und der Ertrag nicht
so ergiebig ist, die Maronen außerdem nur mildes Klima vertra-
gen, wurden sie rasch von der stärkehaltigen Knollenfrucht verdrängt. Bekanntestes Beispiel ist hierfür wohl der Braunkohl, der
beim traditionellen Bremer Schaffermahl mit Kastanien auf den
Tisch kommt, während man heute im allgemeinen Kartoffeln
dazu ißt.
Die edlen Maronen gedeihen in Deutschland vor allem im milden
Klima der Pfalz. Frisch gibt es sie im Herbst ab Oktober zu kaufen.

Zutaten für 4 Personen:
1 kg Kastanien, 1 Stück Sellerie, ca. 3/4 l Fleisch- oder Gemüsebrühe
Zubereitungszeit: 75 Minuten

Backrohr auf 220 °C vorheizen. Die Kastanien mit einem spitzen
Messer kreuzförmig einritzen. Auf einem Backblech ausbreiten
und 50 ml Wasser angießen. In den heißen Ofen schieben und
auf der mittleren Schiene rund zehn Minuten backen, bis die
Schalen aufplatzen. Kastanien aus dem Rohr nehmen und etwas
auskühlen lassen. Sobald Sie sie anfassen können, die dicke
Schale und das feine braune Häutchen abziehen.
Sellerie putzen und zerkleinern, die Brühe erhitzen. Die geschälten Kastanien mit dem Sellerie in der Brühe weichkochen
(ca. 30 Minuten). Abgießen. Nach Wunsch noch etwas zermusen.
Als Beilage zu Wild oder Braten reichen.

Kohlrabi sind nichts anderes als die zur Knolle verdickten Stengel der Kohlpflanze. Kohlrabi sind denn auch so vielseitig wie ihre Artgenossen: Die jungen Knollen kann man roh in einen bunten Salat raspeln oder aushöhlen und füllen, die größeren Knollen eignen sich als Gemüsebeilage zu Fleischgerichten.

Zutaten für 4 Personen:
2 Kohlrabi (rund 500 g), 1 kleinere Zwiebel, 1 Eßlöffel Butter, Salz, 200 g
Sahne, 1 Teelöffel Speisestärke, Muskat, Pfeffer aus der Mühle
Zubereitungszeit: 30 Minuten

Die Kohlrabi vorbereiten: Frische und zarte Blätter abtrennen und beiseite legen. Von den Knollen den Wurzelansatz abschneiden, dann die dicke Schale vom Wurzelansatz nach oben abziehen. Kohlrabi in Stifte schneiden. Zwiebel häuten und fein hacken.
Butter in einem Topf erhitzen und die gehackte Zwiebel darin anglasen. Kohlrabistifte hinzugeben und unter ständigem Wenden mitdünsten. Salzen. Mit der Sahne zur Sauce auffüllen und darin weich garen (je nach Stärke der Stifte insgesamt 10–15 Minuten). Die zarten Kohlrabiblätter fein schneiden und die letzten Minuten in der Sauce mitgaren. Nach Wunsch die Sauce mit glattgerührter Speisestärke andicken. Abschließend mit frisch geriebenem Muskat und Pfeffer aus der Mühle abschmecken.

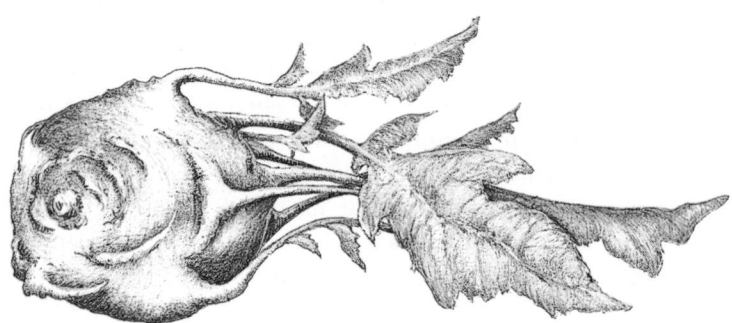

Tomaten, Kartoffeln, Vanille, Kakao und auch Kürbisse gelangten erst nach der Entdeckung Amerikas nach Europa und nach Deutschland. Die exotischen Pflanzen wurden zunächst in den Gewächshäusern des Adels zu rein dekorativen Zwecken gezogen und setzten sich erst später als Nahrungsmittel durch. Obwohl die Kürbispflanze spektakuläre Früchte von bis zu zwei Zentnern Gewicht hervorbringt, führt sie in der deutschen Küche ein Schattendasein – da die Früchte nur wenig Zucker und keine Säure enthalten, besitzen sie kaum Eigengeschmack. Meist wird das Kürbisfleisch deshalb mit kräftigen Gewürzen eingelegt und dann als süß-saures Kompott gegessen.

Zutaten für rund 2 l Kompott:
1 1/2 kg Kürbisfleisch, 1/2 l Essig, nach Geschmack 750–1000 g Zucker,
1/2 Teelöffel Salz, 1 Zimtstange, 10 Gewürznelken, 1 Teelöffel zerstoßene
Pfefferkörner, 1 fünf cm langes Stück Ingwerwurzel, geschält und in
hauchdünne Scheiben geschnitten
Zubereitungszeit: 2 Stunden
Vorbereitung der Kürbisse: 12 Stunden
Einwirkzeit der Marinade: 1 Woche

Für eineinhalb Kilo Kürbisfleisch brauchen Sie einen kleineren Kürbis von etwa zwei Kilo Gewicht oder eine entsprechend große Scheibe einer größeren Frucht. Kürbis vierteln, schälen, die Kerne und die Fäden in der Mitte ausschaben. Kürbisfleisch in Würfel schneiden und in eine Schüssel aus Glas oder Porzellan schichten. Den Essig mit einem halben Liter Wasser verdünnen und über die Kürbisstücke gießen. Abdecken und zwölf Stunden ziehen lassen. Kürbis mehrmals wenden.
Kürbiswürfel abgießen. Die Marinade in einen Topf gießen und mit dem Zucker aufkochen. Kürbis portionsweise darin kochen, bis die Schnittstellen glasig aussehen (rund 5 Minuten). Mit einem Schaumlöffel herausheben und beiseite stellen. Zum Schluß die Gewürze in den Sud werfen, die vorgekochten Kürbiswürfel hinzugeben und alles einmal kräftig aufkochen lassen.

Heiß in sterilisierte Einmachgläser füllen und nach Herstelleranweisung fortfahren (heiß oder kalt verschließen usw.). Nach einer Woche ist das Kürbisfleisch durchgezogen und kann als Beilage zu Braten gereicht werden.

Überprüfen Sie nach einer Woche, ob der Saft seine sirupartige Konsistenz behält. Ansonsten abgießen und noch einmal dick einkochen.

Leipziger Allerlei

Was einst als feine und aufwendige Gemüsedelikatesse galt, die durch die Zugabe von Krebsschwänzen noch die nötige Noblesse erhielt, ist heute meist zu Fertigware und billigem Kantinenessen verkommen. Aus frischen und hochwertigen Zutaten zubereitet, die gerade zur Jahreszeit passen, ist das Gericht ein Genuß.

Zutaten für 4–6 Personen:
Je 250 g Spargel, Blumenkohl, Möhren, frische junge Erbsen, grüne Bohnen, nach Belieben Lorcheln oder 50 g getrocknete Morcheln, Salz, pro Gemüsesorte 1 knapper Eßlöffel Butter, Pfeffer aus der Mühle, gehackte Petersilie
Zubereitungszeit: 90 Minuten

Das Gemüse schälen und putzen. Spargel in mundgerechte Stückchen schneiden, Blumenkohl in Röschen zerteilen. Die Möhren in Scheibchen von einem Zentimeter Stärke schneiden. Die getrockneten Morcheln mit kochendem Wasser überbrühen, dann zurechtschneiden. Das Gemüse nacheinander in sprudelndem Salzwasser garen und abgießen. Vorgekochtes Gemüse warm stellen.
Die Butter in einem Töpfchen erhitzen. Mit Salz und frisch gemahlenem Pfeffer würzen, Morcheln darin bei milder Hitze dünsten. Das übrige Gemüse dann ebenfalls nach Sorten getrennt in heißer Butter schwenken und abschmecken.

Das Gemüse hübsch auf einer Platte anrichten, Spargelstückchen oder Blumenkohlröschen obenauf verteilen und mit den Pilzen dunkle Farbakzente setzen. Mit der gehackten Petersilie garnieren.

Majoran-Grumbeere

In der Pfalz reicht der Kartoffelanbau auf die Mitte des 18. Jahrhunderts zurück. In den landwirtschaftlich benachteiligten Gebieten baute man die Knollenfrucht (die hier »Grumbeere«, d. h. »Grundbirne« genannt wird) als Zukost an. Gewürzt mit Speck und Majoran ergibt sie eine schmackhafte Beilage zu Braten oder Pfälzer Würsten.

Zutaten für 4 Personen:
750 g festkochende Kartoffeln, 200 g durch-
wachsener Speck, 1 Eßlöffel Schweineschmalz,
1 Teelöffel getrockneter und gerebelter Majoran
(oder 3 Teelöffel frische Majoranblättchen),
Salz, Pfeffer aus der Mühle, 1/8 l Fleisch- oder
Gemüsebrühe
Zubereitungszeit: 60 Minuten

Kartoffeln schälen und in Scheiben oder grobe Würfel schneiden. Den Speck in feine Stifte schneiden. Schmalz in einer weiten Pfanne mit schwerem Boden erhitzen. Speckstifte hinzufügen und anglasen. Kartoffeln dazugeben und 5 Minuten kroß anbraten. Mit Majoran, Salz und Pfeffer bestreuen, Brühe angießen und zudecken. Bei mäßiger Hitze langsam gar kochen (etwa 30 Minuten). Gelegentlich wenden.

Münsterländer Schmalzäpfel

Im Winter werden diese recht üppigen Äpfel zu Braten, Wild und Geflügel gegessen. Mit Zimtzucker und Rosinen bestreut ergeben sie auch ein köstliches Dessert.

Zutaten für 4 Personen:
4 große, feste Äpfel, Schmalz
Zubereitungszeit: 60 Minuten

Die Äpfel waschen und trockenreiben. Die Schale mit einer Gabel mehrmals einstechen.
Backrohr auf 200 °C vorheizen.
Soviel Schmalz in einem Topf zerlassen, daß die Äpfel darin schwimmen können. Äpfel ins heiße Schmalz setzen und sieden, bis die Schale aufplatzt. Mit einer Schaumkelle herausheben und in eine Auflaufform setzen. Im heißen Backrohr backen, bis die Äpfel weich sind (je nach Sorte ca. 25 Minuten).

Pellkartoffeln

Kartoffelgerichte sind typisch für die Pfalz und stellten lange Zeit die alltägliche Kost für Weinbauern und Leser dar. Die Pellkartoffeln wurden morgens gut gewaschen aufgesetzt. Bauern und Helfer gingen in den Weinberg; die Großmutter, für die die Feldarbeit zu anstrengend geworden war, blieb zu Hause und kümmerte sich um die Essensbereitung. Mittags brachte sie dann die Kartoffeln in der Schale in den Weinberg, wo sie die Leser zu Leber- und Blutwurst und eingelegten Gurken verspeisten.

Zutaten für 4 Personen:
750 g Kartoffeln
Zubereitungszeit: je nach Größe der Kartoffeln ca. 45 Minuten

Auch gewöhnliche Pellkartoffeln verlangen nach einer sorgfältigen Zubereitung. Nur wenn sie richtig behandelt werden, können sie ihren geschmacklichen Reiz voll entfalten. Nehmen Sie deshalb nur gleich große Kartoffeln, damit sie gleichmäßig garen. Die Kartoffeln sollten außerdem eine straffe Schale besitzen und sich fest und prall anfühlen.
Kartoffeln waschen und ungeschält mit kaltem Wasser in einem großen Topf mit Gießrand und flachem Deckel aufsetzen. Zum Kochen bringen und im sprudelnden Wasser garen. Kartoffeln abgießen und auf der heißen Herdplatte ausdämpfen lassen, bis sie ganz trocken sind. Heiß pellen und in einer Beilagenschüssel auftragen.

Pochierte Birnen

Hildegard von Bingen warnte vor übermäßigem Birnengenuß, weil das Obst »dämpfig« mache. In der Tat waren die kleinen, derben Birnensorten, die zu ihren Lebzeiten in Deutschland gediehen, roh kaum genießbar. Sie wurden daher getrocknet oder verkocht. In Wein pochiert schmecken sie apart und passen hervorragend zu Wildgerichten.

Zutaten für 4 Personen:
1 Flasche würziger Weißwein, 1 Muskatnuß, 1 Lorbeerblatt, 1 Gewürznelke, 1 Teelöffel abgeriebene Zitronenschale, 2 Eßlöffel Zitronensaft, 4 Birnen
Zubereitungszeit: 60 Minuten

Weißwein in einen Topf gießen. Die ganze Muskatnuß und die übrigen Gewürze mit dem Zitronensaft hinzufügen. Langsam erhitzen und 30 Minuten durchköcheln lassen.
In der Zwischenzeit die Birnen schälen, das Kernhaus herauslösen. Früchte unten gerade abschneiden, damit sie später aufrecht stehen bleiben.
Pochiersud durch ein Sieb gießen und wieder aufsetzen. Die Birnen hineinsetzen und mit einem Teller beschweren, damit sie nicht an die Oberfläche treiben. Zum Kochen bringen und zehn bis fünfzehn Minuten pochieren, bis die Birnen weich, aber noch bißfest sind.
Mit einer Schaumkelle herausheben und beispielsweise zu Rehrücken reichen.

Rettichsalat

Zu einer zünftigen Brotzeit gehört gesalzener Rettich. Die scharfe Wurzel ist nicht nur die Krönung eines jeden Biergartenbesuchs, sondern obendrein auch noch gesund. Die in ihr enthaltenen ätherischen Öle lindern Leber- und Gallenbeschwerden sowie Hustenreiz. Der Rettich wird mit einem Rettichschneider spiralförmig aufgeschnitten. Wer kein solches Spezialgerät besitzt: ein normaler Gurkenhobel tut's auch.

Zutaten für 4 Personen:
1 Rettich, Salz
Zubereitungszeit: 10 Minuten

Den Rettich putzen, den oberen Teil mit dem Kraut abschneiden. Den Rettich fein hobeln und in eine Schüssel geben. Gut salzen, abdecken und unter gelegentlichem Schütteln ziehen lassen. Das nimmt dem Rettich einen Teil seiner Schärfe.
Zu Wurst und Schwarzbrot servieren.

Rote-Bete-Salat

Zutaten für 4 Personen:
2 mittelgroße rote Beten, 1 Kopfsalat (oder anderer Blattsalat nach Wahl), 150–200 g saure Sahne, 1 Eßlöffel Weinessig, 1 Eßlöffel Senf, 1 Bund Schnittlauch, Salz, Pfeffer aus der Mühle
Zubereitungszeit: 75 Minuten

Rote Beten vorsichtig waschen und darauf achten, daß die Schale nicht verletzt wird. Die Beten bluten beim Garen sonst aus und verlieren ihre appetitliche rote Farbe. Das Kraut zweifingerbreit über dem Strunkansatz abschneiden.

Rote Beten nun entweder in Alufolie wickeln und im 200 °C heißen Ofen rund eine Stunde garen oder in leicht gesalzenem Wasser weichkochen (ebenfalls ca. 60 Minuten). Beten aus der Folie wickeln bzw. abgießen, unter kaltem Wasser abschrecken und erkalten lassen.

In der Zwischenzeit den Salat waschen und in mundgerechte Stücke reißen. Für das Dressing saure Sahne, Essig und Senf mit einem Schneebesen verschlagen. Schnittlauch fein hacken. Etwas zum Garnieren beiseite stellen und den Rest unter das Dressing ziehen. Mit Salz und Pfeffer abschmecken.

Beten häuten und in Stifte schneiden.

Blattsalat mit dem Dressing vermengen und auf vier Teller verteilen. Die gestiftelten roten Beten darauf betten. Mit dem gehackten Schnittlauch bestreuen und servieren.

274

Rotkraut

Die klassische Beilage zu Enten- und Gänsebraten und zu Wild.

Zutaten für 4 Personen:
1 Kopf Rotkohl (etwa 1 kg), 1 Zwiebel, 4 Eßlöffel Butter oder Schmalz,
2 Eßlöffel Essig, 1 Birne, 1 Eßlöffel Johannisbeermarmelade, Salz, 2 Lor-
beerblätter, 2 Gewürznelken, 1/8 l Fleisch- oder Gemüsebrühe
Zubereitungszeit: 75 Minuten

Kohl putzen. Dazu die unschönen Außenblätter entfernen, dann den Kopf vierteln und den Strunk herausschneiden. Kohlviertel feinstreifig aufschneiden. Die Zwiebel abziehen und fein hacken. Das Fett in einem Topf erhitzen und die Zwiebel darin andünsten. Den geschnittenen Kohl hinzufügen und kurz darin schwenken. Mit Essig beträufeln, damit die schön intensive Farbe nicht verblaßt. Birne schälen, entkernen und in kleine Schnitze schneiden. Ins Kraut geben. Johannisbeermarmelade unterrühren. Salzen und Gewürze hinzufügen. Brühe angießen und den Rotkohl etwa 45 Minuten zugedeckt dünsten.
In eine vorgewärmte Schüssel füllen und servieren.

Sahnewirsing

Vielen Lesern wird Wirsing noch als Schreckensgericht in Erinnerung sein: grau und müde breitete sich die totgekochte Masse im Teller aus. Heute wird Wirsingkohl meist nur leicht gedünstet, damit er seine anregende, zartgrüne Farbe und seine Knackigkeit behält – und auch noch interessant schmeckt!

Zutaten für 4 Personen:
1 Wirsingkohl (ca. 1 kg), Salz, 2 Schalotten, 50 g Butter, 1/4 l Brühe,
100 g Doppelrahm, Muskat, Pfeffer aus der Mühle
Zubereitungszeit: 45 Minuten

Wirsing putzen: die unschönen äußeren Blätter entfernen, vierteln, Strunk herausschneiden. Wirsing feinstreifig aufschneiden. Feingeschnittenen Wirsing in sprudelndem Salzwasser blanchieren. Abgießen, mit kaltem Wasser abschrecken und gut abtropfen lassen.
Schalotten abziehen und fein hacken. In der Butter glasig dünsten. Den Wirsing hineingeben und kurz darin schwenken. Brühe angießen und den Wirsing in der Flüssigkeit gar dünsten. Zum Schluß mit Rahm verfeinern und abschmecken.
Paßt zu zartem Geflügel und Fleischgerichten.

Sauerkraut

Was hat Sauerkraut mit Venedig zu tun? Die venezianische Handelsflotte des Mittelalters hatte ihre Übermacht nicht zuletzt dem Sauerkraut zu verdanken: Der durch natürliche und schonende Milchsäuregärung gesäuerte und dadurch haltbare Weißkohl enthält große Mengen an Vitamin C und Mineralsalze. Und damit konnte die gefürchtete Seemannskrankheit Skorbut, die durch Vitaminmangel hervorgerufen wird, in Schach gehalten werden.

Sauerkraut wird heute meistens fertig gekauft und dann gedünstet. Wir zeigen Ihnen hier auch, wie man Sauerkraut selbst machen und mehrere Monate kühl lagern kann.

Zum Einmachen:
4 Köpfe Winterweißkohl, 50 g Salz, 2 Teelöffel Zucker, 1 Handvoll zerstoßene Wacholderbeeren, 4 zerriebene Lorbeerblätter
Zubereitungszeit: 3 Stunden
Gärzeit: 2–3 Wochen

Weißkohl vorbereiten. Unschöne Blätter entfernen, einige makellose Blätter zum Abdecken beiseite legen. Kohlköpfe vierteln, Strünke herausschneiden. Auf der Brotmaschine in feine Streifen schneiden oder hobeln.

Einen Steinguttopf sorgfältig auswaschen und trockenreiben. Das fein geschnittene Kraut lagenweise einfüllen und mit einem Krautstößel (oder mit den Händen) einstampfen, bis Flüssigkeit austritt. Jede Schicht salzen und mit Gewürzen bestreuen. Den Topf soweit füllen, daß die Flüssigkeit über dem Kraut steht. Ggf. mit gekochtem und erkaltetem Salzwasser (1 Eßlöffel Salz auf 1 Liter Wasser) ergänzen. Mit den gewaschenen Blättern abdecken. Ein steriles Küchentuch darüberlegen und mit einem ausgekochten Küchenbrett oder Teller abdichten. Mit einem Gewicht beschweren – der Druck ist für die Milchsäuregärung (die Sie mit etwas Molke unterstützen können) notwendig.

Die ersten zwei oder drei Tage bei Raumtemperatur gären lassen, dann im Keller bei 15 °C stehen lassen. Nach zwei bis drei Wochen ist das Sauerkraut fertig.

Sollte die Flüssigkeit verdunstet sein, mit kaltem Salzwasser auffüllen, bis das Kraut wieder vollständig bedeckt ist. Wenn sich ein Belag gebildet hat, Tuch, Brett und Stein auskochen und wieder auflegen.

Sauerkraut, gedünstet

Zutaten für 4 Personen:
1 Zwiebel, 1 Apfel, 2 Eßlöffel Butter oder Schweineschmalz, 1 kg Sauerkraut, 1/4 l Fleischbrühe oder Weißwein, 1 Lorbeerblatt, 5 Wacholderbeeren
Zubereitungszeit: 60 Minuten

Die Zwiebel häuten und in Ringe hobeln, den Apfel schälen, vierteln, entkernen und längs in Scheiben schneiden. Fett in einem großen Topf erhitzen und vorbereitete Zwiebel und Apfelscheiben darin andünsten. Das Sauerkraut hinzufügen und mitdünsten. Fleischbrühe oder Wein angießen, Gewürze dazugeben und bei milder Hitze sanft garen.

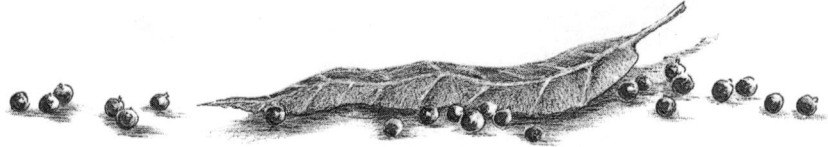

Äußerst wohlschmeckend und bekömmlich ist ein Salat aus Knollensellerie, ein Gemüse, das bei uns – sehr zu Unrecht – selten die Hauptrolle spielt und meist nur ein Schattendasein als Suppengemüse fristet. Im Altertum dagegen galt die Knolle mit dem intensiven und unverwechselbaren Aroma als Aphrodisiakum und als Mittel für ewige Jugend!

Zutaten für 4 Personen:
1 kg Knollensellerie, Salz, Pfeffer aus der Mühle, guter Weinessig, Öl
Zubereitungszeit: 30 Minuten

Sellerie waschen und – je nach Größe der Knolle – halbieren oder vierteln. Schälen und in fingerdicke Scheiben schneiden. In sprudelndem Salzwasser garen, bis sie weich, aber noch bißfest sind. Mit einer Schaumkelle herausheben und in eine Schüssel schichten. Mit Kochsud knapp bedecken. Würzen und vor dem Servieren gut durchziehen lassen.

Steckrüben haben sehr an Beliebtheit verloren, da sie in schlechten Zeiten als Brotersatz und Grundnahrungsmittel schlechthin dienen mußten. Wegen dieser unschönen Erinnerungen waren sie in der deutschen Küche lange Zeit verpönt. Von der modernen Küche werden sie jedoch als vielseitiges Gemüse wiederentdeckt.

Zutaten für 4 Personen:
1 Steckrübe (ca. 1 kg), 2 Mohrrüben, 1 kleine Knolle Sellerie, 1 Zwiebel, 1 Lauchstange, 2 Eßlöffel Butter, 1/2 l Fleisch- oder Gemüsebrühe, Salz, Pfeffer aus der Mühle, getrockneter Thymian, 1 Eßlöffel gehackte Petersilie
Zubereitungszeit: 60 Minuten

Steckrübe waschen, putzen und würfeln. Mohrrüben und Sellerie ebenfalls putzen und etwas feiner würfeln als die Steckrübe. Zwiebel häuten und in Ringe hobeln, Lauch gründlich waschen. Längs halbieren und in feine Streifen schneiden.
Die Butter in einem Topf zerlassen und das vorbereitete Gemüse darin andünsten. Mit Brühe aufgießen, Salz, Pfeffer und Thymian (je nach gewünschter Intensität bis zu 1 Teelöffel) hinzufügen. Abdecken und leise köcheln lassen, bis das Gemüse weich, aber noch bißfest ist (20–30 Minuten).
Abgießen und mit gehackter Petersilie bestreut servieren.

Teltower Rübchen

Teltower Rübchen sind eine kleine und dafür besonders geschmacksintensive Zuchtform der weißen Rüben, die ursprünglich auf den kargen Sandböden der Mark Brandenburg angebaut wurde. Heine und Goethe sollen die Rübchen mit dem süßlicherdigen Geschmack sehr geschätzt haben.

Zutaten für 4 Personen:
750 g Teltower Rübchen, 3 Eßlöffel Butter, 1–2 Eßlöffel Zucker, 1/4 l
Fleisch- oder Gemüsebrühe, 1 Spritzer Essig, 100 g Sahne, Salz, Pfeffer aus
der Mühle, 1 Eßlöffel gehackte Petersilie zum Garnieren
Zubereitungszeit: 60 Minuten

Die Rübchen putzen und in grobe Stücke schneiden. In einem Topf die Hälfte der Butter zerlassen. Die Rübchen hineingeben und darin andünsten. Zucker, Brühe und Essig hinzufügen. Abdecken und die Rübchen sanft gar köcheln. Kurz vor Ende der Garzeit den Deckel abheben und die restliche Flüssigkeit verkochen lassen. Mit der restlichen Butter und Sahne verfeinern. Salzen und pfeffern. Mit gehackter Petersilie bestreuen und zu Fleischgerichten servieren.

In Süddeutschland eine beliebte Beilage zu Mehlspeisen und zu Zwetschgenknödeln. Auch frisch gebackene Rohrnudeln (Rezept auf Seite 334) werden durch ein Schälchen warmes Zwetschgenkompott erst zum vollendeten Genuß.

Zutaten für 4 Personen:
1 1/2–2 kg Zwetschgen, Zucker, 2 Gewürznelken, nach Belieben 2 Eßlöffel
Rum
Zubereitungszeit: 45 Minuten

Zwetschgen waschen, halbieren und entsteinen. In einen Topf geben. Soviel Wasser zugießen, bis der Topfboden gerade bedeckt ist. Nach Geschmack zuckern. Gewürznelken hineingeben und nach Wunsch mit Rum aromatisieren. Zudecken, einmal aufkochen lassen und auf kleiner Flamme zur gewünschten Konsistenz verkochen. Lauwarm servieren.

Saucen

Biersauce

Eine Biersauce paßt hervorragend zu Schweinebraten oder Schweinshaxen.

Zutaten für etwa 2 kg Bratenfleisch:
1 Zwiebel, 2 Knoblauchzehen, 1/2 l helles Bier, 1 Lorbeerblatt, 1 Teelöffel
Pfefferkörner, Kümmel nach Geschmack, Bratenfond, Salz, nach Belieben
1 Teelöffel Speisestärke
Zubereitungszeit: 30 Minuten

Zwiebel und Knoblauchzehen abziehen und fein hacken. Bier in einen Topf geben. Zwiebel, Knoblauch, Lorbeer, Pfefferkörner und nach Belieben Kümmel zufügen. Auf lebhafter Flamme auf ein Drittel einkochen lassen. Bratenfond abschöpfen, durch ein Sieb passieren und hinzugießen. Bis zur gewünschten Konsistenz einkochen. Mit Salz abschmecken. Nach Belieben mit glattgerührter Speisestärke binden.

Cumberlandsauce

Nicht in England, sondern in Hannover wurde die aparte Sauce aus Johannisbeergelee, Rotwein, Gewürzen und feingeschnittenen Orangenschalen erfunden. Kreiert hat sie der Hofkoch von Herzog Ernst August von Cumberland und zu Braunschweig-Lüneburg – einem Sohn des englischen Königs Georg V.

Zutaten für 4–6 Personen:
2 unbehandelte Orangen, 1/2 Glas Rotwein, 2 Schalotten, 250 g Johannisbeergelee, 1 Teelöffel Senf, 1/2 Glas Portwein
Zubereitungszeit: 60 Minuten

Die Orangen waschen und hauchdünn schälen. Die Schalen in sehr feine Streifen schneiden. Orangensaft auspressen und mit dem Rotwein in einen Topf geben. Schalotten abziehen und hauchfein hacken. Schalottenhack und Orangenschalen zu Saft und Wein geben und alles zusammen zu einer sirupartigen Flüssigkeit verkochen. Vom Herd nehmen und erkalten lassen. Johannisbeergelee mit dem Senf verrühren. Unter die erkaltete Sauce mischen und mit Portwein abschmecken.

Die Sauce wird kalt zu Wildpasteten, kaltem Wild und Federwild gegessen.

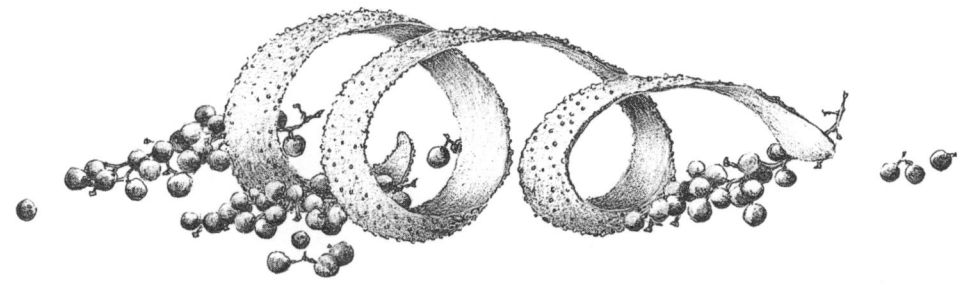

Daß Goethes Mutter die »grieh Sooß« erfunden haben soll, ist wohl im Bereich der Legenden anzusiedeln. Die Zusammensetzung der Grünen Sauce mit ihren vielen verschiedenen frischen Kräutern läßt eher italienische oder französische Ursprünge vermuten. Die piemontesische »Salsa verde«, die ebenfalls zu gesottenem Ochsenfleisch gegessen wird, ist ihr zumindest verblüffend ähnlich.

Zutaten für 4 Personen:
500 g Kräuter (gibt's auf dem Markt oft schon als Strauß für die Frankfurter Grüne Sauce fertig gebunden) nach Belieben aus Petersilie, Schnittlauch, Kresse, Kerbel, Estragon, Dill, Pimpernelle, Borretsch, Zitronenmelisse gemischt, 2 Schalotten, 250 g saure Sahne, 125 g Salatmayonnaise, 1 Prise Zucker, Salz, Pfeffer aus der Mühle, Essig, 2 hartgekochte Eier, Salatöl
Zubereitungszeit: 45 Minuten

Kräuter waschen und auf Küchenkrepp abtropfen lassen. Blättchen von den Stengeln zupfen. Mit dem Wiegemesser fein hacken. Schalotten abziehen und fein hacken.
Kräuter und Schalottenhack in eine Schüssel geben und mit der sauren Sahne vermischen. Die Mayonnaise unterrühren. Mit Zucker, Salz, frisch gemahlenem Pfeffer und einem Spritzer Essig abschmecken.
Die Eier halbieren, die Eidotter herauslösen und durch ein feines Sieb streichen. Mit Öl geschmeidig rühren und mit einem Schneebesen unter die Sauce schlagen. Das Eiweiß fein hacken und unterheben. Nochmals abschmecken.

Nach Möglichkeit die Sauce vor dem Servieren etwas durchziehen lassen, damit die Kräuter Zeit haben, ihre Aromastoffe an die Sauce abzugeben.

Helle Buttersauce

Diese einfache Buttersauce paßt hervorragend zu gedünstetem Gemüse wie Spargel, Schwarzwurzeln oder Rübchen.

Zutaten für 4 Personen:
4 Eßlöffel Butter, 1 Eßlöffel Mehl, 400 ml Gemüsebrühe oder Kochsud (von Spargel etc.), Muskat, Pfeffer aus der Mühle, Salz, evtl. gekörnte Brühe
Zubereitungszeit: 30 Minuten

Drei Eßlöffel Butter in einem Topf zerlassen. Das Mehl hineinrühren und hellgelb anschwitzen. Den Gemüsesud hinzugießen und einmal aufkochen lassen. Mit frisch geriebenem Muskat, Pfeffer und, falls nötig, mit Salz und gekörnter Brühe abschmecken. Mit der restlichen Butter verfeinern und vom Herd nehmen.

Diese Buttersauce läßt sich beliebig variieren:
Für eine gehaltvollere Sauce 200 ml Gemüsesud durch 200 ml flüssige Sahne ersetzen; zuerst die Sahne, dann den Gemüsesud in die Mehlschwitze einrühren und wie beschrieben fortfahren.

Für eine Schwarzwurzelsauce mit zwei verquirlten Eigelben legieren und mit etwas Zitronensaft leicht säuerlich abschmecken.

Kapern sind die Blütenknospen des Kapernstrauchs, der im Mittelmeerraum gedeiht. Die Knospen kommen in verschiedenen Größenklassen in den Handel: die kleinsten sind kaum größer als ein Stecknadelkopf, während die festfleischigen und hocharomatischen Exemplare, die in Salz eingepackt auf südländischen Märkten feilgeboten werden, annähernd die Größe eines Daumennagels erreichen. In Deutschland bekommt man Kapern meist in einer Salzlösung oder in Essig konserviert zu kaufen.

Zutaten für 4 Portionen:
2 Eßlöffel Butter, 1 Eßlöffel Mehl, je nach Verwendungszweck 1/2 l Fleisch-oder Fischbrühe, 2 Eßlöffel Kapern, Saft von 1 Zitrone, 100 g Crème fraîche, Salz, Pfeffer aus der Mühle, 2 Eigelbe
Zubereitungszeit: 30 Minuten

Butter in einem Stieltopf erhitzen, mit dem Mehl eine helle Mehlschwitze bereiten, die mit der Brühe aufgefüllt wird. Kapern abtropfen lassen. Sauce mit Kapern und Zitronensaft fein säuerlich abschmecken. Die Crème fraîche unterziehen und mit wenig Salz (die Kapern schmecken schon recht salzig!) und frisch gemahlenem Pfeffer abschmecken. Vom Herd ziehen und mit den Eigelben legieren.

Wer einmal zuviel Meerrettich erwischt oder Meerrettich selbst gerieben hat, weiß, wie beißend scharf die Wurzel ist. Neben der Schärfe, die von den sogenannten Meerrettich-Ölen verursacht wird, besitzt Meerrettich eine antiseptische Wirkung. Das wußten bereits die Griechen des Altertums und setzten Meerrettichumschläge zum Desinfizieren von offenen Wunden ein. Bei uns gilt Meerrettich als Hausmittel gegen Fieber – und gegen Geldnot. Angeblich hilft es schon, ein Stückchen Meerrettichwurzel in der Brieftasche mit herumzutragen.

Zutaten für 1 kg Fleisch:
2 kleinere Meerrettichstangen, Saft von
1/2 Zitrone, 2–3 Eßlöffel Butter, 100 g
Semmelbrösel, 1/4 l Fleischbrühe, 125 g
Sahne, Salz, Zucker, Weißweinessig
Zubereitungszeit: 60 Minuten

Meerrettichstangen schälen und fein reiben (die wenigsten Tränen gibt's mit der Küchenmaschine – Schwimmbrille aufsetzen geht auch). Mit Zitronensaft beträufeln, damit der Meerrettich nicht braun anläuft. Die Butter in einem Topf zerlassen und den feingeriebenen Meerrettich darin andünsten. Die Semmelbrösel einstreuen und kurz mitrösten. Fleischbrühe und Sahne hinzugießen und rund 15 Minuten bei mittlerer Hitze durchköcheln. Mit Salz, einer Prise Zucker und einem Schuß Essig abschmecken.

Petersiliensauce

Zutaten für 4 Personen:
1 Bund Petersilie, 1 Schalotte, 1–2 Eßlöffel Butter, 1/2 l Fisch- oder
Fleischbrühe, 100 g Crème fraîche, Salz, Pfeffer aus der Mühle
Zubereitungszeit: 30 Minuten

Petersilienblättchen von den Stengeln zupfen und kurz abbrausen. Auf Küchenkrepp abtropfen lassen. Schalotte abziehen und
fein hacken. Die Butter in einer Pfanne zerlassen, die Schalotte
darin glasig dünsten. Mit Brühe aufgießen und durchkochen. Mit
Crème fraîche verfeinern. Mit Salz und frisch gemahlenem Pfeffer abschmecken. Petersilie unterziehen und glattrühren.

Zu Fisch- und Fleischgerichten servieren.

Pilzsauce

Zutaten für 4 Personen:
200 g frische Pilze (gemischt oder von einer Sorte, z. B. nur Pfifferlinge),
2 Schalotten, 2 Eßlöffel Butter, 1/8 l Fleischbrühe, 2 Eßlöffel Crème fraîche,
Salz, Pfeffer aus der Mühle, 1 Eßlöffel gehackte Petersilie
Zubereitungszeit: 45 Minuten

Pilze putzen: Kappen mit Küchenkrepp abreiben, Stielenden und
unschöne Stellen mit einem scharfen Messer entfernen. Je nach
Größe in Scheiben schneiden oder ganz lassen. Die Schalotten
häuten und fein hacken. Butter in einem Topf zerlassen und die
Schalotten darin glasig dünsten. Die vorbereiteten Pilze dazugeben und kräftig anschmoren. Wenn die Pilze beim Braten nicht
genügend Saft ziehen, Fleischbrühe hinzugießen. Mit der Crème
fraîche verfeinern. Salzen und pfeffern. Zum Schluß fürs Auge
noch fein gehackte Petersilie einstreuen.

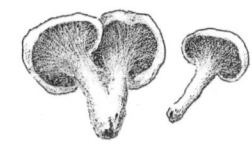

Rieslingsauce

Diese Sauce paßt hervorragend zu gedünstetem oder in Salz-wasser gegartem Fisch.

Zutaten für 4–6 Personen:
125 g Butter, 1 Eßlöffel Mehl, 1/2 l Fischsud, 1/8 l Riesling, 6 Eier, Saft einer halben Zitrone, 1/2 Teelöffel Senf, 1 Prise Zucker, Salz
Zubereitungszeit: 30 Minuten

Aus zwei Eßlöffeln Butter und Mehl eine helle Mehlschwitze bereiten. Nach und nach mit Fischsud und Riesling aufgießen und gut verrühren. Vom Herd nehmen.
Eier, Zitronensaft, Senf und Zucker schaumig rühren. Unter die Sauce geben. Anschließend im Wasserbad so lange aufschlagen, bis die Sauce eine dickliche Konsistenz erhält. Dabei die restliche Butter flöckchenweise einarbeiten. Abschmecken und zum Fisch servieren.

Nach Belieben mit einem Eßlöffel Kapern verfeinern.

Sahnesauce

Diese Sahnesauce macht aus schlichten Eiernudeln oder aus einem einfachen Schnitzel in Minutenschnelle ein tolles Abendessen.

Zutaten für 4 Personen:
50 g Butter, 200 g Sahne oder Doppelrahm, Salz, Pfeffer aus der Mühle,
Muskat, 1 Büschel Brunnenkresse, 1 Bund Petersilie
Zubereitungszeit: 30 Minuten

Butter mit Sahne in einem Töpfchen erhitzen. Salzen, pfeffern und mit frisch geriebenem Muskat abschmecken. 15 Minuten bei milder Hitze durchköcheln lassen.
In der Zwischenzeit die Kräuter waschen, von den Stengeln zupfen und trockentupfen. Petersilie fein hacken. Kräuter unter die Sauce rühren und fünf Minuten mitkochen. Nochmals abschmecken und servieren.

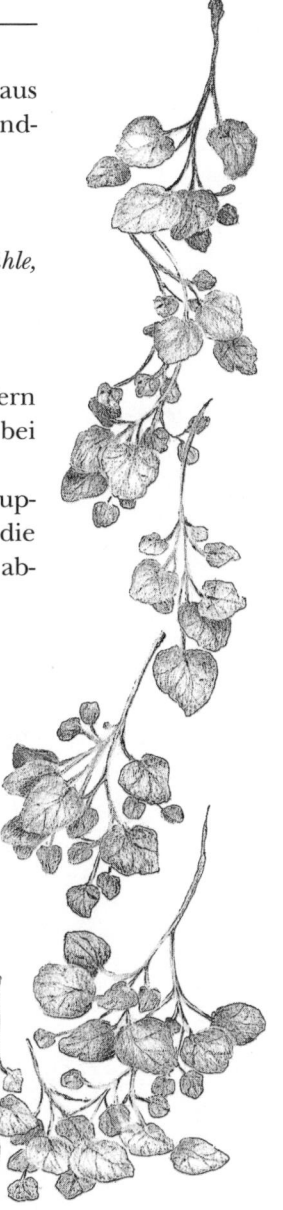

Salatsauce mit Crème fraîche

Zutaten:
100 ml Himbeeressig, Salz, 125 ml Salatöl, Pfeffer aus der Mühle,
1 Eßlöffel Crème fraîche
Zubereitungszeit: 5 Minuten

Essig in ein Schälchen gießen. Salzen. Öl einrühren, mit Pfeffer
abschmecken und mit der Crème fraîche verfeinern.

Salatsauce mit Zitronensaft

Besonders zarte Blattsalate »verschwinden« hinter der aromati-
schen Übermacht von Essig, so daß man für die nötige Säure
besser auf Zitronensaft zurückgreift. Auch wenn Sie zum Essen
einen edlen Wein servieren, ist die behutsame Zitronensäure im
Salat günstiger als kräftiger Essig.

Zutaten:
Saft einer Zitrone, 5 Eßlöffel Öl, 1 Eßlöffel Honig, Salz, Pfeffer aus der
Mühle
Zubereitungszeit: 5 Minuten

Alle Zutaten gründlich miteinander vermischen und unmittelbar
vor dem Servieren über den Salat geben.

Specksauce

Zutaten für 4 Personen:
400 g durchwachsener Speck, 2 Zwiebeln, 1 Teelöffel Mehl, 1/2 l Fleisch-
brühe, Salz, Pfeffer aus der Mühle
Zubereitungszeit: 30 Minuten

Speck würfeln. Zwiebeln häuten und fein hacken. Speck in einer
Pfanne anglasen. Die Zwiebeln hinzugeben und golden dünsten.
Mehl einstreuen und bräunen. Mit Brühe aufgießen und 20
Minuten simmern lassen. Abschmecken und vom Herd nehmen.
Zu Knödeln oder Pellkartoffeln reichen.

Vanillesauce

Vanilleschoten sind die Früchte einer mexikanischen Orchideen-
art und gelangten im 16. Jahrhundert erstmals nach Europa.
Seither schätzt man ihr feines und intensives Aroma für Süßigkei-
ten aller Art. Die Schoten werden vor der Reife geerntet, getrocknet und fermentiert, wobei die schwarzbraune Masse mit dem
typischen Geschmack entsteht. Vanillesauce ist unentbehrliche
Begleitung für Apfelstrudel, Dampfnudeln oder eine Apfeltate
(siehe Seiten 315, 320 und 297).

Zutaten für 4 Personen:
1/4 l Milch, 1 Eßlöffel Zucker, 1/2 Vanilleschote, 2 Eigelbe
Zubereitungszeit: 45 Minuten

Milch in einen Topf gießen und zuckern. Die Vanilleschote längs
aufschlitzen, das Mark in die Milch schaben. Milch unter ständigem Rühren zum Kochen bringen.
Vom Herd ziehen. Zwei Eßlöffel Milch abmessen und damit die
beiden Eigelbe verquirlen. Eier in die Milch gießen und im
Wasserbad bei mittlerer Hitze so lange rühren, bis die Sauce die
gewünschte, leicht dickliche Konsistenz erhält.

Süßes

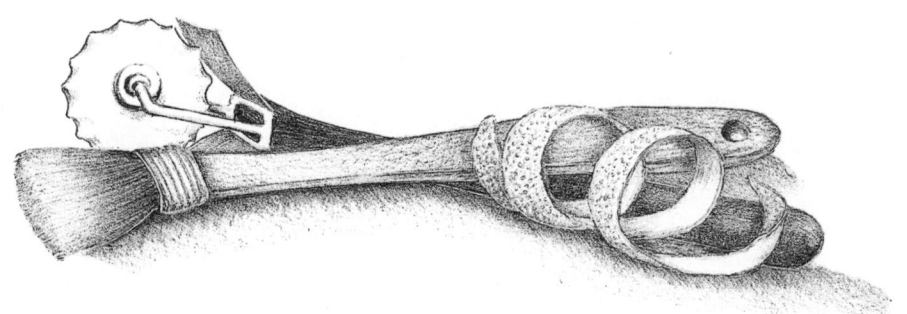

Desserts

Apfeltate

Dieser gestürzte Auflauf kann warm als Dessert oder kalt als Kuchen für die nachmittägliche Kaffeetafel serviert werden.

Zutaten für eine Kuchenform mit 24 cm Durchmesser:
200 g Butter, 150 g Zucker, 3 Eier, 250 g Mehl, 1 kg Äpfel
Außerdem: Butter und etwas Zucker für die Form, Puderzucker zum Bestäuben
Zubereitungszeit: 90 Minuten

Butter, Zucker und Eier schaumig schlagen. Nach und nach das Mehl unterrühren.
Backrohr auf 180 °C vorheizen.
Äpfel schälen, vierteln und entkernen. In schmale Spalten schneiden. Eine Form ausbuttern und mit Zucker bestreuen. Die Apfelspalten fein säuberlich hineinschichten.
Den Teig über den Äpfeln verteilen und sorgfältig glattstreichen.
Apfeltate in den heißen Ofen schieben und 50 Minuten backen.
Noch heiß auf eine Kuchenplatte stürzen und mit Puderzucker bestäuben.

Vanillesauce (Rezept auf Seite 293) ist eine wunderbare Begleitung.

Arme Ritter

Das Rezept taucht unter der Bezeichnung »armeritlere« bereits in einem Kochbuch aus dem 14. Jahrhundert auf, das in der Gegend von Würzburg niedergeschrieben wurde. Ob das Gericht wirklich von verarmten Rittern abzuleiten ist, die sich nur altbackenes Brot zum Nachtisch leisten konnten, bleibt ungeklärt. Fest steht jedenfalls, daß die armen Ritter Generationen von Schulkindern erfreuten, wenn sie nachmittags hungrig vom Spielen nach Hause kamen.

Zutaten für 4 Personen:
4 Toastbrotscheiben vom Vortag, 1 Tasse Milch, 1 Ei, 1 Teelöffel abgeriebene Zitronenschale, 1 Prise Zucker, 1 Prise Salz, Fett zum Ausbacken, Puderzucker zum Bestäuben
Zubereitungszeit: 20 Minuten

Die Toastbrotscheiben diagonal halbieren. Milch und Ei verquirlen und mit Zitronenschale, Zucker und Salz würzen. Die Brotscheiben hineintauchen und abtropfen lassen.
Im heißen Fett auf beiden Seiten goldbraun backen. Mit Puderzucker bestäuben und nach Belieben solo oder mit Vanillesauce servieren.

Bautzener Plinsen

Plinsen stammen aus Rußland, wo sie aus Buchweizenmehl zubereitet werden. Die slawische Minderheit in der Oberlausitz hat sie auch im östlichsten Zipfel Sachsens heimisch gemacht.

Zutaten für 4 Personen:
1/2 Hefewürfel, 1/2 l Milch, Salz, 1 Eßlöffel Zucker, 2–3 Eier, 250 g Mehl, 1 Stück Speck zum Ausbacken
Zubereitungszeit: 45 Minuten

Alle angegebenen Zutaten (mit Ausnahme des Specks) zu einem glatten Teig vermengen. Mit einem Küchentuch abdecken und an einem warmen, vor Luftzug geschützten Ort gehen lassen.
Das Speckstück auf eine Gabel spießen und eine Bratpfanne damit ausreiben. Die Pfanne heiß werden lassen und soviel Teig hineingießen, bis der Boden hauchdünn bedeckt ist.
Die Plinsen wie Pfannkuchen auf beiden Seiten goldgelb backen. Aufrollen und zum Kaffee servieren.

Nicht ganz einfach, aber die Krönung eines jeden festlichen Mahls. Mit Bayern hat die Creme allerdings nur indirekt etwas zu tun – das heißt, den Bayern hat sie immer schon besonders gut geschmeckt. In der Tat ist die Creme die Kreation eines berühmten Pariser Restaurants, das vom bayerischen Adel des 18. Jahrhunderts bevorzugt frequentiert wurde. Die Regenten sprachen dem Dessert mit einer derartigen Begeisterung zu, daß die Creme schon bald in Bavaroise umgetauft wurde.

Zutaten für 4 Personen:
2 Blatt Gelatine, 3 Eigelbe, 75 g Zucker, 1 Vanilleschote,
1 Eßlöffel Rum oder ein Likör nach Wahl, 300 g Schlagsahne
Zubereitungszeit: 60 Minuten
Kühlzeit: mehrere Stunden

Gelatine in einem Schälchen mit kaltem Wasser einweichen. Eigelbe mit Zucker verrühren. Die Vanilleschote längs aufschlitzen, das Mark ausschaben und unter die Eiermasse rühren. Diese Masse nun mit dem Handrührgerät zu einer dicken, hellgelben Creme aufschlagen.
Die Gelatine ausdrücken und bei sanfter Hitze in Rum oder Likör und einem Eßlöffel Wasser auflösen. Unter den Eierschaum rühren. Sahne steif schlagen und unterheben.
Eine große Schale oder Portionsförmchen mit kaltem Wasser ausspülen und mit der Creme füllen. Über Nacht im Kühlschrank durchkühlen lassen (bei den kleinen Portionsförmchen genügen zwei bis drei Stunden Kühlzeit).
Die große Form kurz in heißes Wasser tauchen und die Creme auf eine Platte stürzen.

Dazu paßt beispielsweise eine Himbeersauce: 1 Packung tiefgekühlte Himbeeren sanft auftauen lassen, mit Zitronensaft und Zucker und etwas Himbeergeist abschmecken. 20 Minuten durchkochen. Durch ein feines Sieb streichen und die Creme damit umkränzen.

300

Götterspeise

Diese Götterspeise hat nichts mit der glibberigen Masse zu tun, die man aus Fertigpulver rühren kann. Das köstlich fruchtige Dessert bekommt durch das leicht süßlich schmeckende Pumpernickel eine ganz aparte Note, welche sicher auch den Göttern schmecken würde.

Zutaten für 4–6 Personen:
1 kg gemischte Beeren (frisch oder tiefgefroren), ca. 250 g Zucker, Saft einer Zitrone, 350 g Pumpernickel, 100 g Schokoladenraspel, 500 g Sahne, 1 Päckchen Vanillezucker
Zubereitungszeit: 60 Minuten
Kühlzeit: 60 Minuten

Die Beeren sanft erwärmen, nach Geschmack mit 250 Gramm oder mehr Zucker mischen, mit Zitronensaft abschmecken. Einmal aufkochen lassen. Vom Herd ziehen und erkalten lassen. Den Saft abgießen und für ein anderes Rezept verwenden. Die Götterspeise wird sonst zu naß.
Pumpernickel zerkrümeln und mit etwa drei Viertel der Schokoladenraspel vermischen. Sahne mit dem Vanillezucker steif schlagen.
Den Boden einer Dessertschale mit den Brotkrümeln auslegen. Dann die Hälfte der Beeren darüberschichten und mit Sahne bestreichen. Mit Brotkrümeln abdecken, Beeren daraufgeben und wieder mit Sahne überziehen. Mit den restlichen Schokoladenraspeln bestreuen.
Vor dem Servieren eine Stunde im Kühlschrank durchkühlen lassen.

Holunderküchlein

Wohl kaum ein Strauch ist so vielseitig und für den Menschen so gesund wie Holunder: die reifen, schwarzglänzenden Beeren werden zu einem vitaminreichen Saft gepreßt oder zu Suppe verarbeitet (siehe Fliederbeerensuppe auf Seite 36). Für die Holunderküchlein verwendet man die süß duftenden Dolden des Strauchs, die im Mai/Juni an Feldrändern und in Gärten blühen. Diese Holunderküchlein wurden früher einem alten Brauch zufolge wieder an den Strauch im Vorgarten gehängt – sie sollten damit einem jung vermählten Paar reichen Kindersegen bescheren.

Zutaten für 4 Personen:
8 Holunderblüten mit Stiel (zum Anfassen), 200 g Mehl, 1/4 l Milch,
1–2 Eier, 1 Prise Salz, Fett zum Ausbacken, Puderzucker zum Bestäuben
Zubereitungszeit: 60 Minuten

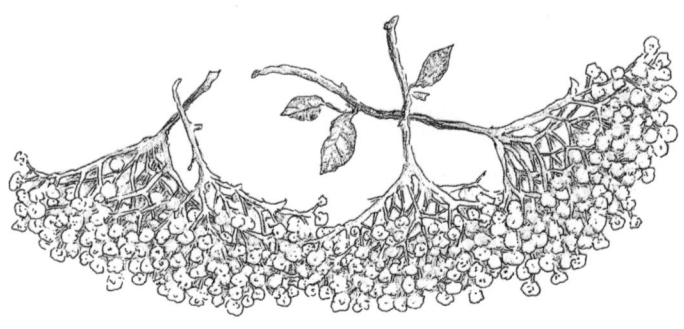

Die Blütendolden wenn nötig kurz unter kaltem Wasser abbrausen. Auf einem Küchentuch zum Trocknen auslegen (feuchte Blüten nehmen den Backteig nicht an).
Aus Mehl, Milch, Eiern und Salz einen flüssigen Backteig herstellen und 30 Minuten quellen lassen.
Das Fett in einer Pfanne oder Friteuse erhitzen. Die Blüten in den Backteig tauchen und im heißen Fett goldgelb ausbacken. Dabei nicht zu viele Blüten auf einmal ins heiße Fett geben. Die Backtemperatur sinkt sonst zu stark ab, und der Teig wird nicht knusprig. Die Blütendolden herausheben, das überschüssige Fett auf Küchenpapier abtropfen lassen. Mit Puderzucker überstäuben und servieren.

Die Holunderküchlein schmecken solo oder mit einem zarten Fruchtkompott.

Mohnklöße

An Weihnachten und an Silvester bilden die schlesischen Mohnklöße – eigentlich ein Schichtkuchen – traditionsgemäß den Abschluß des festlichen Abends. Schlesische Einwanderer brachten das Rezept nach Berlin, wo es zur Silvestertradition geworden ist: Denn jedes einzelne Mohnkörnchen soll im neuen Jahr Glück und Geld bringen.

Zutaten für 4 Personen:
2 Brötchen, gut 1/2 l Milch, 100 g Zucker, 1 Prise Salz, 250 g feingemah-lener Mohn, 125 g Rosinen, 100 g gehackte Mandeln, 50 g abgezogene Mandelhälften zum Garnieren
Zubereitungszeit: 60 Minuten

Brötchen in feine Scheiben schneiden und den Boden einer Form auslegen. Restliche Brötchen beiseite stellen. Die Milch erhitzen. Etwa die Hälfte der Milch abmessen und einen gehäuf-ten Eßlöffel Zucker und eine Prise Salz einrühren. Damit die feingeschnittenen Brötchen anfeuchten.
In einer Schüssel den übrigen Zucker, Mohn, Rosinen und ge-hackte Mandeln vermischen. Die restliche Milch aufkochen las-sen, die Mohnmixtur überbrühen und verrühren. Etwas Mohn-paste auf die Brötchenschicht streichen. Nach dem beschriebene Verfahren Brötchen und Mohn übereinanderschichten, bis alle Zutaten aufgebraucht sind. Die Mohnpaste bildet die oberste Schicht. Die Mandelhälften in einem hübschen Muster obenauf setzen.

Mohnpudding

In den östlichen Regionen Deutschlands, in Österreich und in Südosteuropa spielt Mohn bei den Desserts eine große Rolle. Die Samen des Schlafmohns, aus dessen milchiger Fruchtkapsel auch Opium gewonnen wird, werden gebrüht, gemahlen und zu Kuchen, Aufläufen, zu köstlichen Füllungen und Pasten oder, wie hier, zu Pudding verarbeitet. Allen Mohnspeisen ist eines gemeinsam: Sie sind ganz schön üppig!

Zutaten für 4–6 Personen:
100 g Sahne, 6 Eier, 1 in Milch eingeweichtes Brötchen, 100 g Zucker, 60 g gemahlene Mandeln, 125 g gemahlener Mohn, 1/2 Teelöffel Zimtpulver, 1 Prise Salz, Fett für die Form
Zubereitungszeit: 2 Stunden

Sahne steif schlagen. Eier trennen, Eiweiß zu Schnee schlagen. Eigelbe in einer Schüssel verquirlen, die Sahne hineinrühren, das eingeweichte Brötchen gut ausdrücken, glattrühren und unter die Eiermasse mengen. Nun Zucker, Mandeln und Mohn hinzufügen. Mit Zimt und Salz abschmecken und zum Schluß den Eischnee unterziehen.
Backrohr auf 180 °C vorheizen.
Eine Puddingform einfetten und die Mohnmasse hineinfüllen. Puddingform gut verschließen und in eine größere, ofenfeste Form setzen. Wasser in die große Form gießen, bis die Puddingform zur Hälfte im Wasser steht. Im heißen Backrohr rund 75 Minuten im Wasserbad garen.

Dazu paßt Vanillesauce.

»Ofenschlupfer« ist ein Auflauf, den man »geschwind in den Ofen schieben« und damit beispielsweise die Restwärme des Ofens nach dem Brotbacken geschickt ausnutzen konnte. Da es sich bei diesem Auflauf um ein Resteverwertungsessen handelt, können Sie hier Ihrer Phantasie freien Lauf lassen. Von einer einfachen Version aus altbackenen Semmeln bis zur delikateren Variante aus Biskuitteig oder Hefezopf ist alles erlaubt.

Zutaten für 4 Personen:
400 g Gebäck (Hefekuchen, Weißbrot, Biskuit), 3 Äpfel, 1 Handvoll Mandelstifte oder grob gehackte Haselnüsse, 50 g Rosinen, 1/2 l Milch, 3 Eier, 75 g Zucker, 1/2 Teelöffel Zimt, 1 Eßlöffel abgeriebene Zitronenschale, 1 Prise Salz, 1 Eßlöffel Butterflöckchen, Fett für die Form
Zubereitungszeit: 90 Minuten
Ruhezeit: 45 Minuten

Kuchen oder Brötchen in feine Scheiben schneiden. Äpfel schälen, vierteln, entkernen und in längliche Schnitze schneiden. Gebäckscheiben, Apfelschnitze, Nüsse und Rosinen locker vermischen.
Eine Auflaufform fetten und die Mischung einfüllen. Milch und Eier verrühren, Zucker, Zimt, Zitronenschale und Salz untermixen. Die Flüssigkeit in die Form gießen und die Gebäckmasse damit bedecken. 45 Minuten ziehen lassen.
Backrohr auf 180 °C vorheizen.
Butterflöckchen auf den Ofenschlupfer setzen. Rund 45 Minuten goldbraun backen. Sollte der Auflauf zu stark bräunen, mit Alufolie abdecken.

Pumpernickelpudding

Als »harten, schwarzen und klebrigen Stein« bezeichnete Voltaire den Pumpernickel, das Brot aus ungebeuteltem Roggenmehl und Sauerteig, das ihm bei einer Reise durch Norddeutschland aufgetischt wurde, und auch sein Kollege Lichtenberg gab das schwere Brot lieber den Pferden, als sich selbst damit abzumühen. Was heute wegen seiner Ballast- und Nährstoffe geschätzt wird, war früher das Brot der armen Leute und wurde mit entsprechenden Schimpfworten belegt: »Pumpern« ist der Dialektausdruck für Flatulenz und Nickel eine gebräuchliche Koseform für Nikolaus. Da das Brot in der Tat schwer verdaulich war, bekam es fürderhin diesen wenig schmeichelhaften Namen.

Zutaten für 4 Personen:
8 Eier, 175 g Zucker, 1 Teelöffel Zimtpulver, 1/2 Teelöffel Nelkenpulver, 1 Eßlöffel abgeriebene Zitronenschale, 125 g Pumpernickel, 100 g Zitronat, 150 g gemahlene Mandeln, 125 g Korinthen, 1/4 l Rotwein, Butter für die Form
Zubereitungszeit: 90 Minuten

Eier trennen. Eigelbe und 125 g Zucker zu einer dicklichen, hellgelben Creme aufschlagen. Eiweiß zu sehr steifem Schnee schlagen und unter die Zuckermasse ziehen. Zimt, Nelken und Zitronenschale unterrühren. Pumpernickel fein zerreiben und einrühren, Zitronat fein würfeln und zusammen mit den Mandeln und Korinthen unterheben. Zu einer glatten Masse verrühren.
Eine Puddingform mit Butter ausstreichen und die Pumpernickelcreme hineinfüllen. Gut verschließen und im Wasserbad garen. Dazu das Backrohr auf 190 °C vorheizen. Die Puddingform in eine größere Auflaufform o. ä. setzen und mit Wasser aufgießen. Ins heiße Rohr schieben und eine Stunde garen.
In der Zwischenzeit den Rotwein mit dem restlichen Zucker zur gewünschten Konsistenz verkochen.
Den Pudding heiß aus der Form stürzen und warm oder kalt mit der Rotweinsauce servieren.

Quarkauflauf mit Früchten

Dieser Auflauf läßt sich je nach Saison variieren. Besonders gut schmeckt er mit Kirschen, Äpfeln oder Birnen.

Zutaten für 4–6 Personen:
500 g Obst, Zucker, Saft und abgeriebene Schale einer Zitrone, nach Belieben 50 g Rosinen und 1 Teelöffel Zimtpulver, 500 g Quark, 4 Eßlöffel Grieß, 3 Eier, 1/2 Päckchen Backpulver, 50 g Butter
Zubereitungszeit: 90 Minuten

Das Obst je nach Sorte schälen, entkernen und klein schneiden. In eine Schüssel geben, mit drei Eßlöffeln Zucker und Zitronensaft vermischen und ziehen lassen. Nach Geschmack Rosinen und Zimt dazugeben.
Ofen auf 190 °C vorheizen.
In der Zwischenzeit Quark, Grieß, den restlichen Zucker und die abgeriebene Zitronenschale mit dem Handrührgerät zu einer feinen, glatten Creme mixen. Die Eier trennen. Eigelbe nacheinander in die Quarkcreme rühren. Eiweiße zu Schnee schlagen und mit dem Backpulver unterziehen. Zum Schluß die vorbereiteten Früchte unterheben.
Eine Auflaufform buttern und die Quarkmasse einfüllen. Butterflöckchen obenauf setzen. Im heißen Ofen eine knappe Stunde backen. Vor dem Servieren eine Viertelstunde ruhen lassen.

Rote Grütze

Ein alter Kinderreim erzählt vom »lütten Hein«, der alles um sich herum vergißt, weil er rote Grütze ißt. Die rote Grütze ist wohl die bekannteste und auch feinste Form der einst in Norddeutschland weit verbreiteten Grützen: aus Getreideschrot und Flüssigkeit (Milch oder Wasser, Saft oder Fleischbrühe) wurde ein süßer oder salziger Brei gekocht und mit Früchten angereichert. Die preiswerten Grützen stellten den Grundstock der bäuerlichen Ernährung und waren so bedeutsam für die Küche der Region, daß der Grütztopf sogar im Wappen Nordfrieslands zu sehen ist.
Meist wurde die Grütze in einer großen Schüssel auf den Tisch gestellt, aus der sich Bauern und Gesinde mit einem langen Holzlöffel bedienten.

Zutaten für 4 Personen:
800–1000 g gemischte rote Beeren (Erdbeeren sollten unbedingt dabei sein, dann schmeckt die rote Grütze am besten), je nach Säure der Früchte ca. 200 g Zucker, Saft einer Zitrone, 1 Eßlöffel Kirschwasser, 1 Gewürznelke, 1/2 Vanilleschote, 5 Eßlöffel Speisestärke
Zubereitungszeit: 45 Minuten
Kühlzeit: mehrere Stunden

Früchte verlesen, waschen und putzen. Stiele und Blütenansätze entfernen.
Die Früchte in einen Topf geben. Den Topfboden fingerbreit mit Wasser bedecken. Zucker, Zitronensaft und Kirschwasser hinzufügen. Beeren aufkochen. Die Gewürznelke hineingeben. Mit einem spitzen Messer das Mark aus der Vanilleschote herauskratzen und unter die Früchte rühren. Mit der Speisestärke, die mit 5 Eßlöffel Wasser glattgerührt wurde, andicken. Nicht zuviel Stärke verwenden; die Grütze sollte leicht dicklich, aber nicht zu fest werden.
Vom Herd nehmen und in eine große Glasschüssel füllen oder auf Portionsschälchen verteilen. Gut durchkühlen und mit Vanillesauce oder flüssiger Sahne servieren.

Das ganze Jahr über Sommerfrüchte genießen – in Rum eingelegt bilden die konservierten Früchte eine köstliche Ergänzung zu Cremes und Eis. Einen Rumtopf herzustellen ist nicht schwierig, wenn man ein paar Grundregeln beachtet: Früchte auf das sorgfältigste verlesen – eine einzige angestoßene Frucht kann das Endergebnis beeinträchtigen. Nur reife, aber feste und makellose Früchte verwenden und immer gut bedeckt halten. Mit hochprozentigem Alkohol, d. h. über 50 %, einmachen. 54%iger Rum ist hierbei am zuverlässigsten, ansonsten nach Bedarf reinen Alkohol aus der Apotheke hinzugeben.

Zutaten:
Bei den frühen Sommerfrüchten wie Erdbeeren, Aprikosen und Stachelbeeren gilt: Obst und Zucker zu gleichen Teilen ansetzen. Für Pfirsiche, Pflaumen und spätere Früchte zwei Teile Obst und ein Teil Zucker veranschlagen. Für einen Rumtopf eignen sich fast alle Sommerfrüchte, nur Äpfel sind weniger empfehlenswert.

Beispielsweise 500 g makellose, geputzte Erdbeeren mit 500 g Zucker vermischen. In einen irdenen, innen glasierten Topf geben und mit 54%igem Rum bedecken. Topf abdecken und kalt stellen. Hin und wieder umrühren, damit sich der Zucker löst.
Nach und nach zur jeweiligen Reifezeit 500 g Früchte verlesen, putzen und mit der entsprechenden Zuckermenge (s. o.) vermischen. Pfirsiche schälen und entsteinen, Aprikosen und Pflaumen entsteinen, Melonen schälen und entkernen, Kirschen entkernen; größere Früchte in mundgerechte Happen schneiden.

Das vorbereitete Obst auf die vorhandenen Früchte geben und nach Bedarf Rum aufgießen, damit die Früchte ganz bedeckt sind. Bis November ziehen lassen, dann portionsweise verwenden.

Viezcreme

Viez heißt der Apfelwein im Saarland. Er wird in einer herben, einer feinherben und einer lieblichen Version gekeltert. Für die Viezcreme verwendet man die liebliche Spielart.

Zutaten für 4 Personen:
4 Blatt Gelatine, 3 Eigelbe, 1/4 l Milch, 2 Eßlöffel Zucker, 1/2 Vanilleschote, 1/8 l Apfelwein, 200 g Sahne
Zubereitungszeit: 60 Minuten
Kühlzeit: mehrere Stunden

Gelatine in etwas Wasser einweichen. In der Zwischenzeit die Eigelbe schaumig rühren. Milch mit dem Zucker in einen Topf geben und langsam erhitzen. Die Vanilleschote längs aufschlitzen und das Mark mit einem spitzen Messer in die Milch schaben. Unter ständigem Rühren zum Kochen bringen. Vom Herd nehmen und die Eigelbe unterrühren. Wieder auf den Herd setzen und langsam erhitzen und zu einer dicklichen Creme verrühren. Dabei aufpassen, daß die Masse nicht zu kochen beginnt. Wem das Verfahren zu heikel ist, kann die Creme auch im Wasserbad eindicken lassen.
Vom Herd nehmen, die Gelatineblätter ausdrücken und unterrühren, bis sie sich aufgelöst haben. Abkühlen lassen.
Apfelwein in die erkaltete Masse rühren. Zum Schluß die Sahne steif schlagen und vorsichtig unterheben. Creme in eine Schüssel füllen und mehrere Stunden durchkühlen.

Weinschaumcreme

Weinschaumcreme war früher kein pompöses Dessert, sondern eher eine raffinierte Art, Weinreste günstig zu verwerten. Allerdings – auch die beste Weinschaumcreme ist nur so gut wie der Wein, aus dem sie gemacht wird. Aromatische Sorten wie zum Beispiel Gewürztraminer und Muskateller eignen sich hierfür besonders gut.

Zutaten für 4 Personen:
4 Eier, 1/4 l Weißwein, 1 Teelöffel Mehl, 4 Eßlöffel Zucker, 1 Zimtstange,
einige Zitronenscheiben zum Garnieren
Zubereitungszeit: 45 Minuten

Eier mit dem Wein schaumig schlagen. In eine Schüssel füllen und Mehl und Zucker mit einem Schneebesen einrühren. Zimtstange dazugeben. Dann auf dem Herd weiterschlagen, bis der Schaum steigt. Darauf achten, daß die Creme nicht zu kochen beginnt. In eine Porzellanschüssel füllen, noch etwas verschlagen und warm zu Tisch bringen. Vor dem Servieren die Zimtstange entfernen und die Zitronenscheiben dekorativ anordnen.

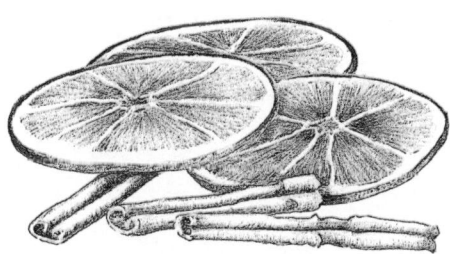

Welfenpudding

Den Farben der Welfen, des Herrschergeschlechts auf dem Hannoverschen und englischen Thron, verdankt dieses Dessert seinen Namen: Die weiße Vanillemilch wird durch eine gelbliche Weinschaumcreme ergänzt.

Zutaten für 4 Personen:
1/2 l Milch, 2–3 Eßlöffel Zucker, 1 Päckchen Vanillezucker, 2 Eßlöffel Speisestärke, 4 Eiweiße
Zubereitungszeit: 45 Minuten
Kühlzeit: mehrere Stunden

Milch in einen Topf geben und mit Zucker und Vanillezucker aufkochen. Die Speisestärke mit zwei Eßlöffeln Wasser oder kalter Milch andicken und in die heiße Milch rühren. Bei sanfter Hitze einige Male aufwallen lassen. Dabei ständig umrühren, damit nichts anbrennt. Vom Herd ziehen und etwas abkühlen lassen. Die Eiweiße zu steifem Schnee schlagen und unter die Vanillemilch ziehen.
Creme in eine Glasschüssel füllen und mehrere Stunden durchkühlen.

Mit gelblicher Weinschaumcreme (siehe vorhergehendes Rezept) kontrastreich anrichten und servieren.

Kuchen und Gebäck

Altdeutscher Napfkuchen

Dieses Rezept stammt aus einem privaten Kochbuch der Jahrhundertwende. Es zeichnet sich durch den Gebrauch von Kardamom aus. Mit diesem delikaten und edlen Gewürz werden seit dem Mittelalter Speisen und Gebäck verfeinert. Heute kommt das Gewürz bei uns meistens nur noch in Weihnachtsgebäck.

Zutaten:
175 g zimmerwarme Butter, 150 g Zucker, 6 Eier, die abgeriebene Schale einer Zitrone, 5 zerstoßene Kardamomkapseln, 1/2 Päckchen Backpulver, 300 g Mehl, 150 g Korinthen, Butter für die Form
Zubereitungszeit: 90 Minuten

Butter und Zucker schaumig rühren. Die Eier trennen, Eiweiß zu Schnee schlagen. Eigelbe unter die Buttermasse rühren. Zitronenschale und Kardamom dazugeben. Backpulver und Mehl vermischen. Nun abwechselnd den Eischnee und die Mehlmischung in den Teig rühren. Zuletzt die Korinthen unterziehen. Eine Kuchenform buttern und den Teig einfüllen. Bei 180 °C ca. eine Stunde backen.

Zucker und fein gemahlenes Weizenmehl waren noch im 19. Jahrhundert für viele Schichten der Bevölkerung unerschwinglich teuer. Leckereien waren aber trotzdem begehrt, und so ersann man Kuchenrezepte und Zubereitungsformen, die mit den verfügbaren Zutaten auskamen: Schwarzbrot und Äpfel.

Zutaten für 4 Personen:
500 g Äpfel, Saft und abgeriebene Schale von einer Zitrone, 2 Eßlöffel Zucker, 250 g fein geriebenes Schwarzbrot, 4 Eßlöffel Butter, 1 Teelöffel Zimt, 50 g Korinthen oder Sultaninen, 1 Eßlöffel gehackte Mandeln, Butter für die Form
Zubereitungszeit: 90 Minuten

Äpfel schälen, vierteln und entkernen. Längs in feine Scheiben schneiden. In einen Topf geben, mit Zitronensaft beträufeln und mit einem Eßlöffel Zucker süßen. Soviel Wasser angießen, daß der Topfboden gerade davon bedeckt ist. Zudecken und Apfelscheiben weich dünsten.
In der Zwischenzeit das geriebene Schwarzbrot in zwei Eßlöffel Butter krümelig rösten. Vom Herd ziehen und Zimt, Rosinen, abgeriebene Zitronenschale, restlichen Zucker und Mandeln untermengen.
Backrohr auf 180 °C vorheizen.
Eine Auflaufform buttern. Die Hälfte der Brotmischung einfüllen. Die gedünsteten Äpfel darauf verteilen. Die restliche Brotmischung darüberschichten. Die restliche Butter in Flöckchen obenauf setzen.
Im heißen Ofen eine knappe Stunde backen.

Apfelstrudel

Kulinarische Genüsse halten sich glücklicherweise nicht an politische Grenzen. Selbst wenn Österreich als die eigentliche Heimat des Apfelstrudels gilt (so hauchzart wie in Wien bekommt man ihn in der Tat selten!), ist die Spezialität ein fester Bestandteil des südbayerischen Speisezettels.

Zutaten für 4 Personen:
Für den Teig: 250 g Mehl, 100 g zimmerwarme Butter, 1 Prise Salz, 100 ml lauwarmes Wasser, 50 ml zerlassene Butter (zum Bestreichen), 2–3 Eßlöffel Semmelbrösel, Puderzucker zum Bestäuben
Für die Füllung: 1 kg säuerliche Äpfel, Zitronensaft, 75 g Zimtzucker, 50 g Rosinen, 75 g grob gehackte Haselnüsse, 100 g saure Sahne
Zubereitungszeit: 2 1/2 Stunden

Das Mehl zu einem Kegel aufschütten, in die Mitte eine Mulde drücken. Die weiche Butter und das Salz hineingeben, das lauwarme Wasser eßlöffelweise dazugießen. Vom Rand her sorgfältig zu einem glatten Teig verkneten. Den Teig auf der Arbeitsfläche schlagen, bis er elastisch und gleichmäßig wirkt. Zu einer Kugel rollen, abdecken und eine Stunde ruhen lassen.
Unterdessen die Füllung vorbereiten: Äpfel schälen, vierteln und entkernen. In kleine Schnitze schneiden. In eine Schüssel geben, mit Zitronensaft beträufeln und den Zimtzucker untermischen. Rosinen und Haselnüsse unter die Apfelstückchen heben.
Ein Küchentuch auf der Arbeitsfläche ausbreiten und bemehlen. Den Teig darauflegen und möglichst dünn ausrollen. Dann den Teig stückweise über die Handrücken ausziehen, bis er hauchdünn ist. Dabei vorsichtig vorgehen, denn der Teig kann leicht reißen.
Den ausgezogenen Strudelteig mit der zerlassenen Butter einpinseln und mit Semmelbröseln bestreuen. Die Apfelfüllung

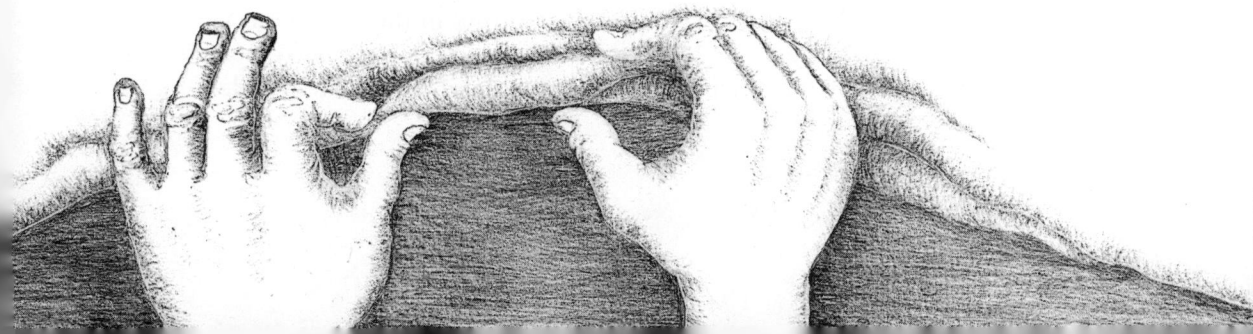

gleichmäßig darauf verteilen. Die saure Sahne glattrühren und hier und da einen Klecks davon auf die Füllung setzen.

Nun den Strudel mit der Hilfe des Küchentuchs vorsichtig aufrollen. Die Enden einschlagen.

Ein Backblech buttern und den Strudel daraufsetzen. Mit der restlichen zerlassenen Butter bestreichen und bei 200 °C knapp 45 Minuten backen. Mit Puderzucker überstäuben und warm servieren.

Berliner Kleckselkuchen

Bunt gescheckt kommt der Kleckselkuchen aufs Blech. Denn wenn man viel Besuch erwartete, aber nicht die Zeit hatte, mehrere Kuchen zu backen, konnte man auf diese Weise für jeden Geschmack das Richtige anbieten. Auf den Blechkuchen setzte man die verschiedensten Beläge wie etwa Quark, Äpfel, Nüsse, Mohn usw. (hier geben wir Ihnen drei Beispiele), so daß sich jeder Gast nach Gusto seinen Lieblingskuchen aussuchen konnte.

Zutaten für 1 Blech:
1 Würfel Hefe, 200 ml lauwarme Milch, 500 g Mehl, 75 g Zucker, 100 g Butter, 1 Prise Salz, Fett für das Blech
Für die schwarzen Kleckse: 1/8 l Milch, 150 g gemahlener Mohn, 50 g Zucker, 3 Eßlöffel Crème fraîche
Für die weißen Kleckse: 2 Eier, 500 g Quark, 100 g Zucker, 2 Eßlöffel Kirschwasser, 1 abgeriebene Zitronenschale
Für die roten Kleckse: 250 g rote Konfitüre (z. B. Sauerkirschen, Preiselbeeren)
Für die Streusel: 100 g Butter, 100 g Zucker, 200 g Mehl
Zubereitungszeit: 2 1/2 Stunden

Hefe in einem Achtelliter lauwarmer Milch langsam auflösen. Das Mehl in eine Schüssel häufen und in die Mitte eine Vertiefung drücken. Die Milch mit der aufgelösten Hefe und einem Eßlöffel Zucker hineingießen und vom Rand her mit Mehl bedecken. Mit einem Küchentuch abdecken und an einem warmen, vor Luftzug geschützten Ort eine halbe Stunde gehen lassen.

Restlichen Zucker, Butter und Salz in der verbliebenen Milch auflösen und in den Vorteig einarbeiten. Den Hefeteig zu einer Kugel rollen und nochmals eine halbe Stunde gehen lassen.

Inzwischen den Belag vorbereiten: Die Milch erhitzen und den gemahlenen Mohn damit überbrühen. 30 Minuten quellen lassen, danach Zucker und Crème fraîche untermischen.

Für die weißen Kleckse die Eier trennen. Eigelbe, Quark, Zucker, Kirschwasser und Zitronenschale vermengen und glattrühren. Eiweiße zu sehr steifem Schnee schlagen und vorsichtig unterziehen.

Herd auf 220 °C vorheizen.

Nun mit einem Eßlöffel in bunter Folge schwarze, weiße und rote Kleckse auf dem Teig verteilen.

Für die Streusel Butter, Zucker und Mehl verkneten. Die Masse gleichmäßig über das Blech krümeln.

Kuchen ins heiße Backrohr schieben und knapp 30 Minuten abbacken.

Bienenstich

Wohl in kaum einem anderen Landesteil Deutschlands kann man Blechkuchen und Kaffee besser frönen als in Sachsen. Kaffeetrinken hat in Sachsen eine lange Tradition, bereits 1694 wurde in Leipzig das erste Kaffeehaus »Zum Coffebaum« eröffnet. Mit dem Aufschwung des Kaffees ging die Entwicklung von Kuchen und Gebäck einher, und der Bienenstich ist nur eine der vielen köstlichen Kreationen sächsischer Konditoren (siehe auch Eierschecke auf Seite 335).

Zutaten für 1 Blech:
Für den Teig: 1 Würfel Hefe, 200 ml lauwarme Milch, 500 g Mehl, 75 g Zucker, 100 g Butter, Fett für das Blech

Für den Belag: 200 g Butter, 200 g Zucker, 200 g Mandelblättchen,
1 Päckchen Vanillezucker, 3 Eßlöffel Sahne
Zubereitungszeit: 2 1/2 Stunden

Hefewürfel in die lauwarme Milch bröseln und unter ständigem
Rühren auflösen. Das Mehl in eine Schüssel sieben und in die
Mitte eine Mulde drücken. Hefegemisch hineingießen, einen
Eßlöffel Zucker einstreuen und vom Rand her mit Mehl bedecken. Mit einem Küchentuch abdecken und eine halbe Stunde
gehen lassen. Dann Zucker und die Butter einarbeiten. Einen
gleichmäßigen Teig kneten. Zu einer Kugel rollen, abdecken und
auf die doppelte Größe aufgehen lassen. Teig wieder durchkneten und auf einem gebutterten Backblech ausrollen.
Backrohr auf 220 °C vorheizen.
Für den Belag die Butter in einem Topf zerlassen. Zucker, Mandelblättchen und Vanillezucker einrühren, die Sahne dazugeben
und aufkochen lassen. Vom Herd nehmen und leicht abkühlen
lassen. Die noch warme Masse auf den Hefeteig streichen.
Bienenstich im heißen Ofen 20–25 Minuten goldbraun backen.

Bienenstich nach Belieben mit Vanillecreme füllen: dazu den
Blechkuchen erkalten lassen und in Portionsstücke teilen (die
kleineren Stücke lassen sich leichter füllen). Einmal quer durchschneiden. Die unteren Hälften gleichmäßig mit Creme bestreichen. Die oberen Hälften wieder aufsetzen und etwas durchziehen lassen.

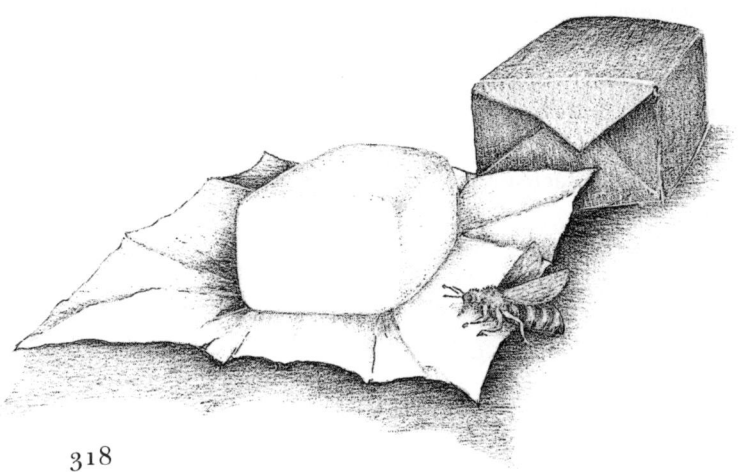

Da das gleichmäßige Beheizen eines Haushaltsherdes früher recht umständlich und mühsam war, ließ man Blechkuchen gegen die Bezahlung eines »Backteils« oft beim Bäcker backen. Nachdem das Brot fertig war, konnte die Restwärme für Kuchen genutzt werden.

Zutaten für 1 Blech:
Für den Teig: 500 g Mehl, 1 Hefewürfel, 100 g Zucker, 200 ml lauwarme Milch, 100 g Butter, Butter für das Blech
Für den Belag: 200 g saure Sahne, 150 g Butter, 200 g Mandelblättchen, 125 g Zucker, 1/2 Teelöffel Zimt, 2 Päckchen Vanillezucker
Zubereitungszeit: 2 1/2 Stunden

Mehl in eine Schüssel sieben, in die Mitte eine Mulde drücken. Den Hefewürfel mit einem Eßlöffel Zucker unter ständigem Rühren in der warmen Milch auflösen. Die Hefemischung in den Mehlkrater gießen und vom Rand her zu einem Vorteig verrühren. Mit einem Küchentuch abdecken und an einem warmen, vor Luftzug geschützten Ort 30 Minuten gehen lassen. Mit Butter und dem restlichen Zucker zu einem gleichmäßigen Teig verkneten. Zu einer Kugel rollen und nochmals gehen lassen.
Backrohr auf 200 °C vorheizen.
Den Teig auf einem gebutterten Blech ausrollen. Die saure Sahne glattrühren und auf den Teig streichen. Überall kleine Mulden in den Teig drücken und gut 100 Gramm Butterstückchen hineinsetzen. Mandelblättchen, Zucker, Zimt und Vanillezucker vermischen. Auf dem Kuchen verteilen. Ins heiße Backrohr schieben und insgesamt 30–40 Minuten backen. Nach der halben Backzeit erneut kleine Mulden in den Teig drücken und mit eiskalten Butterstücken füllen.

Dampfnudeln

Dampfnudeln werden in Bayern und in der Pfalz gern gegessen. Während die bayerische Variante tatsächlich in Dampf gegart wird, brät man die pfälzischen Dampfnudeln in der Pfanne.

Zutaten für 8–10 Nudeln:
Für den Teig: 250 g Mehl, 20 g Hefe, 2–3 Eßlöffel Zucker, 125 ml Milch, 2 Eßlöffel Butter, 1 Ei, 1 abgeriebene Zitronenschale, 1 Prise Salz
Zum Backen: 5 Eßlöffel Butter, 3 Eßlöffel Zucker, 1/4 l lauwarme Milch
(für die bayerische Variante die Hälfte nehmen)
Zubereitungszeit: 2 1/2 Stunden

Mehl in eine Schüssel sieben, in die Mitte eine Mulde drücken. Die Hefe mit einem Eßlöffel Zucker unter ständigem Rühren in lauwarmer Milch auflösen. Die Hefemischung in den Mehlkrater gießen und vom Rand her zu einem Vorteig verrühren. Mit einem Küchentuch abdecken und an einem warmen, vor Luftzug geschützten Ort 30 Minuten gehen lassen.
Butter, Ei, Zitronenschale und Salz einarbeiten und zu einem glatten Teig verkneten. Den Teig auf einer bemehlten Arbeitsfläche schlagen, bis er Blasen wirft. Teig zu einer Rolle mit sechs Zentimeter Durchmesser formen und in daumendicke Scheiben schneiden. Auf ein Backblech setzen, abdecken und gehen lassen. Butter in einer geräumigen Deckelpfanne erhitzen, Zucker einstreuen und karamelisieren lassen. Mit Milch aufgießen. Die Hefescheiben hineinlegen. Deckel aufsetzen und in der Pfanne braten oder im vorgeheizten Backofen bei 230 °C gut 20 Minuten backen. Dabei keinesfalls den Deckel lüften, die Dampfnudeln fallen sonst zusammen. Mit Dörrobst oder einer süßen Weinsauce servieren.

Für die bayerische Variante die Butter in einem schweren und großen Topf schaumig erhitzen. Den Zucker einrühren und die Milch dazugießen. Aufkochen lassen, dann die Dampfnudeln hineinsetzen. Topf sorgfältig verschließen, damit kein Dampf entweichen kann. Bei sanfter Hitze knapp 20 Minuten simmern lassen, bis die Nudeln die gesamte Flüssigkeit aufgesogen haben. Dann weitere zehn Minuten nachdämpfen lassen, bis sich eine braune Kruste gebildet hat. Während des Garvorgangs keinesfalls den Deckel lüften. Mit Vanillesauce (siehe Seite 293) servieren.

Donauwellen

Das Gewicht der Kirschen, die beim Backen einsinken, drückt das charakteristische Wellenmuster in den Teig.

Zutaten für 1 Blech:
6 Eier, 250 g Butter, 250 g Zucker, 300 g Mehl, 1/2 Päckchen Backpulver,
4 Eßlöffel Kakao, 4 Eßlöffel Milch, 1 Glas entsteinte Sauerkirschen
Für die Creme: 1 Päckchen Vanillepudding, 1/2 l Milch, 3 Eßlöffel Zucker,
250 g weiche Butter
Für die Glasur: 1/2 Platte Kokosplattenfett, 2 Eier, 4 Eßlöffel Kakao,
5 Eßlöffel Zucker
Zubereitungszeit: 2 Stunden

Sauerkirschen abgießen und gut abtropfen lassen.
Eier, Butter und Zucker schaumig rühren. Nach und nach das Mehl untermengen, zum Schluß das Backpulver dazugeben. Teig halbieren. Eine Teighälfte mit fein gesiebtem Kakao und Milch dunkel färben.
Herd auf 180 °C vorheizen.

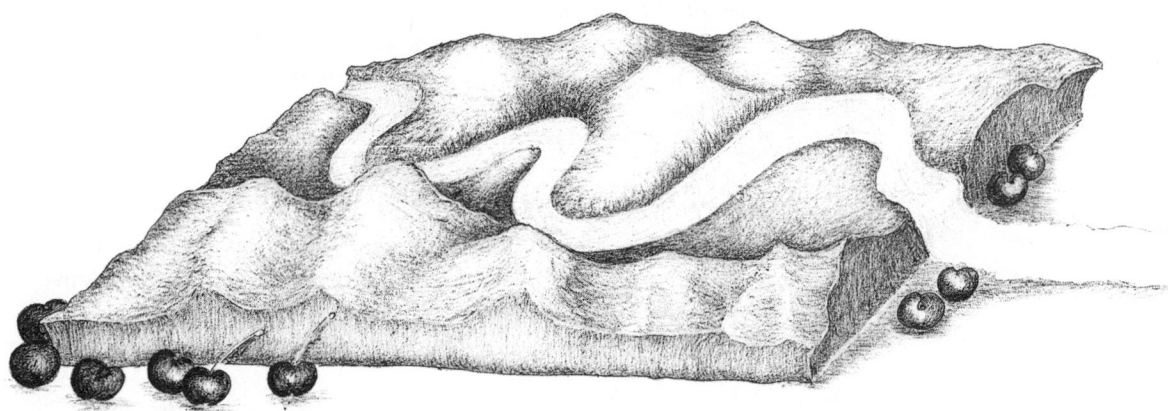

Ein Backblech buttern. Zuerst den hellen Teig auf das Blech streichen, dann den dunklen Teig darübergeben. Sauerkirschen auf dem Teig verteilen. Im heißen Backrohr knapp 40 Minuten abbacken. Aus dem Rohr nehmen und erkalten lassen.

In der Zwischenzeit die Creme zubereiten. Dafür nach Packungsanleitung den Vanillepudding mit Milch und Zucker kochen. Pudding abkühlen lassen; von Zeit zu Zeit umrühren, damit der Pudding keine Haut bildet. Die Butter schaumig rühren, eßlöffelweise den Pudding unterheben, bis eine glatte, feine Buttercreme entsteht. (Damit die Creme nicht gerinnt, müssen Pudding und Butter dieselbe Temperatur haben.)

Die Creme auf den erkalteten Kuchen streichen.

Für die Glasur das Plattenfett im Wasserbad schmelzen. Mit den übrigen Zutaten zu einer glatten Masse verrühren und über den Donauwellen verstreichen. Mit Gabelzinken ein Wellenmuster in die Glasur zeichnen. Vor dem Servieren fest werden lassen.

Eiserkuchen

Die Herstellung eines Eiserkuchens war in Westfalen stets eine Familienangelegenheit. Die ganze Verwandtschaft war an Silvester damit beschäftigt, den Teig in eisernen Backzangen (daher der Name) auszubacken, damit der Neujahrsbesuch anständig bewirtet werden konnte.

Zutaten für 4 Personen:
65 g Butter, 250 g Zucker, 2 Eier, 1 Päckchen Vanillezucker, 1 abgeriebene Zitronenschale, 250 g Mehl, 375 ml Milch oder Wasser, 1 Stück Speck zum Backen
Zubereitungszeit: 75 Minuten

Butter, Zucker und Eier schaumig rühren. Vanillezucker und Zitronenschale hinzufügen. Nach und nach das gesiebte Mehl und abwechselnd die Flüssigkeit einrühren, bis ein glatter, ziemlich dünnflüssiger Teig entsteht.

Das Eisen (ersatzweise eine gußeiserne Bratpfanne mit Deckel) erhitzen und mit dem Speck einfetten. Eine Kelle Teig hineingießen, zudecken und goldbraun backen. Das hauchdünne Gebäck schnell vom Eisen lösen und zu Tüten oder Röllchen formen.

In Blechdosen aufbewahrt, sind die Eiserkuchen lange haltbar.

Frankfurter Bethmännchen

Um die typische Dreiecksform der Bethmännchen rankt sich eine traurige Legende: Ursprünglich soll das Marzipankonfekt, das von der Bankiersfamilie von Bethmann zum Tee kredenzt wurde, mit vier Mandelhälften verziert gewesen sein – für jedes Kind der Familie eine. Als eines der Kinder starb, bestückte man das Konfekt nur noch mit drei Mandelhälften.

Zutaten:
250 g Mandeln, 4 Eiweiße, 1 Päckchen Vanillezucker, die abgeriebene Schale einer Zitrone, 250 g Zucker
Zubereitungszeit: 75 Minuten

Die Mandeln mit kochendem Wasser überbrühen und abziehen. 50 Gramm Mandeln der Länge nach halbieren und zum Dekorieren beiseite stellen.

Die übrigen abgezogenen Mandeln fein mahlen. Die Eiweiße zu Schnee schlagen und nach und nach mit den Mandeln vermengen. Vanillezucker und Zitronenschale unterrühren. Wenn die Masse völlig breiig geworden ist, mit dem Zucker vermischen und 30 Minuten ruhen lassen.

Die Mandelmasse in einen Spritzbeutel mit weiter, glatter Tülle füllen. Ein Backblech mit Backtrennpapier auslegen. Kleine Teigpyramiden auf das Blech spritzen. Das Durchdrücken des recht festen Teigs erfordert relativ viel Kraft; Sie können statt dessen auch mit den Händen spitze Marzipanhäufchen formen. Jeweils drei Mandelhälften mit der Spitze nach oben und der gewölbten Seite nach außen in den Teig drücken. Bethmännchen über Nacht kühl stellen und am nächsten Tag bei 150 °C im Ofen eher trocknen als backen.

Frankfurter Kranz

Zutaten für 1 Kranzform:
Für den Teig: 4 Eier, 175 g Zucker, 1 Päckchen Vanillezucker, 200 g Mehl, 100 g Speisestärke, 1/2 Päckchen Backpulver, 200 g zerlassene Butter, Fett für die Form
Für die Buttercreme: 1 Päckchen Vanillepudding, 1/2 l Milch, nach Geschmack 100 g Zucker, 1 Eigelb, 250 g weiche Butter, nach Geschmack Zitronensaft oder Likör
Zum Verzieren: Haselnußkrokant, Cocktailkirschen
Zubereitungszeit: 2 1/2 Stunden (ohne Kühlzeit)

Für den Kuchenteig Eier und Zucker schaumig schlagen. Vanillezucker einrühren. Mehl, Speisestärke und Backpulver in eine Schüssel sieben und gründlich vermischen. Die trockenen Zutaten nun nach und nach unter die Ei-Zucker-Masse heben. Abschließend die zerlassene Butter einrühren.
Herd auf 175 °C vorheizen.
Eine Kranzform buttern und den Teig einfüllen. Im heißen Backrohr knapp 50 Minuten backen.
Kuchen herausnehmen und auf einem Gitter abkühlen lassen.
Inzwischen die Buttercreme zubereiten. Dazu den Vanillepudding in einem halben Liter Milch kochen. Nach Geschmack süßen und mit dem Eigelb binden. Pudding vom Herd nehmen und auf Raumtemperatur abkühlen lassen. Dabei ab und zu

durchrühren, damit sich keine unschöne Haut bilden kann. Nun die ebenfalls zimmerwarme Butter einrühren, bis die Creme schön leicht und schaumig wirkt. Mit Zitronensaft oder etwas Likör abrunden.

Den Kranzkuchen zweimal quer durchschneiden, so daß drei gleich dicke Ringe entstehen. Ein Drittel der Creme auf den untersten Teigring streichen, den mittleren Ring aufsetzen und ebenfalls mit Buttercreme bestreichen. Den Deckel aufsetzen. Den Kranz außen gleichmäßig mit der restlichen Buttercreme bestreichen. Großzügig mit Haselnußkrokant bestreuen. Nach Belieben den letzten Rest Creme in einen Spritzbeutel füllen und Rosetten auf den Kranz setzen. Jede Cremerosette mit einer Cocktailkirsche krönen.

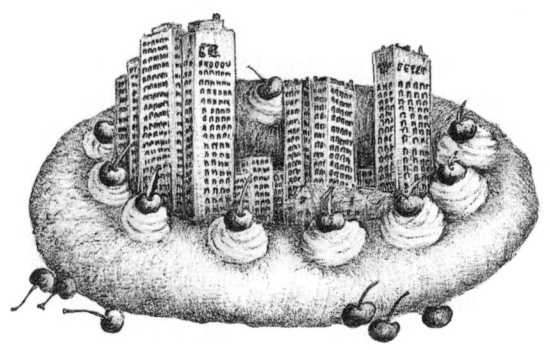

Die bildhaft bezeichneten Hobelspäne gehören zu jenen traditionellen schmalzgebackenen Spezialitäten, die vornehmlich in der Winterzeit, zu Silvester oder Fastnacht, gegessen werden. Im Winter verträgt man die deftige Kost besser, außerdem gab es nach dem Schlachtfest, das wegen der Konservierungsmöglichkeiten früher stets in die Wintermonate fiel, frisches Schweineschmalz zum Ausbacken.

Zutaten für 4 Personen:
100 g zimmerwarme Butter, 4 Eier, 100 g Zucker, 1/2 Teelöffel Zimt,
1 Prise Salz, ca. 400 g Mehl, Backpulver, Fett zum Ausbacken (vorzugsweise Schweineschmalz), Puderzucker zum Bestäuben
Zubereitungszeit: 60 Minuten

Butter, Eier und Zucker zu einer dickschaumigen Creme rühren. Zimt und Salz hinzugeben. Dann nach und nach das Mehl und Backpulver hinzufügen, bis ein fester und glatter Teig entsteht, der sich gut ausrollen läßt, nicht klebt, aber auch nicht bröselt. (Die genaue Mehlmenge hängt von der Luftfeuchtigkeit, der Größe der Eier usw. ab; mit Fingerspitzengefühl dosieren.)
Teig auf einer bemehlten Arbeitsfläche dünn ausrollen und mit einem Teigrädchen fingergroße Streifen abtrennen. Die Streifen an einem Ende einschlitzen und das andere Ende durchstecken, damit die Teigflecken die charakteristische Wölbung von Hobelspänen erhalten.
Hobelspäne in heißem Schweineschmalz portionsweise goldbraun ausbacken. Mit einer Schaumkelle herausheben, auf Küchenkrepp abtropfen lassen. Heiß mit Puderzucker überstäuben und sofort servieren.

Käsekuchen

Für Käsekuchen gibt es schier unendlich viele Variationsmöglich-
keiten. Hier die feine Version mit echter Vanille.

Zutaten für 1 Springform mit 24–26 cm Durchmesser:
Für den Teig: 200 g Mehl, 3 Eßlöffel Zucker, 1 Prise Salz, 150 g eiskalte
Butter, 3 Eier, 1 Päckchen Vanillezucker, 2 Teelöffel Eiswasser, Fett für
die Form
Für den Belag: 1 kg Quark, 1 Päckchen Puddingpulver (Vanille-
geschmack), 1/2 l Milch, 150 g Zucker, 1 Vanilleschote, 1 abgeriebene
Zitronenschale, 2 Eßlöffel Speisestärke, 100 g eingeweichte Rosinen
Zubereitungszeit: 2 Stunden (ohne Kühlzeiten)

Mehl, Zucker und Salz in eine Backschüssel sieben. Die eiskalte
Butter in Flöckchen hineingeben. Rasch mit zwei Messern oder
kalten Fingerspitzen zu einer Masse von grießähnlicher Konsistenz vermengen (der Teig darf keinesfalls warm werden!). Die
Eier trennen: zwei Eigelbe mit dem Vanillezucker und dem Eis-
wasser verquirlen. Das dritte Eigelb und die Eiweiße für den Belag
beiseite stellen.
Die verquirlten Eigelbe mit einer Gabel unter den Teig rühren.
Teig mit wenigen Griffen zu einer Kugel kneten, in Haushaltsfolie
einschlagen und 2–3 Stunden kühl stellen.
Inzwischen den Belag vorbereiten. Quark in ein Sieb geben und
gründlich abtropfen lassen. Den Vanillepudding mit Milch und
Zucker nach Packungsanleitung kochen. Vom Herd nehmen.
Quark in eine Schüssel füllen. Die Vanilleschote längs aufschlitzen und das Mark mit einem Messer herauskratzen. Mit dem
Quark verrühren. Zitronenschale und Speisestärke ebenfalls unterrühren. Quarkmischung nun unter den Pudding rühren, wieder auf den Herd setzen und kurz aufwallen lassen. Quark-Vanil-
le-Creme in eine Schüssel umfüllen, die Rosinen unterheben. Die
drei Eiweiße zu sehr steifem Schnee schlagen und vorsichtig
unterziehen.
Herd auf 200 °C vorheizen. Eine Springform fetten. Boden und
Rand mit dem Teig auskleiden. Mit Alufolie bedecken und mit

Bohnen oder Erbsen beschweren. Im heißen Ofen 10 Minuten blindbacken. Herausnehmen, Gewichte und Alufolie entfernen. Teigboden mit einer Gabel mehrmals einstechen und drei bis vier Minuten weiterbacken. Wieder herausnehmen. Ofentemperatur auf 150 °C reduzieren. Die Quarkcreme im Kuchen verstreichen. Das dritte Eigelb mit ein paar Tropfen Wasser verquirlen und die Quarkcreme damit einpinseln. Kuchen wieder in den Ofen schieben und 90 Minuten bei 150 °C auf der unteren Schiene sanft fertigbacken. Sollte die Quarkschicht zu stark bräunen, mit Alufolie abdecken.
Herausnehmen und abkühlen lassen.

Kirschenmichel

Der süße Auflauf, in manchen Gegenden Deutschlands auch Kirschenplotzer genannt, war früher ein traditionelles Samstagsessen: Davor gab es eine einfache Kartoffelsuppe. Heute ißt man den Kirschenmichel warm oder kalt als Nachtisch oder als Kuchen zum Kaffee.

Zutaten für 4 Personen:
5 altbackene Brötchen, 1/4 l Milch, 4 Eier, 150 g weiche Butter, 100 g Zucker, 1 Teelöffel Zimt, 100 g grob gehackte Mandeln, 1 kg entsteinte Kirschen, Butter und Semmelbrösel zum Backen
Zubereitungszeit: 2 Stunden

Brötchen klein schneiden und in lauwarmer Milch einweichen. Die Eier trennen, Eiweiß zu steifem Schnee schlagen. Butter, Eigelbe und Zucker schaumig rühren. Die eingeweichten und gut ausgedrückten Brötchen dazugeben. Zimt und Mandeln einstreuen. Den Eischnee unterziehen und die Kirschen einrühren.
Eine Auflaufform buttern und mit Semmelbröseln ausstreuen. Kirschenmasse einfüllen. Mit Semmelbröseln bestreuen und ein paar Butterflöckchen obenaufsetzen.
Bei 175 °C eine Stunde im Ofen backen.

Für den Kirschenmichel eignen sich süße oder Sauerkirschen.

Mohnkuchen

Zutaten für 1 Blech:
Für den Teig: 500 g Mehl, 1 Hefewürfel, 100 g Zucker, 200 ml lauwarme
Milch, 100 g Butter, Butter für das Blech
Für den Belag: 1 l Milch, 2 Eßlöffel Butter, 200 g Grieß, 375 g gemahlener
Mohn, 100 g Rosinen, 200 g Zucker, 1 Ei, 100 g gewürfeltes Zitronat,
100 g grob gehackte Mandeln
Zubereitungszeit: 2 Stunden

Mehl in eine Schüssel sieben, in die Mitte eine Mulde drücken.
Den Hefewürfel mit einem Eßlöffel Zucker unter ständigem Rühren in der warmen Milch auflösen. Die Hefemischung in den
Mehlkrater gießen und vom Rand her zu einem Vorteig verrühren. Mit einem Küchentuch abdecken und an einem warmen,
vor Luftzug geschützten Ort 30 Minuten gehen lassen.
Butter sowie den restlichen Zucker hinzufügen und gut durchkneten. Auf einem gebutterten Backblech ausrollen und nochmals 30 Minuten gehen lassen. Backrohr auf 190 °C vorheizen.
In der Zwischenzeit den Belag vorbereiten: Milch und Butter
aufkochen. Grieß, Mohn und Rosinen einrühren, vom Herd
nehmen und 10 Minuten ausquellen lassen. Dabei ab und zu
umrühren. Dann den Zucker, das Ei, das Zitronat und die Mandeln hinzufügen und zu einer gleichmäßigen Paste verrühren.
Die Mohnpaste mit einem Spatel auf dem Teig verstreichen. Ins
heiße Rohr schieben und gut 45 Minuten backen.

Man kann den Mohnkuchen vor dem Backen auch noch mit Streuseln belegen. Dazu 250 g Zucker, 250 g Butter und 400 g Mehl verkneten. Mit den Händen zerkrümeln und gleichmäßig auf dem Belag verteilen.

Pfitzauf

Der locker luftige Teig geht beim Backen stark auf, was dem Gebäck seinen Namen eingetragen hat. Denn im Schwäbischen bezeichnet man einen aufbrausenden Menschen als »Pfitzauf«. Für einen kunstgerechten Pfitzauf benötigt man spezielle Formen aus Email oder Steinzeug, die es in jedem schwäbischen Haushaltswarengeschäft zu kaufen gibt. Ersatzweise können Sie auch Souffléförmchen verwenden.

Zutaten für 4 Personen:
1/2 l Milch, 4 Eier, 250 g Mehl, 1 Prise Salz, 1 Eßlöffel Zucker, 100 g zerlassene Butter, Butter und Mehl für die Form, Puderzucker zum Bestäuben
Zubereitungszeit: 60 Minuten

Milch in eine Schüssel gießen. Nacheinander die Eier, das Mehl, Salz und Zucker und die Butter einrühren und zu einem cremigen Teig verarbeiten.
Die Formen buttern und mit Mehl bestäuben, damit sich der Pfitzauf später gut herauslösen läßt. Backrohr auf 220 °C vorheizen.
Den Teig in die Formen gießen. Darauf achten, daß die Formen nur zur Hälfte oder höchstens zu drei Vierteln gefüllt sind, da der Teig beim Backen sonst herausläuft. In den heißen Ofen schieben und gut 30 Minuten goldbraun backen. Während des Backens keinesfalls den Ofen öffnen, der Pfitzauf fällt sonst zusammen! Pfitzauf vorsichtig aus der Form stürzen und mit Puderzucker bestreuen. Mit Zwetschgenkompott (Rezept auf Seite 282) servieren.

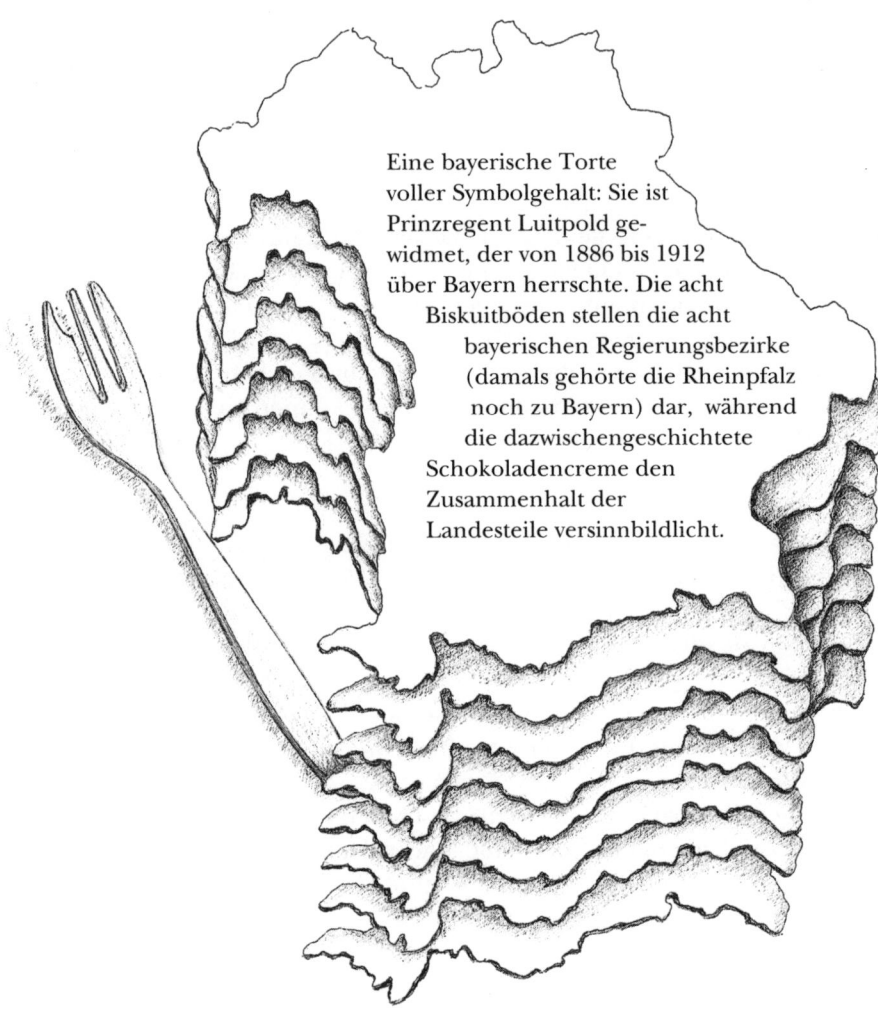

Eine bayerische Torte
voller Symbolgehalt: Sie ist
Prinzregent Luitpold ge-
widmet, der von 1886 bis 1912
über Bayern herrschte. Die acht
Biskuitböden stellen die acht
bayerischen Regierungsbezirke
(damals gehörte die Rheinpfalz
noch zu Bayern) dar, während
die dazwischengeschichtete
Schokoladencreme den
Zusammenhalt der
Landesteile versinnbildlicht.

Zutaten für 1 Springform von 26 cm Durchmesser:
Für die Biskuitböden: 6 Eier, 300 g Zucker, 6 Eßlöffel lauwarmes Wasser,
300 g Mehl, 1 Eßlöffel Backpulver, Butter und Mehl für die Form
Für die Creme: 8 Eier, 400 g Zucker, 750 g weiche Butter, 150 g Zart-
bitterschokolade
Außerdem: Schokoladenglasur
Zubereitungszeit: 2 Stunden (ohne Kühlzeiten)

Für den Kuchenteig die Eier trennen, Eiweiß zu Schnee schlagen.
Eigelbe, Zucker und Wasser schaumig rühren. Nun abwechselnd
Eischnee und das gesiebte Mehl dazugeben. Zum Schluß das
Backpulver einrühren.
Backrohr auf 200 °C vorheizen. Die Springform buttern und mit
einem Hauch Mehl überziehen. Den Teig in acht Portionen teilen
und nacheinander acht dünne Biskuitblätter backen. Die goldgelb gebackenen Blätter (rund 8 Minuten Backzeit) sofort nach
dem Backen aus der Form lösen und auskühlen lassen.
Für die Füllung die Eier und den Zucker im Wasserbad aufschlagen. Abkühlen lassen und erneut schlagen. Die Butter schaumig
rühren und die Eiermasse unterziehen. Die Schokolade im Wasserbad schmelzen und in die Buttercreme rühren.
Einen Biskuitboden auf eine Kuchenplatte setzen. Mit Creme
bestreichen und den nächsten Boden auflegen. So fortfahren, bis
die sieben unteren Böden aufgebraucht sind. Mit der restlichen
Creme den Rand glattstreichen. Die achte Teigscheibe obenaufsetzen. Deckel und Rand mit Schokoladenglasur überziehen.
Torte bis zum Servieren kühl stellen.

Rohrnudeln

Zutaten für 6 Personen:
1/4 l Milch, 1 Hefewürfel, 500 g Mehl, 60 g Zucker, 60 g Butter, 1 Ei,
1 Prise Salz
Außerdem: 100 g Rosinen, Apfelschnitze oder entsteinte Zwetschgen zum
Füllen, 100 g Butterflöckchen
Zubereitungszeit: 2 Stunden

Wie gewohnt einen Hefeteig bereiten: Die Milch erwärmen. Hefe in der lauwarmen Milch auflösen. Das Mehl in eine Schüssel sieben. In die Mitte eine Kuhle drücken und die Hefe hineingießen. Vom Rand her Mehl darüberhäufeln. Schüssel abdecken und 30 Minuten gehen lassen.

Die übrigen Zutaten unter den Teig geben und gut durchkneten. Abermals 30 Minuten gehen lassen. Teig wieder durchkneten. Etwa faustgroße Kugeln formen. Mit dem Finger ein Loch in die Mitte drücken und mit dem Obst füllen. Wieder verschließen und glattdrehen.

Eine ofenfeste Form großzügig buttern, den Boden mit Butterstückchen belegen. Backrohr auf 220 °C vorheizen.

Die Teigkugeln dicht an dicht in die Form setzen. Abdecken und nochmals 30 Minuten gehen lassen. Die Oberseite mit den restlichen Butterflöckchen belegen.

Die Nudeln ins heiße Rohr schieben. Ofen herunterschalten. Die Nudeln bei 180 °C goldbraun backen (ca. 30 Minuten). Aus der Form stürzen und heiß servieren.

Sächsische Eierschecke

Die »Schecke« ist ein luftiger Belag aus Eiern, Vanillepudding und sahnigem Quark, der beim Backen leicht aufplatzt und den Kuchen »scheckig« aussehen läßt. Diese sächsische Erfindung ist zum Kaffee eine wahre Köstlichkeit!

Zutaten für 1 Blech:
Für den Teig: 500 g Mehl, 1 Hefewürfel, 100 g Zucker, 200 ml lauwarme Milch, 100 g Butter, 1 abgeriebene Zitronenschale, Butter für das Blech
Für Belag und Schecke: 10 Eier, 325 g Zucker, 1 1/2 kg Sahnequark, 2 Eßlöffel Mehl, 1 Päckchen Vanillepudding, 1/2 l Milch, 125 g zerlassene Butter
Zubereitungszeit: 3 Stunden

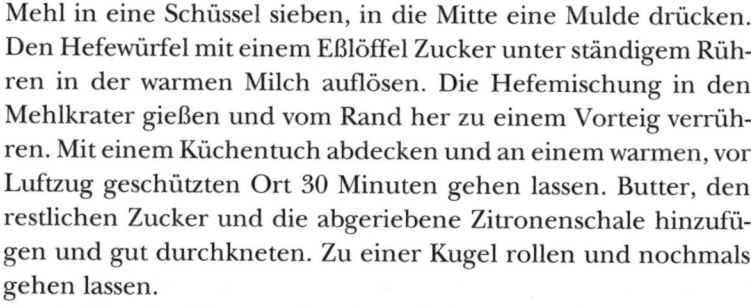

Mehl in eine Schüssel sieben, in die Mitte eine Mulde drücken. Den Hefewürfel mit einem Eßlöffel Zucker unter ständigem Rühren in der warmen Milch auflösen. Die Hefemischung in den Mehlkrater gießen und vom Rand her zu einem Vorteig verrühren. Mit einem Küchentuch abdecken und an einem warmen, vor Luftzug geschützten Ort 30 Minuten gehen lassen. Butter, den restlichen Zucker und die abgeriebene Zitronenschale hinzufügen und gut durchkneten. Zu einer Kugel rollen und nochmals gehen lassen.
Inzwischen den Belag vorbereiten. Sieben Eier trennen. Sieben Eigelbe mit 200 Gramm Zucker zu einer dicken Creme aufschlagen. Quark und Mehl unterrühren. Die sieben Eiweiße steif schlagen und unter die Quarkmasse ziehen.
Den Teig auf einem gebutterten Blech mit hohem Rand ausrollen und Seitenränder hochziehen. Die Quarkmasse auf den Teig streichen. Für die Schecke nun den Vanillepudding ohne Zucker in einem halben Liter Milch kochen.
Herd auf 200 °C vorheizen.
Die restlichen drei Eier trennen. Die drei Eigelbe, die restlichen 125 g Zucker und die zerlassene Butter damit verrühren. Eiweiß zu Schnee schlagen und unterziehen. Über die Quarkschicht

geben. Kuchen im heißen Rohr rund 45 Minuten backen. Der Belag wird sehr leicht braun, bevor der Kuchen in der Mitte durch ist. Nach der Hälfte der Backzeit deshalb mit Alufolie abdecken.

Schietchen

Schietchen ist gewissermaßen die Thüringer Antwort auf den Dresdner Christstollen. Da der Hefewecken allerdings weniger gehaltvoll ist, wird er gerne das ganze Jahr über zum Kaffee oder auch zum Frühstück gegessen.

Zutaten für 6-8 Personen:
1 kg Mehl, 1/2 l Milch, 2 Würfel Hefe, 250 g zimmerwarme Butter, 200 g Zucker, 1 Prise Salz, 200 g Rosinen
Außerdem: Butterflöckchen und Puderzucker zum Bestäuben
Zubereitungszeit: 3 Stunden

Für den Vorteig das Mehl in eine große Schüssel sieben und kegelförmig aufschütten. In der Mitte eine Vertiefung formen. 200 ml Milch abmessen und leicht erwärmen. Die Hefe zerbröckeln und in der lauwarmen Milch auflösen. Diese Mischung in die Vertiefung schütten und vom Rand her mit Mehl bedecken. Die Schüssel mit einem Küchentuch abdecken und den Vorteig 30 Minuten an einem warmen und vor Luftzug geschützten Ort aufgehen lassen.
Den Teig verrühren, die weiche Butter, Zucker und eine Prise Salz hinzufügen und alles sorgfältig durchkneten. Die restliche Milch langsam hinzugießen und einarbeiten. Den Teig zu einer Kugel rollen und in einer abgedeckten Schüssel zur doppelten Größe aufgehen lassen.
Den Teig erneut durchkneten und nach und nach die Rosinen einarbeiten. Teig zu einer Kugel rollen und wieder in einer abgedeckten Schüssel etwa eine halbe Stunde gehen lassen.
Backrohr auf 200 °C vorheizen. Ein Backblech großzügig buttern. Den Teig zu zwei Wecken formen, auf das Backblech setzen und

nochmals rund zwanzig Minuten gehen lassen. Mit Wasser bepinseln und im vorgeheizten Ofen goldbraun backen (50–60 Minuten). Die Schietchen aus dem Rohr nehmen, Butterflöckchen auf die heißen Wecken setzen. Etwas abkühlen lassen und mit Puderzucker bestäuben.

Schneebälle

In den Schaufenstern vieler fränkischer Bäckereien und auf jeder fränkischen Kirmes kann man dieses dekorative Gebäck sehen: schmalzgebackene Teigstreifen werden ineinander verschlungen, zu einer Kugel von der Größe eines Schneeballs geformt und mit Puderzucker bestäubt.

Zutaten:
600 g Mehl, 3 Eier, 100 g Butter, 3–4 Eßlöffel Arrak, die abgeriebene Schale einer Zitrone
Außerdem: Fett zum Ausbacken (vorzugsweise Schweineschmalz), Puderzucker zum Bestäuben
Zubereitungszeit: 90 Minuten

Mehl, Eier und Butter zu einem glatten Grundteig verarbeiten, mit Arrak und der feingeriebenen Zitronenschale aromatisieren.

Den Teig auf einer bemehlten Arbeitsfläche dünn ausrollen. Kreise von gut zwölf Zentimeter Durchmesser ausstechen. Einen gut fingerbreiten Rand lassen und das Innere der Teigkreise in zentimeterbreite Streifen schneiden. Jeden zweiten Streifen mit einem Kochlöffelstiel aufheben. Die aufgehobenen Streifen locker mit den Fingern zusammennehmen. In eine Gitterkelle setzen, ins heiße Fett gleiten lassen und schwimmend goldgelb ausbacken. Herausheben, kurz abtropfen lassen und mit Puderzucker überstäuben. Warm servieren.

Die wohl berühmteste Kuchenspezialität stammt vermutlich gar nicht aus dem Schwarzwald: Zwar verwandeln die vielen Kirschbäume in der milden Rheinebene das Land jedes Jahr im Frühling in eine weiße Blütenpracht, doch handelt es sich dabei um Süßkirschen. Für die Kirschtorte allerdings nimmt man Sauerkirschen ...

Zutaten:
Für den Mürbeteigboden: 200 g Mehl, 3 Eßlöffel Zucker, 1 Prise Salz,
150 g eiskalte Butter, 1 Ei, 2 Teelöffel Eiswasser, Fett für die Form
Für den Biskuitteig: 6 Eier, 250 g Zucker, 6 Eßlöffel lauwarmes Wasser,
1 Päckchen Vanillezucker, 50 g Kakao, 50 g gemahlene Mandeln, 250 g
Mehl, 1/2 Päckchen Backpulver, Butter und Mehl für die Form
Für die Füllung: 1 großes Glas Sauerkirschen, 30 g Speisestärke, 6 Blatt
Gelatine, 3/4 l Sahne, 1 Päckchen Vanillezucker, 2 Eßlöffel Kirschmar-
melade, 6 Eßlöffel Kirschwasser
Zum Garnieren: Schokoraspel, Schlagsahne, Kirschen
Zubereitungszeit: 3 Stunden (ohne Kühlzeiten)

Der dünne Mürbeteigboden gibt der Torte einen besseren Stand und macht sie haltbarer, weil er nicht so schnell durchweicht wie die Biskuitböden. Er ist aber – wenn Sie die zusätzliche Arbeit scheuen oder die Torte gleich aufessen – nicht absolut erforderlich.
Mehl, Zucker und Salz in eine Backschüssel sieben. Die eiskalte Butter in Flöckchen in die Schüssel geben. Das Ei und das Eiswasser hinzufügen. Rasch mit zwei Messern oder kalten Fingerspitzen zu einer Masse von grießähnlicher Konsistenz vermengen (der

Teig darf keinesfalls warm werden!). Teig schnell zu einer Kugel kneten, in Haushaltsfolie einschlagen und 2 Stunden kühl stellen.
In der Zwischenzeit den Biskuitteig zubereiten: Die Eier trennen, Eiweiß zu Schnee schlagen. Eigelbe, Zucker und Wasser schaumig rühren. Vanillezucker, gesiebten Kakao und gemahlene Mandeln untermengen. Nun abwechselnd Eischnee und das gesiebte Mehl zugeben. Zum Schluß das Backpulver einrühren.
Backrohr auf 180 C° vorheizen. Eine Springform buttern und leicht mit Mehl ausstreuen. Den Biskuitteig hineinfüllen und glattstreichen. Im heißen Ofen ungefähr 30–40 Minuten abbacken. Herausnehmen, aus der Springform lösen und erkalten lassen.
Die Springform erneut buttern und mit dem Mürbeteigboden auskleiden. Einige Male mit einer Gabel einstechen und etwa in 15 Minuten goldbraun backen. Teigboden vorsichtig aus der Form lösen und auf einem Kuchengitter abkühlen lassen.
Für die Füllung die Sauerkirschen gut abtropfen lassen, den Saft auffangen. Die Speisestärke in einem Schälchen mit etwas Kirschsaft anrühren. Dann 375 ml Saft abmessen und aufkochen. Die vorbereitete Speisestärke einrühren, die Kirschen dazugeben und vom Herd nehmen. Abkühlen lassen.
Gelatine einweichen.
Die Sahne mit dem Vanillezucker steif schlagen und zum Schluß die aufgelöste und ausgedrückte Gelatine untermischen.
Nun den Mürbeteigboden auf eine Kuchenplatte setzen und mit der Kirschmarmelade bestreichen. Den Biskuitteig zweimal durchschneiden. Einen Biskuitboden auf den Mürbeteig setzen und mit zwei Eßlöffel Kirschwasser beträufeln. Zwölf schöne Kirschen für die Verzierung beiseite legen, die restlichen Kirschen auf den Tortenboden schichten. Ein Viertel der vorbereiteten Sahne darüberstreichen. Den zweiten Biskuitboden auflegen, mit Kirschwasser benetzen und mit Sahne bestreichen. Mit dem dritten und obersten Boden genauso verfahren. Mit der restlichen Schlagsahne die Seiten der Torte verkleiden (etwas Sahne zum Verzieren aufheben). Die Tortenoberfläche mit Schokoladenraspeln garnieren. Mit dem Spritzbeutel zwölf Sahnerosetten auf die Torte spritzen. In jede Rosette eine Kirsche setzen.
Bis zum Servieren kühl, aber nicht kalt aufbewahren.

Zutaten für 1 Blech:
Für den Teig: 250 g Mehl, 125 g Butter, 75 g Zucker, 1 Prise Salz, 1 Ei,
Butter für das Blech
Für den Belag: 1 kg rote Johannisbeeren, 5 Eßlöffel Zucker, 4 Eßlöffel
Semmelbrösel
Für den Guß: 5 Eiweiße, 200 g abgezogene und gemahlene Mandeln,
250 g Zucker, abgeriebene Schale und Saft von 1 Zitrone
Zubereitungszeit: 90 Minuten

Alle Zutaten für den Teig rasch zusammenkneten. Den Teig zu
einer Kugel formen, in Haushaltsfolie wickeln und eine Stunde
in den Kühlschrank legen.
In der Zwischenzeit die Johannisbeeren waschen und von den
Stengeln zupfen. Zuckern und durchziehen lassen.
Dann den Guß vorbereiten: Eiweiß zu Schnee schlagen. Mandeln,
Zucker, feingeriebene Zitronenschale und -saft auf einmal unterheben, nicht verrühren.
Den Kuchenteig nun auf einem gebutterten Backblech ausrollen,
dabei einen 3 cm breiten Rand stehenlassen. Mit den Semmelbröseln bestreuen. 4 Eßlöffel Eischneemasse darüberstreichen. Den
restlichen Eischnee in zwei gleich große Portionen teilen. Unter
die eine Hälfte die vorbereiteten Johannisbeeren mischen und
dann gleichmäßig auf dem Kuchenboden verteilen. Den restlichen Eischnee über den Kuchen geben und sorgfältig glattstreichen.
Im vorgeheizten Backofen 50 Minuten bei 180 °C backen. Nach
der halben Backzeit mit Alufolie abdecken, damit der Guß nicht
zu stark bräunt.

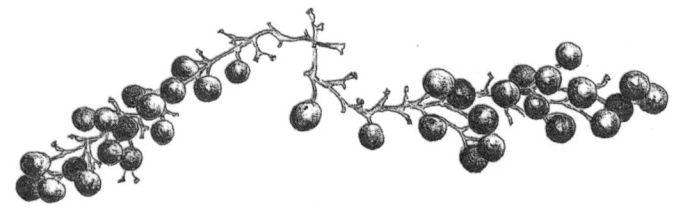

Weckmännchen

Weckmännchen werden traditionsgemäß am Martinstag gebacken. Wenn die Kinder vom Laternenzug nach Hause kommen, erhalten sie einen der gemütlich aussehenden Weckmänner als Belohnung.

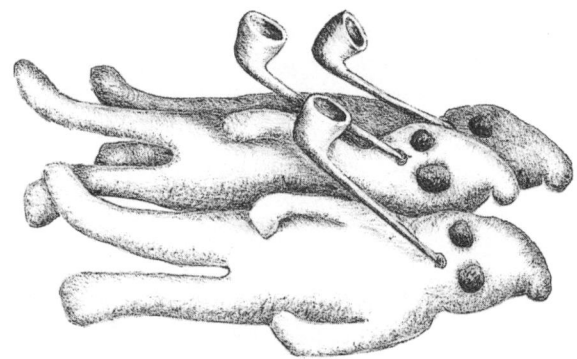

Zutaten für 4 Männchen:
250 g Mehl, 150 g eiskalte Butter in Flöckchen, 1 Ei, 50 g Zucker, die abgeriebene Schale einer Zitrone, 1 Vanilleschote, 1/2 Teelöffel Zimt
Außerdem: 8 Korinthen für die Augen, 4 Tonpfeifen
Zubereitungszeit: 60 Minuten

Mehl in eine Schüssel sieben. Die kalten Butterflöckchen und das Ei dazugeben. Mit zwei Messern zu einem grießähnlichen Teig verarbeiten. Zucker, Zitronenschale sowie das ausgeschabte Mark der Vanilleschote und den Zimt hinzufügen und alles rasch verkneten. In Haushaltsfolie wickeln und 30 Minuten kühl stellen.

Teig auf Pergamentpapier dünn ausrollen und rundliche Männchen ausschneiden. Die Korinthen als Augen einsetzen und die Tonpfeifen einpassen.
Bei 180 °C goldbraun backen (ca. 20 Minuten).

Zwetschgendatschi

Den Bewohnern der Stadt Augsburg sagt man eine Vorliebe für den hauchdünnen Blechkuchen nach, weshalb die schwäbische Metropole im Volksmund »Datschiburg« genannt wird.

Zutaten für 1 Blech:
Für den Teig: 500 g Mehl, 1 Hefewürfel, 100 g Zucker, 200 ml lauwarme Milch, 100 g Butter, Butter für das Blech
Für den Belag: 2 1/2 kg Zwetschgen, Zimtzucker, nach Belieben Schlagsahne zum Servieren
Zubereitungszeit: 2 1/2 Stunden

Mehl in eine Schüssel sieben, in die Mitte eine Mulde drücken. Den Hefewürfel mit einem Eßlöffel Zucker unter ständigem Rühren in der warmen Milch auflösen. Die Hefemischung in den Mehlkrater gießen und vom Rand her zu einem Vorteig verrühren. Mit einem Küchentuch abdecken und an einem warmen, vor Luftzug geschützten Ort 30 Minuten gehen lassen.
Butter sowie den restlichen Zucker hinzufügen und gut durchkneten. Teig auf einem gebutterten Backblech ausrollen und einen Rand hochziehen. Nochmals gehen lassen.
In der Zwischenzeit die Zwetschgen vorbereiten: Mit einem spitzen Messer der Länge nach aufschlitzen und den Stein entfernen. Frucht aufklappen und jede Hälfte in der Mitte längs einritzen, damit sie sich flach ausbreiten läßt.
Backrohr auf 200 °C vorheizen.
Den Teig dicht an dicht mit den Zwetschgen belegen: Am oberen Blechrand beginnen und eine Reihe Zwetschgen entlang der Breitseite auf dem Teig ausbreiten. Die nächste Reihe Zwetschgen wie Dachschindeln ansetzen, so daß die obere Reihe ein wenig unter der zweiten Reihe verschwindet. So fortfahren, bis alle Zwetschgen aufgebraucht sind.
Zwetschgendatschi in das heiße Rohr schieben und 30 Minuten backen.
Warm mit Zimtzucker bestreuen und servieren. Ein Klecks Schlagsahne obenauf vollendet den Genuß …

342

Weihnachtsbäckerei

Aachener Printen

Die würzigen Aachener Printen können auf eine lange Tradition zurückblicken. Das erste Gebäck dieser Art wurde vermutlich bereits im 15. Jahrhundert hergestellt. Damals verwendete man für die Printen kunstvoll geschnitzte Modeln, in die der Teig gedrückt wurde (vgl. englisch »to print« – drucken und niederländisch »prenten« – drücken!). Heute verzichtet man meist auf die aufwendigen Formen und schneidet den Teig zu glatten Rechtecken.

Zutaten:
500 g Rübenkraut, 125 g Zucker, 125 g brauner Kandis, 50 g Orangeat, 1/2 Teelöffel Anis, 1 Messerspitze gemahlener Koriander, 1/4 Teelöffel Piment, 1/4 Teelöffel Nelkenpulver, 600 g Mehl, 5 g Pottasche, 1 Prise Natron
Außerdem: etwas Milch zum Bestreichen, Schokoladenglasur
Zubereitungszeit: 2 Stunden

Rübenkraut mit 4 Eßlöffeln Wasser in einem Topf erwärmen und verflüssigen. Den Zucker in die heiße Masse rühren und auflösen. Vom Herd nehmen und kurz abkühlen lassen.
Den Kandiszucker zerstoßen, das Orangeat in feine Würfel schneiden. Gewürze und Mehl vermischen. Die vorbereiteten Zutaten in die Mehlmischung rühren. Pottasche und Natron in Wasser auflösen und unterrühren. Den Teig abdecken und mehrere Stunden kühl stellen.
Backrohr auf 220 °C vorheizen.
Teig auf Backtrennpapier 5 mm dünn ausrollen. Rechtecke von etwa 3 x 8 cm Kantenlänge ausschneiden und auf ein mit Wasser besprengtes Backblech setzen. Mit Milch bestreichen und im heißen Ofen 15 Minuten abbacken.
Abkühlen lassen und mit Schokoladenglasur überziehen.

Baumschmuck

An jeden Weihnachtsbaum gehört auch etwas Süßes. Machen Sie ihren eßbaren Baumschmuck doch einmal selbst!

Zutaten für ca. 50 Ornamente:
250 g Mehl, 75 g Zucker, 1 Päckchen Vanillezucker, 125 g eiskalte Butter, 1 Prise Salz, 1 Ei
Zum Verzieren: 125 g Puderzucker, etwas Zitronensaft, Zuckerperlen, Nußkerne, kandierte Früchte usw., Goldbändchen zum Aufhängen
Zubereitungszeit: 2 Stunden

Mehl in eine Schüssel sieben. Zucker und Vanillezucker einstreuen. Die eiskalte Butter in Flöckchen dazugeben. Salzen. Das Ei hineinschlagen. Die Zutaten mit zwei Messern vermischen, bis eine Masse von grießähnlicher Konsistenz entsteht. Nun rasch arbeiten, denn der Teig darf nicht warm werden. Mit kalten Händen (kurz unter fließendes Wasser halten und abtrocknen) zu einem glatten Teig verkneten. Zur Kugel rollen, in Haushaltsfolie wickeln und mindestens 30 Minuten kalt stellen.
Den Teig auf Wachspapier etwa fünf Millimeter dünn ausrollen und weihnachtliche Motive wie Sterne, Engel, Herzen, Tannenbäumchen usw. ausstechen.
Herd auf 200 °C vorheizen.
Kekse auf ein gewachstes oder mit Backpapier ausgelegtes Blech setzen. Mit einer Stricknadel kleine Löcher für die Aufhänger ausstechen. Im heißen Ofen 10–12 Minuten abbacken. Auf einem Rost abkühlen lassen.

Für den Guß den Puderzucker in eine Schüssel sieben und mit etwas Zitronensaft zu einer dicken, aber streichfähigen Creme verrühren. Die Kekse damit überziehen (die Löcher für die Aufhänger mit einem Zahnstocher blockieren) und mit den Zuckerperlen, Nüssen usw. verzieren. Trocknen lassen.
Goldene Bändchen durch die Ösen ziehen und die Kekse als eßbaren Schmuck an den Weihnachtsbaum hängen.

Buttergebäck

Für diese ebenso köstlichen wie gehaltvollen Weihnachtsplätzchen brauchen Sie eine große Menge Eigelb. Planen Sie deshalb gleich Zimtsterne (Rezept auf Seite 358) mit ein, für die Sie nur Eiweiß benötigen.

Zutaten für rund 120 Plätzchen:
375 g Butter, 200 g Zucker, 5 Eigelbe, 500 g Mehl
Außerdem: 1 Eigelb zum Bestreichen
Zubereitungszeit: 2 Stunden (ohne Kühlzeit)

Butter, Zucker und Eigelbe schaumig rühren. Nach und nach das gesiebte Mehl einarbeiten. Den Teig zu einer Kugel formen, in Haushaltsfolie einwickeln und 2–3 Stunden durchkühlen lassen. Den Teig dritteln. Ein Drittel auf einer bemehlten Arbeitsfläche etwa 5 mm dick ausrollen. Den restlichen Teig wieder in den Kühlschrank stellen. (Der Teig läßt sich nur sehr schwer verarbeiten, wenn er warm wird.) Förmchen aus dem Teig ausstechen und auf ein Backblech setzen. (Da der Teig sehr fett ist, muß das Backblech nicht eigens gebuttert werden.) Mit Eigelb bepinseln und bei 180 °C ca. 12 Minuten goldgelb backen.

Dresdner Christstollen

Der Christstollen symbolisiert mit seiner typischen Form das in Windeln gewickelte Christuskind. Das weihnachtliche Gebäck wurde ursprünglich vor mehreren Jahrhunderten für den Bischof in Naumburg erfunden. Er war so sehr von dem an edlen Zutaten reichen Gebäck angetan, daß er jedes Jahr zu Weihnachten zwei Stollen von jeweils siebeneinhalb Kilo Mehl bestellt haben soll!

Zutaten für 2 Wecken:
Für den Vorteig: 2 kg Mehl, 4 Hefewürfel, 1 Eßlöffel Zucker, 1/2 l Milch
Für den Teig: 500 g Butter, 1 l Milch, 500 g Zucker, 1 Teelöffel Salz, 400 g eingeweichte Rosinen, 1 Gläschen Rum, 100 g gewürfeltes Zitronat, 200 g abgezogene Mandeln, 30 g Bittermandeln, 1 abgeriebene Zitronenschale, 2 Eier
Außerdem: 100 g Butter zum Bestreichen, 100 Puderzucker zum Bestäuben
Zubereitungszeit: 4 Stunden

Für den Vorteig das Mehl in eine Schüssel sieben und in die Mitte eine Mulde drücken. Hefe und Zucker in lauwarmer Milch auflösen und diese Mischung in den Mehlkrater gießen. Vom Rand her vorsichtig mit Mehl bedecken. Schüssel mit einem Küchentuch abdecken und an einem warmen, vor Luftzug geschützten Ort etwa 1–2 Stunden gehen lassen.
Den Vorteig zu einer glatten Masse verkneten. Danach Butter, Milch, Zucker und Salz dazugeben. Durchkneten, bis sich der Teig von der Schüssel löst. Nun nach und nach die übrigen Zutaten einarbeiten. Den Teig halbieren und zwei Stollen daraus formen: Zunächst einen länglichen Laib formen. Den Laib mit der Handkante in der Mitte eindrücken und anschließend eine Hälfte darüberklappen, damit er die typische Form bekommt. Auf ein gebuttertes Blech setzen, abdecken und aufgehen lassen.
Bei 200 °C etwa 40 Minuten backen.
Aus dem Rohr nehmen, mit zerlassener Butter bestreichen und mit Puderzucker bestäuben.

Elisenlebkuchen

Elisenlebkuchen sind der heiligen Elisabeth, Schutzpatronin der Bäcker und Lebzelter, gewidmet. Diese Lebkuchen gehören zu den sogenannten Oblaten-Lebkuchen. Schon im Mittelalter hatte man den praktischen Nutzen der Oblaten entdeckt: Während die auf heißen Eisenplatten gebackenen Teigblättchen ursprünglich nur liturgischen Zwecken dienten, erkannten findige Mönche in den Klosterbäckereien des Mittelalters, daß sich die Oblaten bestens als Backunterlage für den zähflüssigen Lebkuchenteig eigneten. Der Teig blieb somit nicht mehr am Blech kleben, und außerdem schützten die Oblaten die Lebkuchen vor dem Austrocknen.

Zutaten für 2–3 Bleche:
5 Eier, 500 g Zucker, die abgeriebene Schale von 2 Zitronen, 1 Teelöffel Zimt, 1 Messerspitze Nelkenpulver, 650 g fein geriebene Mandeln, jeweils 100 g fein gewürfeltes Zitronat und Orangeat, runde Lebkuchenoblaten
Außerdem: 200 g Puderzucker, 2–3 Eßlöffel Rum, abgezogene Mandelhälften zum Garnieren
Zubereitungszeit: 60 Minuten

Eier und Zucker schaumig rühren. Zitronenschale und Gewürze einrühren. Nach und nach die Mandeln sowie Zitronat und Orangeat einarbeiten. Den Teig 5 mm dick auf die Oblaten streichen. Dabei einen Rand von ca. 1 cm freilassen, denn die Lebkuchen laufen beim Backen leicht aus.
Lebkuchen auf ein Blech setzen und einige Stunden trocknen. Dann bei 170 °C 15–20 Minuten abbacken. Erkalten lassen.
Puderzucker mit Rum zu einer festen, aber streichfähigen Glasur verrühren und die Lebkuchen damit überziehen. Mit den Mandelhälften hübsche Muster, Sterne oder Blüten in die Glasur drücken.

Früchtebrot

Wegen der gedörrten Birnen – die allerdings nur einen Teil der vielen verschiedenen Zutaten ausmachen – heißt das Früchtebrot in manchen Gegenden Deutschlands auch Hutzel- oder Kletzenbrot. Wegen der vielen gedörrten Früchte und Nüsse ist das Kletzenbrot gerade zur Weihnachtszeit besonders beliebt, und sogar in die Literatur ist das schwere und würzige Brot eingegangen. Eduard Mörike schuf die Figur des »Stuttgarter Hutzelmännleins« – ein Bäckerlehrling bekam als Belohnung ein Hutzelbrot geschenkt, von dem er mit Vergnügen aß. Über Nacht wuchs das Hutzelbrot immer wieder auf seine ursprüngliche Größe, ganz gleich, wieviel der Lehrling davon auch gegessen hatte.

Zutaten für 2 Laibe:
500 g gedörrte Birnen, 500 g Dörrpflaumen ohne Stein, 200 g Zitronat, 200 g Orangeat, 200 g Haselnüsse, 200 g abgezogene Mandeln, 125 g Rosinen, 125 g Korinthen, 250 g getrocknete Feigen, je 2 Teelöffel Anis, Zimt und Nelkenpulver, 2 Gläschen Rum
Für den Teig: 2 Hefewürfel, 4 Eßlöffel Zucker, 1 kg Roggenmehl, 100 g Butter, 2 Teelöffel Salz, 2 Eier
Außerdem: Butter und Mehl für das Backblech
Zubereitungszeit: 4 Stunden

Die gedörrten Birnen über Nacht in Wasser einweichen. Mit dem Einweichwasser nicht zu weich kochen und auskühlen lassen.
Vom lauwarmen Kochsud der Birnen 350 ml abmessen und darin die Hefe sowie den Zucker auflösen. Das Roggenmehl in eine Schüssel sieben. In der Mitte eine Vertiefung formen und die Hefemischung hineingießen. Vom Rand her Mehl darüber häufen. Abdecken und gut 30 Minuten gehen lassen.
In der Zwischenzeit die Birnen in grobe Stücke schneiden, Dörrpflaumen, Zitronat und Orangeat klein würfeln.
Den Vorteig mit Butter, Salz, Eiern verkneten und erneut gehen lassen. Dann alle Früchte und Gewürze einarbeiten und einen gleichmäßigen Teig herstellen. Der Teig wird durch die vielen Zutaten relativ schwer!

348

Backrohr auf 200 °C vorheizen. Ein Backblech buttern und leicht bemehlen. Aus dem Teig zwei Laibe formen und auf das Backblech setzen. Etwa 50 Minuten im heißen Rohr backen. Die genaue Backzeit hängt stark von der Größe der Laibe ab. Nach einer Dreiviertelstunde mit einer Stricknadel prüfen, ob die Laibe durchgebacken sind.

Honigkuchen

Honigkuchen tauchte bereits in der antiken Literatur auf. Honigkuchen wurde Göttern geopfert und diente als Grabbeigabe, damit die Verstorbenen auf ihrer Reise in die Unterwelt Dämonen, Schlangen und den Höllenhund Zerberus besänftigen konnten.
In Deutschland genoß Honigkuchen weite Verbreitung und große Beliebtheit. Entsprechend angesehen war die Zunft der Lebzelter und Pfefferküchler.

Zutaten:
250 g Honig, 2 Eier, 100 g Zucker, 1 Päckchen Vanillezucker, 1 Messerspitze gemahlene Nelken, 1/2 Teelöffel Zimt, 1 Messerspitze gemahlenes Kardamom, 75 g Kakao, 250 g Mehl, 1/2 Päckchen Backpulver, Butter für die Form
Zubereitungszeit: 90 Minuten

Den Honig im Wasserbad schmelzen und wieder abkühlen lassen. Dann die Eier, Zucker und Vanillezucker einrühren. Nach und nach Gewürze und Kakao dazugeben. Abschließend das Mehl und das Backpulver untermengen.
Backrohr auf 180 °C vorheizen.
Den Teig in eine gebutterte Kastenform füllen und glattstreichen. Im heißen Herd etwa 60 Minuten backen.

Liegnitzer Bombe

Die rundliche, nach oben gewölbte Form der Liegnitzer Bombe erinnert tatsächlich an eine Haubitze. Ob die Liegnitzer Bombe an Popularität verloren hat, weil wir glücklicherweise in Frieden leben, steht dahin. Vermutlich hat die aufwendige Zubereitung auch etwas damit zu tun …

Zutaten für 1 Tortenform von 26 cm Durchmesser:
Für den Teig: 250 g Honig, 100 g Butter, 4 Eier, 250 g Zucker, 6 Eßlöffel Kakao, 1 Messerspitze Kardamompulver, 1/2 Teelöffel Zimt, 1 Prise Salz, die abgeriebene Schale einer Zitrone, die abgeriebene Schale einer Orange, 100 g gemahlene Mandeln, 100 g gewürfeltes Zitronat, 350 g Mehl, 3/4 Päckchen Backpulver, Butter für die Form
Für die Füllung: 150 g Aprikosenmarmelade, 2 Eßlöffel Aprikosenschnaps, 250 g Marzipanrohmasse, 200 g Puderzucker, 3 Eßlöffel Rosenwasser oder Aprikosenschnaps
Für die Glasur: 100 g Zartbitterschokolade, 500 g Puderzucker, 2 Eßlöffel Wasser, 1 Handvoll abgezogene, ganze Mandeln
Zubereitungszeit: 2 Stunden

Honig und Butter auf sanfter Flamme langsam schmelzen. Vom Herd nehmen und abkühlen lassen. In der Zwischenzeit Eier und Zucker schaumig schlagen, dann die Honigmischung unterziehen. Nach und nach Kakao und Gewürze sowie die abgeriebenen Zitrusschalen einrühren. Nun auch die Mandeln und das Zitronat untermengen. Zum Schluß mit dem gesiebten Mehl und dem Backpulver zu einem gleichmäßigen Teig verarbeiten.
Kuchenform buttern und das Backrohr auf 180 °C vorheizen. Die Form zur Hälfte mit Teig füllen (der Teig geht beim Backen stark auf). Im vorgeheizten Ofen rund 45 Minuten backen. Die Backzeit hängt stark von der verwendeten Form ab: Der Einfachheit halber können Sie die Liegnitzer Bombe wie eine Torte mit drei Böden backen. Zum Ende der Backzeit auf jeden Fall eine Stricknadelprobe machen. Kuchen aus dem Rohr nehmen und erkalten lassen.
Aprikosenmarmelade mit Schnaps verrühren und auf den unte-

ren Tortenboden streichen. Den zweiten Boden auflegen. Die Marzipanrohmasse mit Puderzucker und Rosenwasser oder Schnaps zu einer glatten Paste verrühren. Auf den zweiten Tortenboden streichen. Deckel aufsetzen.

Für die Glasur die Zartbitterschokolade im Wasserbad schmelzen. Puderzucker durchsieben und zusammen mit dem Wasser in die flüssige Schokolade rühren. Die Liegnitzer Bombe rundherum (auch den Boden, damit die Torte nicht austrocknet) mit der Schokoladenglasur überziehen und mit den Mandeln verzieren.

Vor dem Verzehr einige Tage durchziehen lassen.

Marzipanplätzchen

Ein findiger Bäcker des Mittelalters mengte geriebene Mandeln und Zucker zu einer gleichmäßigen Masse und formte Brotlaibe daraus. Weil seine Erfindung auf den Namenstag des heiligen Markus fiel, nannte er sie »Marci panis« – das Marzipan war erfunden. Wann und wo genau das Marzipan tatsächlich zum ersten Mal auftauchte, verliert sich im Bereich des Legendenhaften. Bedeutende Hafenstädte wie Venedig, das im Mittelalter den gesamten Handel im östlichen Mittelmeer kontrollierte, sowie die großen Ostseehäfen wie Lübeck und Königsberg beanspruchen den Urheberschaft. Mandeln und Zucker gelangten vermutlich durch die Kreuzzüge oder über die traditionellen Handelswege vom Orient nach Europa und wurden zur begehrten und teuren Delikatesse für Herrscher und reiche Kaufleute.

Zutaten für rund 120 Plätzchen:
Für den Grundteig: 250 g zimmerwarme Butter, 150 g Zucker, 1 Prise Salz, 2 Eigelbe, 1 Päckchen Vanillezucker, 250 g Mehl
Für die Marzipanmasse: 300 g Mandeln, 250 g Zucker, 1–2 Teelöffel Bittermandelextrakt
Außerdem: Mandelhälften und Eiweiß zum Verzieren
Zubereitungszeit: 2 Stunden

Die weiche Butter, Zucker und Salz in einer Schüssel schaumig schlagen. Nacheinander die beiden Eigelbe und den Vanillezucker einrühren. Das gesiebte Mehl hinzufügen und einen glatten Teig herstellen.

Die Mandeln mit kochendem Wasser überbrühen und die braune Haut abziehen. Gut eine Handvoll abgezogener Mandeln für die Garnitur beiseite stellen.

Die übrigen Mandeln mit dem Zucker in der Küchenmaschine zu einer feinen, gleichmäßigen Masse vermahlen. Diese Mandelmasse mit dem Bittermandelextrakt und dem Grundteig zu einem gleichmäßigen Teig verarbeiten. Diesen Teig zu einer Scheibe ausrollen, in Haushaltsfolie wickeln und mindestens eine Stunde, besser noch über Nacht im Kühlschrank durchkühlen lassen.

Die Mandeln für die Verzierung längs halbieren.

Den Teig portionsweise auf Backtrennpapier ausrollen (den nicht benötigten Teig unterdessen wieder kalt stellen). Mit einem Förmchen ovale oder mandelförmige Plätzchen ausstechen. Die Plätzchen mit dem verquirlten Eiweiß bepinseln. Eine Mandelhälfte mit der gewölbten Seite nach oben in die Mitte der Plätzchen setzen.

Bei 180 °C etwa 10 Minuten goldgelb backen.

Nürnberger Busserl

Nürnberg gilt mit dem Christkindlesmarkt als die »Weihnachtsstadt« schlechthin. In der alten Kaiserstadt kreuzten sich wichtige Handelsstraßen, Märkte und das Kaufmannswesen blühten, und nicht zuletzt waren an diesem bedeutenden Umschlagplatz all die edlen Gewürze und Spezereien zu bekommen, die gerade für die Weihnachtsbäckerei eine so wichtige Rolle spielen. – Hier das Rezept für die typischen »Busserl«: Ein »Busserl« ist im süddeutschen Sprachraum ein kleiner Kuß. Und deshalb sind diese Plätzchen so klein, daß man sie auf einmal in den Mund schieben kann …

Zutaten:
500 g Farinzucker (brauner Rohzucker),
3 Eßlöffel Honig, 4 Eier, 2 Eßlöffel weißer
Zucker, 100 g gemahlene Mandeln, 1 abge-
riebene Zitronenschale, 100 g Zitronat,
100 g Orangeat, 625 g Mehl, 1/2 Tütchen
Backpulver
Außerdem: 2 Eßlöffel Honig, ein Schälchen lauwarmes Wasser
Zubereitungszeit: 90 Minuten

Braunen Zucker, Honig und Eier schaumig rühren. Nach und nach den weißen Zucker, die gemahlenen Mandeln, die abgeriebene Zitronenschale sowie das in feine Würfel geschnittene Zitronat und Orangeat untermengen. Das Mehl und das Backpulver in eine Schüssel sieben. Portionsweise in den Teig rühren.
Ofen auf 180 °C vorheizen.
Mit einem Kaffeelöffel von der Teigmasse kleine Portionen abstechen. Zu Kügelchen rollen und auf ein mit Backtrennpapier ausgelegtes Backblech setzen. Beim ersten Blech sicherheitshalber genügend Abstand zwischen den einzelnen Kügelchen lassen. Wenn der Teig zu feucht geraten ist, laufen sie beim Backen stark auseinander. 20 Minuten bei 180 °C backen.
Honig mit lauwarmem Wasser verrühren. Die »Busserl« aus dem Rohr nehmen und noch heiß mit Honigwasser bestreichen.

Piment, Zimt und Ingwer verleihen den Pfeffernüssen ihr unver-
wechselbar intensives Aroma. Da diese Gewürze aus dem fernen
Indien bezogen wurden, waren sie lange Zeit sehr teuer und
kostbar, zeitweise galten sie als so wertvoll, daß sie sogar als
Zahlungsmittel verwendet werden durften. Heute müssen die
Gewürzsäcke nicht mehr umständlich auf dem Rücken von Kame-
len über die langen Karawanenstraßen durch Zentralasien trans-
portiert werden, doch immer noch strömt der Duft von würzigem
Gebäck den Zauber einer wundersam exotischen Welt aus.
Gleich nach dem Backen sind die Pfeffernüsse hart wie Stein. Man
bewahrt sie deshalb rund zwei Wochen in Blechdosen auf, bevor
man sie glasieren und essen kann. Während dieser Zeit verlieren
die Pfeffernüsse auch etwas von ihrer stechenden Schärfe.

Zutaten für rund 100 Pfeffernüsse:
250 g brauner Zucker, die abgeriebene Schale einer Zitrone, 150 g Honig,
200 g zimmerwarme Butter, 200 g gemahlene Mandeln, 100 g fein
geschnittenes Zitronat, 2 Teelöffel Zimt, 2 Teelöffel Piment, 1/2 Teelöffel
Ingwerpulver, 500 g Mehl, 1 Päckchen Backpulver, 1 Messerspitze Salz
Für die Glasur: 200 g Puderzucker, 3 Eßlöffel Rum oder Zitronensaft
Zubereitungszeit: 90 Minuten

Braunen Zucker, Zitronenschale, Honig in einen Topf geben. Auf
sanfter Flamme unter ständigem Rühren auflösen. Vom Herd
nehmen und die weiche Butter einarbeiten. Gut verrühren, dann
kurz beiseite stellen.
Die trockenen Zutaten und Gewürze in einer großen Schüssel
vermischen. In der Mitte eine Vertiefung formen und die Zuckermasse hineingießen. Vom Rand her zu einem festen Teig verarbeiten. Abdecken und 30 Minuten ruhen lassen.
Backrohr auf 180 °C vorheizen.
Danach mit einem Löffel Teigportionen abstechen und zu Kugeln mit etwa zwei Zentimetern Durchmesser rollen. In Abständen von zwei bis drei Zentimetern auf ein mit Backtrennpapier
ausgelegtes Blech setzen. 15 Minuten backen. Die Pfeffernüsse

sollten fest sein, der Boden leicht gebräunt. Auf ein Kuchengitter setzen und abkühlen lassen.

In dicht verschließbaren Gebäckdosen 10–14 Tage »reifen« lassen.

Dann die Pfeffernüsse mit Zuckerglasur überziehen.

Spekulatius

Spekulatius kamen über Holland, das als Seefahrernation über einen ausgedehnten Gewürzhandel verfügte, nach Belgien und Deutschland. In Holland ißt man die würzigen Kekse traditionsgemäß am Vorabend des Nikolaustags und trinkt heiße Schokolade dazu. Und wenn die Kinder das ganze Jahr über brav waren, bringt ihnen der Nikolaus auch etwas von den süßen Leckereien.

Zutaten für ca. 100 Stück:
500 g Mehl, 200 g gemahlene Mandeln, 1/2 Tütchen Backpulver, 250 g Zucker, 2 Päckchen Vanillezucker, 4 Tropfen Bittermandelextrakt, 1/4 Teelöffel Kardamom, 1/4 Teelöffel Nelken, 1 Teelöffel Zimt, 1 Prise Piment, 1 Ei, 100 g Butter
Außerdem: Nach Belieben Mandelblättchen zum Verzieren, Mehl für den Model, Fett und Mehl (oder Backtrennpapier) für das Blech
Zubereitungszeit: 90 Minuten (ohne Kühlzeit)

Mehl, Mandeln, Backpulver und Zucker vermischen. Nach und nach sämtliche Gewürze sowie das Ei und die Butter in Flöckchen einrühren und einen festen, aber gleichmäßigen Teig herstellen. Zu einer Kugel rollen und eine Stunde im Kühlschrank durchziehen lassen. Einen Model mit Mehl ausstreuen. Den Teig in die Form streichen. Form umdrehen und Spekulatius herausklopfen. Auf ein vorbereitetes Backblech setzen, nach Belieben mit Mandelblättchen verzieren. 10 Minuten bei 180 °C backen.

Spitzbuben

Die dunkle Marmelade lugt bei diesen Plätzchen keck aus einer Öffnung hervor – ob sie wohl deswegen Spitzbuben heißen?

Zutaten für rund 50 Stück:
Für den Teig: 300 g Mehl, 200 g eiskalte Butter, 75 g Zucker, 1 Ei, 1 Prise Salz
Zum Verzieren: 100 g dunkle und säuerliche Marmelade (z. B. aus Johannisbeeren, Sauerkirschen), Puderzucker
Zubereitungszeit: 2 Stunden (ohne Kühlzeit)

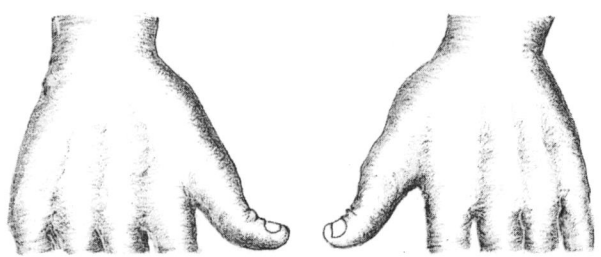

Aus Mehl, Butter, Zucker, Ei und Salz einen Mürbeteig herstellen. Dazu das Mehl in eine Schüssel sieben. Die eiskalte Butter in Flöckchen dazugeben. Zucker, Ei und Salz hinzufügen. Mit zwei Messern zu einer grießähnlichen Masse zerkleinern. Nun rasch mit kalten Händen (Hände unter kaltes Wasser halten) zu einem Teig verkneten. Zur Kugel rollen und halbieren. Beide Hälften in Haushaltsfolie packen und eine Stunde in den Kühlschrank legen.
Eine Teighälfte herausnehmen und fünf Millimeter dünn auf Pergamentpapier ausrollen. Mit einem Wasserglas oder einem Förmchen mit gewelltem Rand (sieht hübscher aus) runde Kekse ausstechen. Auf ein mit Backtrennpapier ausgelegtes Blech setzen und 10 Minuten bei 180 °C hellgelb backen.
Die zweite Teighälfte aus dem Kühlschrank nehmen und ebenfalls fünf Millimeter dünn ausrollen. Wieder runde Kekse ausstechen, doch diesmal auch in der Mitte mit einem Fingerhut oder einem Apfelstecher ein kleines rundes Loch ausstechen. Die

Kekse auf ein vorbereitetes Backblech setzen und 10 Minuten bei
180 °C im Ofen hellgelb backen.
Beide Kekssorten auskühlen lassen.
Die vollen Kekse nun mit Marmelade bestreichen. Die Kekse mit
dem Loch obenauf setzen. Abschließend mit Puderzucker bestäuben.

Springerle

Die mit kunstvollen Modeln geformten Springerle sind Augen-
weide und Gaumenfreude zugleich. Zum Backen wird ein Backblech mit Anis ausgestreut, was den Springerle ein herrliches
Aroma verleiht.

Zutaten für 1 Blech:
500 g Zucker, 4 Eier, 1 abgeriebene Zitronenschale, 600 g Mehl, Mehl für
die Model, Fett und Anis für das Blech
Zubereitungszeit: 90 Minuten (ohne Kühlzeit)

Zucker und Eier zu einer dicken Creme aufschlagen. Die abgeriebene Zitronenschale einrühren. Nach und nach das Mehl durchsieben und unterrühren. Den Teig kurz durchkneten, zu einer
Kugel rollen und im Kühlschrank eine Stunde ruhen lassen.
Auf Backtrennpapier einen Zentimeter dick ausrollen. Model mit
Mehl bestäuben und in den Teig drücken. Teig herausklopfen.
Die einzelnen Motive auseinanderschneiden und auf ein gefette-
tes, mit Anis ausgestreutes Blech setzen. Über Nacht trocknen
lassen.
Backrohr auf 150 °C vorheizen und die Springerle etwa 30 Minuten abbacken.

Seit dem Altertum gilt Zimt als appetitanregend und magenstär-kend. Im antiken Rom diente das wohlriechende Gewürz als Räucheropfer. Arabische Kaufleute brachten über die Seiden-straße Zimt, Nelken, Muskat und Pfeffer in den Mittelmeerraum und von dort nach Nord- und Mitteleuropa. Angesichts der lan-gen und schwierigen Transportwege wurden für diese Spezereien horrende Preise bezahlt. Der Gewürzhandel war ein bedeutender Wirtschaftsfaktor, die Ursprungsländer waren im Zeitalter des Kolonialismus entsprechend stark umkämpft. Anfang des 16. Jahrhunderts eroberten die Portugiesen Sri Lanka, damals Hauptlieferant für Zimt, und errichteten ein Zimtmonopol, das allerdings nicht lange währen sollte. Denn schon bald wurden sie von den Niederlanden verdrängt, und schließlich beanspruchte Großbritannien die Insel, die erst 1948 die Unabhängigkeit von der britischen Krone erlangte.

Zutaten für ca. 50 Zimtsterne:
5 Eiweiße, 450 g Puderzucker, 500 g Mandeln, 2 Teelöffel Zimt, 1 Eßlöffel
Kirschwasser oder Zitronensaft, Zucker für die Arbeitsfläche
Zubereitungszeit: 60 Minuten (ohne Kühl- und Trockenzeiten)

Eiweiße steif schlagen und mit dem gesiebten Puderzucker ver-rühren. Eine Tasse davon für die Glasur beiseite stellen.
Mandeln, Zimt und Flüssigkeit unter den gesüßten Eischnee ziehen und zu einem gleichmäßigen Teig verarbeiten. Teig im Kühlschrank eine Stunde durchkühlen lassen.
Eine Arbeitsfläche mit Zucker ausstreuen und den Teig ca. einen Zentimeter dick darauf ausrollen. Sterne ausstechen. Die Zimtsterne gleichmäßig mit der Eischneeglasur bestreichen, auf ein mit Backtrennpapier ausgelegtes Backblech setzen und über Nacht trocknen lassen.
Ofen auf 220 °C aufheizen und die Zimtsterne 5 Minuten ab-backen. Backzeit unbedingt einhalten, die Eischneeglasur wird in Windeseile braun!

Getränke

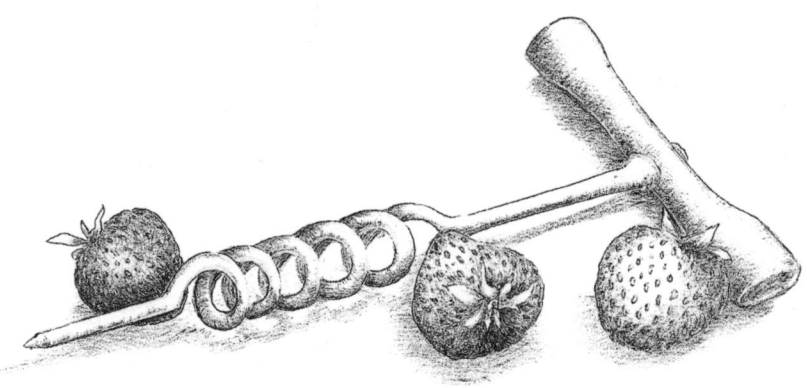

Erdbeerbowle

Im milden Klima des Rheingaus gedeihen Reben und Obst in aller Üppigkeit: Die bewaldeten Berghänge des Taunus schützen die Region vor den kalten Nordwinden, die nach Süden ausgerichteten Uferhänge des Rheins fangen die Sonnenstrahlen ein. Bereits die Römer haben die günstigen klimatischen Voraussetzungen erkannt und den Weinbau hier heimisch gemacht. Im Mittelalter waren es Karl der Große, dann Kirchen und Klöster, die den Weinbau förderten. Heute gilt der Rheingau als eines der bedeutendsten Weißweingebiete der Welt, das zu etwa drei Viertel mit Riesling bestockt ist. Berühmte Weingüter und Sektkellereien haben hier ihren Sitz.

Zutaten:
500 g vollreife Erdbeeren, nach Bedarf Zucker, 1–2 Glas Weinbrand,
2 Flaschen trockener Riesling, 1 Flasche Rieslingsekt
Zubereitungszeit: 30 Minuten (ohne Ruhezeiten)

Die Erdbeeren waschen, putzen und verlesen. Nur makellose Früchte für die Bowle verwenden. Erdbeeren in eine Schüssel geben und nach Wunsch leicht überzuckern. Mit Weinbrand übergießen und einige Stunden durchziehen lassen.
Dann die Früchte in einen Bowlenkübel setzen. Mit Riesling übergießen und eine Stunde ruhen lassen. Dann mit Sekt auffüllen und servieren.

Feuerzangenbowle

Nicht erst seit dem berühmten gleichnamigen Film mit Heinz Rühmann in der Hauptrolle ist dies der Inbegriff für einen gemütlichen Winterabend!

Zutaten:
1 Flasche trockener Rotwein, 1 Zimtstange, 1 Orange, 3 Gewürznelken, 1 Zuckerhut, 54%iger Rum oder Arrak
Zubereitungszeit: ein ganzer Abend …

Rotwein in einem Topf erwärmen und mit der Zimtstange, dem frisch gepreßten Saft der Orange und den Gewürznelken aromatisieren.
In einen feuerfesten Bowlentopf füllen und über einem Rechaud warm stellen.
Den Zuckerhut in eine Feuerzange einpassen und quer über den Bowlentopf legen. Mit dem hochprozentigen (d.h. brennbaren) Rum oder Arrak tränken und anzünden. Dadurch schmilzt der Zucker zu Karamel und tropft in den Punsch, der dadurch das unverwechselbare Aroma erhält.
Mit einer Schöpfkelle in hitzebeständige Bowlengläser füllen und servieren.

»Wehe, ihr Pharisäer!« soll der Pastor der nordfriesischen Insel Nordstrand ausgerufen haben, als ihm aus »Versehen« Kaffee mit Rum serviert wurde. Die Bauern, die zu einer Kindstaufe zusammengekommen waren, hatten bereits am hellichten Tage ihren Kaffee mit einer ansehnlichen Dosis Rum verfeinert. Um die Geistlichkeit aber nicht zu beunruhigen, versteckten sie ihr Gebräu unter einem dekorativen Sahnehäubchen – zu dumm nur, daß der Pastor diesen Trick durchschaute.

Zutaten pro Person:
2 Zuckerwürfel, 2 cl 40 %iger Rum, 50 g Schlagsahne, 1 Tasse starker,
schwarzer Kaffee oder Mokka
Zubereitungszeit: 30 Minuten

Die Zuckerwürfelchen (oder zwei gehäufte Teelöffel Zucker) auf den Boden eines Kaffeebechers setzen. Den Rum sanft erwärmen und über den Zucker gießen. Die Sahne sehr steif schlagen.
Den heißen Kaffee in den Kaffeebecher gießen, dabei einen gut fingerbreiten Rand frei lassen. Umrühren, damit sich der Zucker auflösen kann. Nun den Becher mit einer dicken Sahnehaube bedecken und sofort servieren. Den Pharisäer durch die Sahnehaube hindurch trinken.

Die »Bohnen« in dieser »Suppe« sind in Branntwein aufgequollene Rosinen. Traditionsgemäß wird an der niedersächsischen Nordseeküste die Geburt oder die Taufe eines Kindes mit einem Glas Siehnbohnsupp' gefeiert.

Zutaten für 4 Personen:
4 Eßlöffel Kandiszucker, 100 g Rosinen, 400 ml Weinbrand, 1 abgeriebene Zitronenschale, 1 Vanilleschote, 1 Zimtstange
Zubereitungszeit: 30 Minuten

Den Kandiszucker in einen Topf geben, mit ein wenig Wasser übergießen und sanft erwärmen, bis sich der Zucker unter mehrmaligem Rühren auflöst. In der Zwischenzeit die Rosinen waschen und abtropfen lassen. Topf mit der Zuckerlösung vom Herd nehmen und mit Weinbrand aufgießen. Rosinen und abgeriebene Zitronenschale einrühren. Vanilleschote und Zimtstange

hinzufügen. Abdecken und mindestens über Nacht, besser aber einige Tage durchziehen lassen.
Vor dem Servieren Vanilleschote und Zimtstange entfernen.

In einen hohen Becher füllen und als Aperitif, Digestif oder nachmittags anstelle von Sherry servieren. Gewöhnlich wird die Sienbohnsupp' mit einem Zinnlöffel gegessen.

Dank

Die Vielfalt der deutschen Regionalküche zu erforschen, kennen- und verstehen zu lernen war eine gewaltige Aufgabe, die ich ohne die Mithilfe von kulinarisch versierten Verwandten und Freunden, ohne die Beratung durch Fachleute aus der Gastronomie nicht hätte bewältigen können. An dieser Stelle möchte ich deshalb allen, die mir bei diesem Projekt geholfen haben, meinen herzlichen Dank aussprechen. Durch ihre Gastfreundschaft und ihr Wissen haben mich bei meiner Arbeit ganz wesentlich unterstützt: Gisela, Franziska und Günter Baum, Karin und Wolfgang Dohnke, Karl-Hermann Franck, Ernst-Heiner Hüser, Elisabeth und Max Lorenz, Renate Matthias, Christa Maulhardt, Jutta und Heiner Olandt, Helmut Riebschläger, Peter Springer, Uschi Euler-Stutzki und Jürgen Stutzki, Constanze und Michael Volkmer. Tiefsten Dank aber schulde ich meinen Eltern, Erika und Hermann Bunzel, die mich schon mein ganzes Leben lang mit traditionsreicher Küche verwöhnen und mir die Freude am Genuß unverfälschter und qualitätvoller Speisen mitgegeben haben.

Register

K

Spaziergänge zwischen
Kunst und Küche

Jeder Band
ca. 140 Seiten,
zahlreiche Karten,
durchgehend
vierfarbig illustriert.

Weitere Bände:
Amalfi,
Cinque Terre,
Madrid,
Provence,
Venetien.

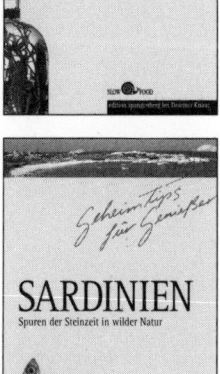

**Droemer
Knaur®**
*edition
spangenberg*

»Es ist kaum eine vollkommenere Symbiose zwischen Land und Küche denkbar, als sie in diesen Büchern beschrieben und in den herrlichen Fotos gezeigt wird.« *Die Welt*

Jeder Band 250 Seiten mit über 750 Farbfotos und Rezepten. Großformat 22 x 31 cm. Leinen, im Schuber.

In gleicher Ausstattung: Toskana, Piemont, Venetien, Ligurien, Schweiz, Elsaß, Provence.

SLOW FOOD

Kommen Sie jetzt in den Genuß

Immer mehr Menschen erkennen, daß Essen und Trinken Teil unserer Kultur sind. Darum unterstützen immer mehr Menschen SLOW FOOD. Denn die internationale SLOW-FOOD-Bewegung setzt sich für die Achtung der Lebensrhythmen der Menschen und der Natur als Ursprung aller Nahrung ein; für die Verbreitung hochwertiger Lebensmittel, die naturnah mit sinnvollen Methoden erzeugt werden; für das Bewußtsein, daß jedes Land, jede Region und jede Jahreszeit eine Vielfalt von Nahrungsmitteln hervorbringen.

Darum machen bei SLOW FOOD alle mit: Produzenten und Händler, Winzer und Gastronomen, Verbände und Journalisten – und viele, viele private Genießer.

Mit der Anmeldung zur Bewegung SLOW FOOD International bekommen Sie automatisch Ihre Mitgliedskarte und ohne weitere Kosten die viermal im Jahr erscheinende Zeitschrift »Slow« zugeschickt. Die Mitgliedskarte gibt Ihnen die Möglichkeit, Rabatte und Vorteile, die unseren Mitgliedern exklusiv vorbehalten sind, weltweit zu nutzen. Außerdem werden Sie regelmäßig über SLOW- FOOD-Veranstaltungen in Ihrer Region informiert.

Ja, ich möchte in den Genuß kommen und werde Mitglied bei der Bewegung Slow Food international.

Name

Vornam

Firma

Straße

Postleitzahl/Ort

Land/Region

Telefon/Fax

Beruf

Datum/Unterschrift

Zahlungsart:
☐ Überweisung auf das italienische Postscheck- konto von SLOW FOOD beim Ufficio postale di Bra (Cn) – sede N°. 23-31 Konto Nr. 17251125 (Überweisungsdurchschlag liegt bei)

☐ Visa / Master Card

☐ American Express

☐ Karten Nr.:

Ablaufdatum

Ort/Datum

Unterschrift

Jahresbeitrag: DM 95,–, öS 650,–, sFr 120,–. Die Mitgliedschaft gilt 1 Jahr. Sie kann danach jederzeit und ohne Angabe von Gründen gekündigt werden.

Bitte diesen Coupon kopieren und einfach in einen frankierten Umschlag stecken oder faxen an:

SLOW FOOD INTERNATIONAL OFFICE, VIA DELLA MENDICITA ISTRUITA 14, I-12042 BRA (CN)

TEL: 0039 172 41 12 73, FAX 0039 172 42 12 93